BIENES DEL PATRIMONIO MUNDIAL EN CHINA

CHINA INTERCONTINENTAL PRESS

图书在版编目（CIP）数据

中国的世界遗产：西班牙文 /《中国的世界遗产》编委会编；杨林常等译.
—北京：五洲传播出版社，2016.4
ISBN 978-7-5085-3197-7

Ⅰ.①中… Ⅱ.①中… ②杨… Ⅲ.①文化遗产—介绍—中国—西班牙语 Ⅳ.① K203

中国版本图书馆 CIP 数据核字（2015）第 212590 号

出 版 人　荆孝敏
图片主编　茹遂初

撰　　文　冯凌宇　王　杰　陈　阳　隋　影　刘　耘
翻　　译　杨林常　（古巴）梅蒂娜
责任编辑　苏　谦
封面设计　北京正视文化艺术有限责任公司
版式设计　北京翰墨坊广告有限公司
图像处理　钟少欢

出版发行　五洲传播出版社
地　　址　北京市海淀区北三环中路 31 号生产力大楼 B 座 6 层
　　　　　（邮编：100088）
电　　话　8610-82005927（发行）
网　　址　www.cicc.org.cn
承 印 者　北京利丰雅高长城印刷有限公司
版　　次　2016 年 4 月第 1 版第 1 次印刷
开　　本　230×305mm 1/8
印　　张　51
字　　数　400 千字
定　　价　498.00 元

INDICE

Prólogo

El Patrimonio Mundial es una memoria preciosa para la humanidad. Su valor material y cultural es insustituible e irrecuperable. Para una nación y un pueblo, el patrimonio natural y cultural sirve ante todo como testimonio de la historia. Por añadidura, es una fuerza motriz y una fuente de inspiración para el continuo desarrollo de esta civilización.

Al propio tiempo, el Patrimonio Mundial es una riqueza colectiva de la humanidad que contribuye a facilitar el intercambio, el entendimiento y la prosperidad común entre países, pueblos y culturas. La humanidad no debe ignorar la responsabilidad que tiene de sintetizar y proteger el patrimonio cultural y natural del mundo entero mediante la organización y la planificación, y de respetar la historia, las tradiciones y los éxitos de todas las civilizaciones. En 1972, la Conferencia General de la UNESCO aprobó la "Convención sobre la Protección del Patrimonio Mundial, Cultural y Natural" precisamente para alcanzar este objetivo.

Como país de antigua civilización, rico legado histórico y hermosos paisajes naturales, China se ha convertido en una fuerza activa en el descubrimiento, la investigación y la protección del patrimonio cultural y natural desde la ratificación de la "Convención sobre la Protección del Patrimonio Mundial, Cultural y Natural" en 1985. Hasta el final del año 2015, China tenía 48 sitios culturales y naturales inscritos en la lista del Patrimonio Mundial de la UNESCO, y continúa gestionando la inscripción de otros lugares en la lista de lugares considerados como Patrimonio Mundial.

El patrimonio cultural y natural de China no sólo pertenece a China sino también a toda la humanidad. El presente libro, "Bienes del Patrimonio Mundial en China", es un álbum de fotografías que muestra detalladamente esas 48 herencias. Las vívidas descripciones de los lugares, su historia y su ubicación geográfica están acompañadas de exquisitas fotografías que revelan la riqueza del Patrimonio Mundial de China. Ayudan al lector a comprender la cultura china y su desarrollo a lo largo de miles de años, la ideología política, los conceptos morales, las ideas filosóficas, las búsquedas estéticas, las aspiraciones e incluso la conducta y el espíritu del pueblo chino. Inspiran también a la gente a reflexionar sobre el significado de la cultura tradicional y el medio natural como una fuente de fuerza y de vida. Confiamos en que se granjeará el apoyo del lector.

Durante muchos años China ha dedicad una serie de esfuerzos para la protección de las patrimonios de la humanidad tanto culturales como naturales. Es nuestro deseo que la publicación de este álbum sirva de acicate en los trabajos de conservación de los bienes del patrimonio mundial.

La Gran Muralla

A los ojos de mucha gente, la Gran Muralla es el símbolo de la nación china.

La Gran Muralla no se hizo en un día. "Grande" es su extensión, pero también el tiempo que tomó construirla. Desde el siglo VII a.n.e. hasta el siglo XVII d.n.e., más de diez dinastías se entregaron a la construcción y reconstrucción de la Gran Muralla. Los distintos tramos de la Gran Muralla, levantados durante varias dinastías, son diferentes en longitud y ubicación. Por lo tanto, cuando preguntamos la longitud de la Gran Muralla, debemos decir de qué dinastía es la Gran Muralla a la que nos referimos.

La Gran Muralla que vemos hoy es básicamente la reconstruida o renovada durante la dinastía Ming (1368-1644). La reconstrucción de la vieja Gran Muralla se inició casi inmediatamente después de la fundación de esta dinastía y el proyecto continuó hasta el año 1600 - 44 años antes de su derrumbamiento. La Gran Muralla de la dinastía Ming comienza en la parte este de la Montaña Hushan, ubicada al este de la provincia de Liaoning, y termina en el oeste en el Paso Jiayuguan, en la provincia de Gansu, atravesando Liaoning, Hebei, Tianjin, Beijing, Shanxi, Mongolia Interior, Shaanxi, Ningxia y Gansu, con una longitud total de 6.700 kilómetros. El proyecto constituyó también la última y mayor renovación en la historia de la Gran Muralla. La longitud de la Gran Muralla de la dinastía Ming excede en 400 kilómetros al Yangtsé, el río más largo de China.

En el Centro y en el Norte de China aún pueden verse ruinas de la Gran Muralla construida o renovada durante otras dinastías. La primera Gran Muralla se construyó en el año 656 a.n.e. – y posiblemente antes - en el Estado Chu. En aquel momento imperaban estados separatistas en la nación, los cuales libraban guerras entre sí. La Gran Muralla del Estado Chu se construyó como barrera defensiva, para lo cual se mostró eficaz. Entonces, otros reinos comenzaron a construir murallas similares. Las murallas levantadas por diferentes reinos no tenían igual longitud – podían tener desde unos cien hasta unos mil o dos mil kilómetros de largo.

Sin embargo, todas aquellas murallas no lograron bloquear el avance de las tropas del Reino Qin. En el año 221 a.n.e., el emperador Qin Shihuang unificó el país y estableció la dinastía Qin, la primera dinastía feudal de China. Durante algún tiempo, se pensó que aquellas murallas ya no eran necesarias. Sin embargo, los miembros de la etnia nómada *xiongnu* del Norte, llamados *hunos* en Occidente, solían incursionar en el territorio Qin. Para defender las fronteras septentrionales del imperio, el emperador Qin Shihuang ordenó unir las murallas de defensa en el Norte. Fue así como nació la Gran Muralla o la "Gran Muralla de Diez Mil *Li*" que se extiende de este a oeste a lo largo de más de 5.000 kilómetros.

La dinastía Han sucedió a la Qin, que se desplomó en el año 206 a.n.e. La dinastía Han dominó China hasta el año 220 d.n.e. Las invasiones de los jinetes *xiongnu* se hicieron cada vez más frecuentes e intensas durante la etapa inicial de esta nueva dinastía, aunque existieron períodos de paz. "La luna de la dinastía Qin todavía ilumina los pasos de la dinastía Han, y los soldados aún no han regresado de las batallas pues recorren diez mil *li*". Estos versos de la dinastía Tang expresan lo que ocurrió en China durante aquel período. Como resultado, la Gran Muralla se extendió más hacia el oeste y, al mismo tiempo, se levantó una "Gran Muralla Exterior", más allá de los tramos de la Gran Muralla de la dinastía Qin. Esa construcción elevó a 10.000 kilómetros la longitud total de lo que comúnmente se conoce como la "Gran Muralla". La Gran Muralla se concibió como un sistema defensivo. Sin embargo, en la práctica, dio protección a la "Ruta de la Seda" recién abierta.

La mayoría de los emperadores de la China antigua eran de la etnia *han*. Durante las dinastías del Norte y el Sur (420-589), sin embargo, ocho regímenes minoritarios étnicos dominaron sucesivamente el Norte de China. Estos regímenes también construyeron murallas para defenderse. La construcción de murallas continuó hasta la dinastía Song (960-1279), la dinastía Liao (916-1125) y la dinastía Jin (1115-1234). La muralla levantada durante la dinastía Jin tiene 4.000 kilómetros de largo.

Decenas de murallas se construyeron durante varias dinastías. Juntas, reciben el nombre de "Gran Muralla". Algunas se consolidaron, otras se renovaron y otras fueron abandonadas. Por ejemplo, algunos tramos de la Gran Muralla de la dinastía Ming se trasladaron varios centenares de kilómetros hacia el sur, tomando como referencia los de la dinastía Qin. Algunos expertos estiman que si las grandes murallas construidas en los últimos dos mil años se unieran en una sola, ésta podría alcanzar una longitud de 50.000 kilómetros.

La construcción o la renovación de la Gran Muralla era un proyecto de larga duración y requería una inmensa cantidad de recursos humanos, financieros y materiales. Algunas secciones se renovaron repetidamente. ¿Hubieran podido las dinastías construir o renovar las murallas de una sola vez? ¿Tenían alguna solución defensiva más eficaz que la Gran Muralla? Los debates sobre estas cuestiones continúan hasta hoy.

En el mapa de China, vemos que la Gran Muralla coincide en su mayor parte con la línea de demarcación natural entre la zona agrícola de la China antigua y su zona ganadera. Grupos étnicos nómadas invadieron el Sur durante casi todas las dinastías. Eran hábiles en la equitación y en el tiro. Escaparon cuando los persiguieron, y regresaron inmediatamente después de haberse retirado las fuerzas de defensa. Incluso con la Gran Muralla a su disposición, las tropas del gobierno central se dieron cuenta de que era difícil defender grandes extensiones de zonas ganaderas y desérticas en el Norte. Además, no resultaba fácil garantizar la logística. A pesar de todo esto y de otras dificultades, la Gran Muralla se extendió y se reconstruyó repetidas veces. Se pensó que los invasores necesitarían tiempo y logística para cruzar la Gran Muralla y que, aún cuando lograran hacerlo, el gobierno central tendría suficiente tiempo para trasladar tropas y lanzar un contraataque.

La Gran Muralla permaneció inalterable durante las dinastías Tang (618-907), Yuan (1279-1368) y Qing (1644-1911). En el año 628, cuando algunos funcionarios de la corte propusieron que se renovara la Gran Muralla, el emperador Taizong de la dinastía Tang dijo categóricamente: "No necesito semejante proyecto para aniquilar a los enemigos del desierto". Las dinastías Yuan y Qing fueron establecidas por etnias nómadas procedentes del Norte. Por consiguiente, tenían allí vastas zonas desérticas y de pastoreo bajo su control, razón por la cual la renovación o la reconstrucción de la Gran Muralla nunca figuró en su agenda.

001

En la construcción de la Gran Muralla se tomó en cuenta la topografía. Por muy duras que fueran las condiciones de trabajo, se construyó donde los elementos naturales eran de importancia estratégica o en lugares de difícil acceso. Desde el punto de vista de las técnicas de ingeniería utilizadas y de sus instalaciones defensivas, la Gran Muralla de la dinastía Ming es la mejor. Las secciones de la Gran Muralla alrededor de Beijing eran las más importantes, ya que formaban la línea de fortificación de la capital. Estos sectores de la Gran Muralla, que hoy constituyen sitios turísticos, como Badaling, Jinshanling, Mutianyu, Simatai, el Paso Shanhaiguan en la provincia de Hebei y el Paso Huanyaguan en Tianjin, formaron la línea de fortificación del norte de la capital.

La mayor parte de las secciones de la Gran Muralla de la dinastía Ming se construyó con ladrillos y piedras, y algunas con arcilla. Los tramos de la Gran Muralla en Beijing, Hebei, Shanxi y Gansu miden, generalmente, siete u ocho metros de alto y cuatro o cinco metros de ancho en su parte superior. En la parte superior, la muralla de defensa exterior, de unos dos metros de altura, tiene troneras y atalayas. A fin de poder disparar contra el enemigo próximo a la muralla, se levantaron, a intervalos cortos, parapetos almenados. Además, se construyeron torres de vigilancia, que por lo general tienen dos pisos. El superior es una plataforma desde donde se vigilaba y se combatía, y el inferior servía para almacenar pertrechos y suministros y también para el descanso de soldados.

Los pasos se construyeron en los cruces importantes y en los lugares cercanos al mar. Hay más de mil pasos a lo largo de la Gran Muralla de la dinastía Ming y entre los más conocidos se encuentran el Paso Shanhaiguan, en la provincia de Hebei, que mira al mar Bohai, el Paso Juyongguan, cerca de Beijing, y el Paso Jiayuguan, en la provincia de Gansu, en la parte occidental de China. Por entre estos grandes pasos, hay muchos pasos pequeños. Algunos pasos importantes tenían varias líneas de fortificación. Por ejemplo, el tramo Badaling de la Gran Muralla era, en realidad, la más importante línea de fortificación del Paso Jurongguan.

A lo largo de la Gran Muralla, se construyeron atalayas a intervalos de cierta distancia. Cuando divisaban al enemigo, los soldados en las atalayas encendían hogueras, si era de noche, y enviaban señales de humo, si era de día, para avisar de su presencia. En la dinastía Ming, con igual propósito, los soldados disparaban cañonazos para dar la alarma. Cuando los invasores eran cien, los soldados en la atalaya disparaban un cañonazo y encendían una hoguera; cuando los adversarios eran unos 500, disparaban dos cañonazos y encendían dos hogueras. La cantidad de humo, hogueras y cañonazos indicaba el número de soldados enemigos que se divisaba.

Todos estos detalles indican que la Gran Muralla nunca fue una simple muralla, sino todo un sistema de defensa militar, con pasos, atalayas, torres de vigilancia y campamentos. Durante la dinastía Ming, los distintos tramos fueron defendidos por diferentes unidades militares. En aquel entonces, la Gran Muralla se encontraba dividida en nueve zonas militares, custodiadas, en conjunto, por un millón de soldados.

A fin de resolver el problema de los suministros militares, muchos campesinos se trasladaron a las zonas fronterizas para roturar tierras, mientras construían la Gran Muralla. Además, los soldados también tomaron parte en la preparación de tierras en su tiempo libre. Gradualmente, las tierras desérticas se transformaron en poblados y ciudades. Los combates eran esporádicos y, a menudo, la puerta de un paso permanecía abierta. Con frecuencia, los campos de batalla se convertían en ferias. Muchos de los que vivían del otro lado de los pasos, a caballo, traían ovejas y pieles para cambiarlas por granos, té, algodón, tela y seda. Esos trueques se efectuaron entre pueblos o en forma organizada por las autoridades locales. Por tal motivo, se realizaron intercambios en los ámbitos de la producción, la cultura y las costumbres. Como resultado, los contactos entre los grupos étnicos nómadas y las civilizaciones agrícolas de las Planicies Centrales se volvieron cada vez más estrechos.

La Gran Muralla fue inscrita en la lista de la UNESCO como Patrimonio Cultural Mundial en 1987.

001 Vista a vuelo de pájaro del sector Simatai de la Gran Muralla en Beijing. Haciendo uso del relieve natural, se construyó la Gran Muralla en puntos estratégicos.

002 Sector Jiankou de la Gran Muralla en Beijing. La Gran Muralla que vemos hoy fue construida en su mayoría durante la dinastía Ming (1368-1644).

002

003

004

003 Sector Badaling de la Gran Muralla en Beijing. Como parte del sistema de defensa de la capital, es especialmente fuerte y completo, por lo tanto es representativo de lo que es conocido como la Gran Muralla de la dinastía Ming.

004 Torre de Vigilancia en el sector Simatai de la Gran Muralla en Beijing. Es conocida también como "Torre de Vigilancia para mirar Beijing", ya que en tiempos antiguos, la gente en la torre veía con toda nitidez Beijing en los días claros.

005 Ruinas de un sector de la Gran Muralla en la provincia de Gansu, Noroeste de China, perteneciente a la dinastía Han (206a.n.e.-220d.n.e.). Tres Grandes Murallas fueron construidas en diferentes dinastías. La muralla de la dinastía Han tiene una longitud de 10. 000 kilómetros.

006 Ruinas de un sector de la Gran Muralla en la Región Autónoma de Mongolia Interior perteneciente a la dinastía Qin (221-206 a.n.e.). La Gran Muralla de la dinastía Qin es de unos 5.000 kilómetros.

005

006

◄ 007

008

009

007 Sector Jinshanling de la Gran Muralla en la provincia de Hebei, Norte de China, que data de la dinastía Ming.

008 Paso Jiayuguan, punto final de la Gran Muralla de la dinastía Ming en el Oeste. Jiayuguan es un importante centro de comunicaciones en la Ruta de la Seda que unió la China antigua con los países y regiones a su oeste.

009 Sector Wohushan de la Gran Muralla en una antigua vía que comunicaba las estepas mongolas con el norte de la capital nacional.

010

011

012

010 Vista panorámica del sector Jinshanling de la Gran Muralla en la niebla.

011 Ruinas del Castillo Henshan en un sector de la Gran Muralla en la Región Autónoma *Hui* de Ningxia, Noroeste de China.

012 La foto muestra un montón de paja dejado hace más de 2.000 años, que había de usarse para encender un fuego de señal para la transmisión de mensaje militar. Fue descubierto cerca de una torre de vigilancia en un sector de la Gran Muralla próximo a Dunhuang, provincia de Gansu, Noroeste de China.

Palacio Imperial de las Dinastías Ming y Qing

La Ciudad Prohibida de Beijing fue el palacio imperial de las dinastías Ming (1368-1644) y Qing (1644-1911). Una leyenda china cuenta que el Emperador del Cielo, gobernante supremo del universo, vivía en un lugar que se conocía como "Estrella Púrpura" o "Palacio Púrpura", donde los humanos tenían prohibido el acceso. Los emperadores chinos, autodenominándose "Hijos del Cielo", gobernaban el país en nombre de éste. Naturalmente, en su residencia no podía entrar la gente común, razón por la cual el complejo palaciego de Beijing se llamó "Ciudad Prohibida" o "Ciudad Prohibida Púrpura".

En 1406, el emperador Chengzu de la dinastía Ming dio la orden de construir la Ciudad Prohibida. Inmediatamente, más de 100.000 trabajadores y artesanos acudieron a Beijing para realizar este trabajo. A medida que avanzaba el proyecto, se necesitaron más y más constructores. En total, se movilizó un millón de trabajadores de todo el país, a fin de poder cargar y transportar los materiales de construcción. La gran obra se terminó en 1420. Al año siguiente, la dinastía Ming trasladó la capital imperial de Nanjing a Beijing. Mientras disfrutaban de lo que habían hecho sus antepasados, los emperadores de las sucesivas generaciones ordenaron hacer algunas ampliaciones del palacio. Se hicieron reconstrucciones parciales para reparar daños causados por incendios.

La Ciudad Prohibida cubre una superficie de 720.000 metros cuadrados, mientras que la construida tiene 150.000, con más de 90 patios y 8.700 cámaras.

El gran complejo palaciego está rodeado por una muralla, de diez metros de alto, que mide 960 metros de norte a sur y 752 metros de este a oeste. En cada esquina de la muralla de la Ciudad Prohibida se levanta una torre de vigilancia majestuosa y bella. El complejo está rodeado por un foso de 52 metros de ancho. La Ciudad Prohibida se construyó de manera tal que inspirara temor y respeto hacia los supremos gobernantes de China.

Si contemplamos la Ciudad Prohibida desde lo alto de la Colina Verde, que mira a su puerta norte a través de una calle, podemos ver claramente la disposición general de la capital china. Una línea axial de 8,5 kilómetros de largo atraviesa Beijing de sur a norte. El complejo palaciego rectangular se halla a horcajadas sobre la línea axial, a ambos lados de la cual se encuentran, en orden simétrico, grupos de elegantes salas y patios. Las cubiertas de tejas vidriadas de las salas imperiales se combinan para dar la imagen de un magnífico mar dorado. La escena es particularmente espléndida cuando el sol ilumina la Ciudad Prohibida. Las hileras de casas de ladrillos azules y tejas grises de la gente común que vive fuera de la muralla roja contribuyen a realzar la grandeza y la magnitud de las residencias imperiales. Hoy, todo el mundo puede subir la Colina Verde para echar una mirada a la Ciudad Prohibida. En tiempos feudales, nadie podía, porque la Colina Verde, ahora convertida en parque, era un jardín imperial, y por lo tanto estaban prohibidas las visitas.

Siguiendo las tradiciones, la Ciudad Prohibida está dividida en dos partes: la parte anterior, donde el emperador despachaba los asuntos de la corte, y la parte posterior, donde vivían el emperador y su familia. Las salas más importantes que servían para celebrar audiencias imperiales y ceremonias, se encuentran en la parte anterior.

La Ciudad Prohibida tiene cuatro puertas. La puerta principal, la Puerta Meridiana, que da al sur, es en realidad una torre sobre una muralla. Los dos lados de la torre se inclinan hacia delante, como si fueran las alas de una oca, por lo que también se conoce como la "Torre de las Alas de Oca". Así, forman una plaza o patio en forma de U invertida. La muralla frontal tiene cinco entradas. La del centro estaba reservada exclusivamente para el emperador. Los funcionarios de la corte podían usar una de las otras cuatro, según sus rangos. En tiempos de las dinastías Ming y Qing, se realizaba la ceremonia para publicar el calendario del año en la tribuna de la Puerta Meridiana. Era también donde el emperador recibía a las tropas que habían regresado victoriosas del campo de batalla. Durante el recibimiento, se realizaban ceremonias de "entrega de prisioneros". Además, durante la dinastía Ming, los funcionarios solían ser "azotados" por ofensas al emperador. El castigo se efectuaba en el patio que se halla debajo de la tribuna de la Puerta Meridiana.

En la parte anterior de la Ciudad Prohibida, tres grandes salas, la Sala de la Armonía Suprema, la Sala de la Armonía Central y la de la Armonía Perfecta, se encuentran sobre la línea axial, una cerca de la otra, de sur a norte. Representan el nivel más alto de la arquitectura con estructuras de madera en China. Durante las dinastías Ming y Qing ocurrieron terremotos en varias ocasiones, los cuales destruyeron muchas viviendas. Sin embargo, estas tres salas permanecieron firmes. Por desgracia, fueron devoradas por el fuego producido por un rayo, justamente un año después de su construcción. Los expertos estiman que esto sucedió porque la madera es un material altamente combustible y porque estas salas, sin pararrayos, se encontraban a mayor altura con respecto a las casas circundantes. En los siglos posteriores hubo varios incendios.

La Sala de la Armonía Suprema se encuentra situada en una plataforma de ocho metros de altura. Delante de la sala hay una gran plaza de más de 30.000 metros cuadrados. La sala tiene 72 pilares de madera. Es tan grande que puede dividirse en 46 habitaciones de 50 metros cuadrados cada una. Su altura interior, del suelo al techo, es de 14,4 metros, es decir, igual a la de un edificio moderno de tres pisos.

Las dimensiones, alturas y formas de las cubiertas y adornos utilizados en las construcciones del palacio respondían al rango de su morador. La Sala de la Armonía Suprema era la de más alta categoría. Era el lugar donde se realizaban las ceremonias más importantes, como por ejemplo la entronización de nuevos emperadores, la celebración de cumpleaños imperiales y bodas, y las principales fiestas del año. Para efectuar una audiencia imperial, se celebraba una ceremonia muy solemne y pomposa. El emperador se sentaba en su trono para escuchar los informes de los funcionarios y tratar los asuntos políticos, mientras los guardias de honor estaban de pie en la plaza frente a la sala. Se quemaba incienso, cuyo perfumado humo se elevaba en espirales, y se tocaban tambores y campanas. Todo esto contribuía a crear un ambiente divino y solemne. Sin duda alguna, eso era exactamente lo que deseaba el emperador.

Antes de que Su Majestad llegara a la Sala de la Armonía Suprema, solía pasar primero por la Sala de la Armonía Central para descansar o prepararse. El día anterior a una gran ceremonia para ofrecer sacrificios al Cielo y a la Tierra, el emperador permanecía en la Sala de la Armonía Central para revisar y, si era necesario, pulir la oración sacrificial.

013

Durante la dinastía Ming, el emperador agasajaba habitualmente a sus funcionarios en la Sala de la Armonía Perfecta la víspera de la llegada del año nuevo lunar. Durante la dinastía Qing, sin embargo, la sala sirvió de aula para los exámenes imperiales presididos por el emperador.

En la parte posterior de la Ciudad Prohibida, se encuentran la Sala de la Pureza Celestial, la Sala de las Relaciones Celestiales y Terrenales y la Sala de la Tranquilidad Terrenal, situadas a horcajadas sobre la línea axial.

Durante la dinastía Ming y a comienzos de la dinastía Qing, el emperador y su esposa vivieron en el Palacio de la Pureza Celestial. El emperador Yong Zheng, el tercer emperador de la dinastía Qing, sin embargo, se trasladó a la Sala de la Cultivación Mental donde también atendía los asuntos de la corte, recibía a funcionarios y concedía audiencias a enviados extranjeros. Sobre el trono imperial de la sala cuelga un tablero horizontal inscrito con las palabras "Claridad y Justicia". En tiempos del emperador Yong Zhen, se abolió la práctica de que el emperador hiciera público el nombre de su sucesor estando aún en vida. En su lugar, comenzó a utilizarse el sistema de denominación secreta. En consecuencia, el emperador escribió el nombre de su sucesor en dos copias. Una la llevaba constantemente consigo y la otra se guardaba detrás de este tablero. Al morir el emperador, el nombre del heredero al trono lo anunciaría un funcionario de la corte.

En la zona de residencia imperial hay un jardín con un teatro al aire libre –para muchos, el lugar más agradable de la Ciudad Prohibida.

Las tres salas de la parte posterior de la Ciudad Prohibida están asentadas en una plataforma igual a la de las tres grandes salas de su parte anterior. Los dos grupos de construcciones parecen tener igual disposición, pero en realidad su dimensión es menor. La distancia entre los edificios es también más corta. Después de todo, las tres salas de la parte anterior de la Ciudad Prohibida se proponían inspirar temor y respeto al poder imperial. En las tres salas de la parte posterior, sus majestades comían, dormían y se entretenían, y por lo tanto se veían más tranquilas y menos imponentes.

La Sala de la Cultivación Mental no se encuentra sobre la línea axial. Existen muchas historias sobre el particular. Después que la sala se convirtió en residencia del emperador Yong Zheng, se desencadenaron guerras fronterizas. Por orden del emperador, se levantó una oficina de guardia en la parte exterior de la fachada sur de la sala, donde, en caso de emergencia, se le daba solución a los asuntos, con la asistencia del emperador. Tres años después, a la oficina se le dio un nuevo nombre, llamándosele "Oficina del Gran Consejo de Estado". Integrada por algunos de los ministros de mayor rango de la corte, era en realidad el secretariado de confianza del emperador, y respondía directamente a éste. Era el organismo supremo del gobierno central, inferior en estatus sólo al emperador.

En total, ocho emperadores, incluyendo el emperador Yong Zheng, vivieron en la Sala de la Cultivación Mental, donde también se ocupaban de los asuntos de Estado. Concedían audiencia a funcionarios de la corte en su ala delantera. La emperatriz viuda Cixi asistía a las reuniones de la corte que se celebraban en el ala este de la sala, pero se colocaba detrás de una cortina para escuchar lo que se hablaba, como emperatriz regente. Desde este lugar dominó el país por varias décadas, en las postrimerías de la dinastía Qing.

En total, 24 emperadores de las dos dinastías vivieron en la Ciudad Prohibida durante 5 siglos. Los años se pueden contar con los dedos, pero, con toda seguridad, nadie puede cuantificar su historia y su riqueza cultural.

La Ciudad Prohibida figura en la lista de la UNESCO como Patrimonio Cultural Mundial desde 1987.

014

013 Uno de los leones de bronce colocados a ambos lados de una puerta o de una sala principal de la Ciudad Prohibida para guardar la puerta o la sala y realzar su magnificencia.

014 Vista a vuelo de pájaro de la Ciudad Prohibida. Las estructuras de la Ciudad Prohibida están dispuestas en orden simétrico, las construcciones más importantes se encuentran a horcajadas sobre la línea axial del complejo y las menos importantes, a ambos lados de la línea. El tercer grupo de construcciones, que se ve de sur a norte en la foto, forma la Puerta Meridiana, la principal puerta de la Ciudad Prohibida. Al norte de esta puerta, están la Sala de la Armonía Suprema y otras construcciones.

中华人民共和国万岁
世界人民大团结万岁

015

015 La Puerta de la Armonía Suprema es una estructura palaciega de nueve intercolumnios, cuya puerta principal en el centro cuenta con una puerta a cada lado. Las tres puertas forman la entrada a la parte de la Ciudad Prohibida ocupada por las tres salas principales. Un foso bordea la parte sur de la plaza frente a la Sala de la Armonía Suprema.

016

016 La Piedra del Paso Imperial al norte de la Sala de la Armonía Perfecta, la más larga y más pesada en la Ciudad Prohibida, tiene 16 metros de largo y 3 metros de ancho y pesa más de 200 toneladas. En ella se ven nueve dragones volando en las nubes.

017 La Ciudad Prohibida es cercada por una muralla de diez metros de altura. En cada una de las cuatro esquinas de la muralla, se levanta una torre de vigilancia. Fuera de la muralla, el foso de 52 metros de ancho rodea la Ciudad Prohibida.

017

018

019

018 La Sala de la Armonía Suprema se encuentra en la terraza de mármol de 8 metros de altura a tres niveles. Es la construcción más grande y más importante de la Ciudad Prohibida, lugar donde los emperadores de las dinastías Ming y Qing concedían las audiencias y celebraban las fiestas de mayor alcurnia.

019 La foto muestra la Sala de la Armonía Central y la Sala de la Armonía Perfecta. La primera era donde el emperador se preparaba para audiencias o ceremonias en la Sala de la Armonía Suprema. La última era el lugar que servía para los banquetes que el emperador ofrecía en honor de los funcionarios de la corte y para los exámenes imperiales presididos por el emperador.

020

021

022

020 Trono imperial en la Sala de la Armonía Suprema. En el trono, se ven nueve dragones tallados.

021 Grandes vasijas de bronce recubiertas de oro en la Ciudad Prohibida para prevenir los incendios.

022 La parte posterior de la Ciudad Prohibida, conocida también como "corte interior", servía de residencias para la familia imperial. Era donde el emperador manejaba los asuntos diarios de la corte. En esta parte de la Ciudad Prohibida, se ven las salas principales que están flanqueadas en el este y el oeste por seis salas donde vivían las concubinas imperiales.

024

023 La Sala de la Armonía Suprema mide 14 metros de altura desde el piso hasta el techo. El techo es apoyado por 72 grandes columnas de madera. El trono imperial está colocado sobre una terraza de madera de tres metros de altura. Las tallas detalladas muestran lo más sublime del poder imperial.

024 Vista del Jardín Imperial en la parte norte de la Ciudad Prohibida.

025 El Palacio de la Elegancia Preservada, una de las seis construcciones en la parte posterior de la Ciudad Prohibida, que eran residencias de las concubinas imperiales.

025

◀ 023

Montaña Taishan

La Montaña Taishan está considerada como la más sagrada y majestuosa de las cinco montañas sagradas de China, aunque ocupa el tercer lugar por su altura. Como muchos escritores y poetas reconocen, es difícil describir la Montaña Taishan con palabras, dadas sus dimensiones y sus numerosos sitios de interés histórico y cultural. Su fama se debe tanto a "los esfuerzos divinos" –entiéndase "las fuerzas de la naturaleza"- como a los humanos.

La montaña, que se extiende a lo largo de más de 200 kilómetros de este a oeste, se alza majestuosamente en una vasta llanura en la parte central de la provincia de Shandong, y cubre un área de 426 kilómetros cuadrados. Al contemplarla desde lejos, la montaña, que tiene una amplia base, yace serena en el horizonte, dando a los visitantes una impresión de estabilidad y firmeza. No es de extrañar entonces la existencia del proverbio chino que incluye la siguiente aseveración: "tan firme como la Montaña Taishan". Su cima principal, la Cumbre del Emperador de Jade, se encuentra a 1.545 metros sobre el nivel del mar. Ubicada en el este de la llanura del Norte de China, la Montaña Taishan está rodeada de colinas, con una llanura de cientos de kilómetros cuadrados en sus proximidades. Los antiguos chinos hicieron tallar una inscripción en una roca de la montaña, en la que se puede leer: "la montaña se extiende hasta el horizonte y llega hasta el cielo". La Montaña Taishan es tan imponente que inspira temor. Hace más de 2.500 años, un poeta escribió lo siguiente: "Dondequiera que se encuentre, el pueblo del Estado Lu puede ver perfectamente la Montaña Taishan".

Las rocas de granito son los huesos y los músculos de la Montaña Taishan, y los pinos, su alma, que se combinan para darle carácter sagrado a la montaña. Los pinos tienen muchos siglos de antigüedad, pero son fuertes y están siempre verdes. Cuando sopla el viento en el bosque, murmuran. Si paseamos por los senderos de la montaña en otoño, los veremos cubiertos de agujas doradas, con nubes que flotan por encima de sus copas. En toda la montaña predomina el silencio, que se rompe sólo alguna que otra vez con el canto de los pájaros y el silbido del viento en el bosque. Muchos pinos, tras luchar por nacer entre las grietas de las rocas, han adoptado formas extrañas. Junto con las rocas y la montaña, los pinos presentan un paisaje muy peculiar.

La Montaña Taishan es imponente pero hermosa, gracias a sus precipicios y barrancas profundas. Desde su cúspide podemos ver la salida del sol por el río Amarillo, y su puesta en el otro lado del horizonte. Independientemente de la belleza del paisaje, se destaca entre las cinco montañas sagradas por sus reliquias culturales.

En el año 219 a.n.e., Qin Shihuang, el primer emperador de la Qin, la primera dinastía feudal que dominó la China unificada, subió a la cumbre de la Montaña Taishan, donde había mandado construir un altar para ofrecer sacrificios al Cielo. En la ceremonia, decidió llamarle "feng". Luego, descendió de la montaña y se dirigió al otro altar que había ordenado levantar en una pequeña colina, esta vez para ofrecer sacrificios a la Tierra. En la ceremonia, le llamó "shan". Realizó estas acciones para expresar su gratitud al Cielo y la Tierra y para rogar por la consolidación de su dinastía. Las ceremonias imperiales "feng" y "shan", contribuyeron a que la Montaña Taishan se convirtiera en un lugar muy especial, y continuaron celebrándose durante varias dinastías posteriores.

En el año 110 a.n.e., el emperador Wudi de la dinastía

026

Han (206 a.n.e.-220 d.n.e.) subió a la Montaña Taishan por primera vez, y volvió allí siete veces en los siguientes veintidós años. Según los registros históricos, al llegar al punto más alto de la Montaña Taishan, exclamó: ¡Alto, muy alto! ¡Grande, muy grande! ¡Qué maravilla!

Según los reglamentos feudales, las ceremonias "feng" y "shan" podían celebrarse sólo cuando el país se encontraba unificado y en paz, o cuando había señales de buen agüero. Sin embargo, algunos emperadores negligentes, haciendo caso omiso de los reglamentos, subieron a la montaña para realizarlas. El emperador Zhenzong de la dinastía Song (960-1279) fue uno de ellos. En el año 1008, ordenó encuadernar el "Libro Descendido del Cielo", diciendo que el Cielo le había otorgado la corona imperial y que estaba en condiciones de proteger la dinastía para siempre. La realidad era que bajo su dominación el país se encontraba en una situación caótica, y trataba de mantener su poderío mediante esta ceremonia. Esta fue la última ceremonia "feng" efectuada en la historia de la Montaña Taishan. Los emperadores de las dinastías posteriores enviaron funcionarios para ofrecer sacrificios al Dios de la Montaña Taishan. No obstante, el culto al Cielo continuó en el Templo del Cielo de Beijing, como en tiempos de las dinastías Ming y Qing. Esas actividades se realizaron durante más de 500 años, hasta que China se convirtió en república en 1911. Algunos emperadores sentían un afecto especial por la Montaña Taishan. Por ejemplo, el emperador Qianlong (1711-1799) de la dinastía Qing (1644-1911) la visitó seis veces a lo largo de su vida. A los emperadores no les resultaba fácil recorrer los más de diez kilómetros que distan del pie de la montaña hasta su cumbre, para lo cual suelen necesitarse cinco horas. A la mayoría de ellos los subieron en palanquines.

Hay tres puertas a lo largo del camino de la montaña, que fueron diseñadas teniendo en cuenta sus fallas -la Puerta Celestial, la Puerta Celestial Central y Puerta Celestial del Sur.

El Pórtico Taizong es la entrada a la montaña y también el punto de partida para la ascensión. Desde el pórtico hasta la Puerta Celestial del Sur, hay 6.200 escalones. La pendiente de la montaña parece ser algo creado para el ascenso. Al principio, la escalada es relativamente fácil, pero luego se vuelve cada vez más difícil. Semeja el ritmo de las olas del mar. El tramo de la Puerta Celestial a la Puerta Celestial Central constituye la primera "ola" y el trayecto de la Puerta Celestial Central a la Puerta Celestial del Sur, la segunda. Tras pasar la Puerta Celestial del Sur, nos encontramos en la cumbre de la montaña, que tiene 0,6 kilómetros cuadrados. Para los excursionistas, el viaje es realmente excitante. La subida es tan difícil que muchos la describen como "el ascenso al Cielo".

De tiempo en tiempo, a lo largo del camino, se ven construcciones donde en un tiempo se efectuaron ceremonias sacrificiales. El edificio más importante es el Templo de la Montaña Taishan, en el que se celebraron ceremonias imperiales para ofrecer sacrificios a la Tierra y donde el emperador pernoctaba después del acto. El templo ocupaba entonces la cuarta parte de la ciudad de Taian. Es en realidad uno de los tres complejos palaciegos de China. Los otros dos son la Ciudad Prohibida, en Beijing, y el Templo de Confucio, en Qufu. Hay, además, templos budistas y taoístas en la Montaña Taishan, así como templos donde se veneran deidades folclóricas. De ellos, los taoístas constituyen la mayoría.

Podemos contar con los dedos el número de emperadores que subieron a la montaña. Por el contrario, son incontables los peregrinos, turistas y ermitaños que han estado allí a lo largo de dos mil años, dando lugar al nacimiento de la ciudad de Taian, al pie de la montaña. Nuestros antepasados no consideraban la ascensión a la montaña como una aventura, ni se deleitaban en la conquista de una montaña como lo hacemos hoy. En numerosísimos casos, subir a la montaña constituía una misión cultural. Una vez en la cima, disfrutaban de los paisajes que ofrecían las cumbres, arroyos, árboles y pájaros, desde una perspectiva artística. Por tal motivo, una buena parte de ellos escribió poemas o prosas. En la Montaña Taishan pueden leerse algunos, tallados o pintados en precipicios o rocas, muchos de los cuales presentan un excelente trabajo de caligrafía.

En 1987, la Montaña Taishan se incluyó en la lista de la UNESCO como Patrimonio Mundial Cultural y Natural.

030 El tramo más difícil de la escalera para el ascenso a la cima de la Montaña Taishan.

027

028

029

026 Pino en la Montaña Taishan.

027 Cumbre del Emperador de Jade de la Montaña Taishan. En la cumbre, uno tiene una vista completa de todo lo que se encuentra en el área de cientos de kilómetros de distancia. Un viejo proverbio dice: "cuando uno haya estado en la Montaña Taishan, todo será pequeño a sus ojos".

028 Montaña Taishan en nubes y niebla.

029 Risco Zhanlutai, que significa "el risco para ver el Reino Lu". Cuentan que una vez Confucio estuvo aquí para disfrutar del paisaje del Reino Lu, su tierra natal.

031

031 Vista a vuelo de pájaro de la Montaña Taishan, a la que muchos emperadores chinos subieron para ofrecer sacrificios.

032 Esta roca lleva una inscripción del emperador Xuanzong de la dinastía Tang. Escribió estas palabras en homenaje a la Montaña Taishan en el año 726, cuando celebraba una ceremonia para ofrecer sacrificios al Cielo.

033 Crepúsculos vespertinos vistos desde la Cumbre del Emperador de Jade.

032

033

034

035

034 Templo de las Nubes Azules en la cumbre de la montaña, donde se encuentra la Diosa de la Montaña Taishan. El templo fue construido en el siglo XI y reparado en varias ocasiones.

035 Templo del Dios de la Montaña Taishan al pie de la montaña. En tiempos antiguos, el templo era residencia temporal de los emperadores quienes vinieron para rendir tributo a esta montaña sagrada.

Mausoleo del Primer Emperador Qin Shihuang y Guerreros de Terracota

El Mausoleo del Emperador Qin Shihuang (259-210 a.n.e.) de la dinastía Qin (221-207 a.n.e.) se encuentra al pie de la Montaña Lishan, a 20 kilómetros al norte de Xian, capital de la provincia de Shaanxi, Noroeste de China. "Shihuang" significa "primer emperador". El ocupante del mausoleo fue, efectivamente, el "primero". Unificó China cuando tenía 39 años de edad y se convirtió en el primer emperador de la Qin, la primera dinastía feudal de China. La dinastía, sin embargo, fue efímera, y duró sólo 15 años. Los historiadores atribuyen su derrumbamiento a su cruel dominación, de lo cual este mausoleo es el testimonio.

Según registros históricos, la altura original de la tumba del emperador era de 115 metros. Lo que podemos ver ahora es un montículo de tierra. Exploraciones arqueológicas demostraron que el mausoleo debió cubrir un área de 56,25 kilómetros cuadrados, mayor que la de cualquier mausoleo imperial del mundo, y que sus cuatro lados debieron tener 7,5 kilómetros de largo. Dos murallas de tierra apisonada cercaron en otros tiempos el montículo. La muralla interior tenía 3.870 metros de circunferencia y la exterior, 6.321. Las murallas han desaparecido, pero las ruinas de algunos sectores y los cimientos testimonian su existencia hace más de 2.000 años.

Algunos arqueólogos estiman que en el interior del mausoleo amurallado se construyeron varias salas para satisfacer las supuestas necesidades del emperador en el otro mundo, con las mismas dimensiones y la misma grandeza que las que utilizara antes de su fallecimiento. Al igual que las murallas, esas salas ya no existen.

Además de los cimientos de las murallas en ruinas, los arqueólogos han descubierto más de 600 fosas con objetos funerarios en el área del mausoleo. Algunas fosas son realmente tumbas, en las que seres humanos fueron enterrados vivos. En una de ellas se encontraron dos carros tirados por caballos de bronce. Son reproducciones de los que usó el emperador en vida. En otras dos se descubrieron esqueletos de cientos de caballos. Eran "establos imperiales" para el otro mundo. También se descubrieron 17 fosas repletas de esqueletos de aves preciosas y animales raros - un terreno imperial de caza. En la fosa de mayor tamaño descubierta en el área del mausoleo se encontraron varias armaduras de piedra. En otra se encontró un grupo de acróbatas de arcilla, supuestamente para entretener al emperador fallecido.

Especial mención merecen las tumbas y fosas donde varios seres humanos fueron enterrados vivos. Según registros históricos, miles de personas que participaron en la construcción del mausoleo fueron enterradas vivas para evitar que se divulgaran los secretos de la vida del emperador en el otro mundo. También fueron enterradas vivas las concubinas del emperador. En 17 tumbas se encontraron esqueletos humanos, cuyos huesos estaban esparcidos por todas partes. La dimensión de estas tumbas y los féretros y objetos funerarios sugieren que pertenecieron a los nobles de la dinastía. Pero las horribles escenas de las tumbas nos hacen pensar que sus ocupantes pudieron haber sido príncipes que fueron asesinados en las luchas por el poder.

El emperador está enterrado debajo del montículo, en un palacio subterráneo, que aún está por excavar.

Según registros históricos, el palacio subterráneo es de enormes dimensiones. En su cúpula hay diagramas astronómicos hechos con joyas y piedras preciosas. En el piso, se reprodujeron ríos, lagos y mares llenos de mercurio en lugar de agua que, movido por alguno aparato mecánico, se mantenía fluyendo. Posee paisajes en miniatura, así como salas donde el emperador fallecido podría conceder las supuestas audiencias imperiales. Las salas se iluminaron con lámparas de aceite de pescado. El palacio subterráneo debe

036

estar repleto de armas escondidas para matar a quienes pretendan entrar. Ya en los años 80 del siglo XX, algunos científicos analizaron muestras de tierra extraídas del área del mausoleo y descubrieron la presencia de concentraciones excepcionalmente altas de mercurio en parte de las pertenecientes a un área de 12.000 metros cuadrados. Este descubrimiento podría probar la existencia de ríos y lagos de este metal líquido en el palacio subterráneo.

La construcción del mausoleo se inició en el año 246 a. n.e., antes de que el "primer emperador" unificara China. Entonces, tenía 13 años de edad, y ya había sido entronizado como rey del Estado Qin. En su construcción, que duró 39 años, trabajaron 700.000 hombres. Es necesario recordar que en ese momento China tenía 20 millones de habitantes.

Los más famosos objetos desenterrados del área del mausoleo son, desde luego, los guerreros y corceles de terracota de tamaño natural. Este ejército de terracota fue descubierto por varios campesinos en marzo de 1974, cuando perforaban un pozo.

Los guerreros de terracota se encuentran en tres fosas que se hallan a unos cinco metros de profundidad, cuyas paredes, con soportes pesados, tienen tres metros de alto. El piso está pavimentado con ladrillos azules.

La Fosa No.1, que tiene 230 metros de largo de este a oeste y 62 metros de ancho de sur a norte, cubre un área de 14.000 metros cuadrados. En ella se encontraron más de 1. 000 guerreros, caballos y carros de terracota. Basándose en las dimensiones de la fosa, los arqueólogos han llegado a la conclusión de que debieron haber 6.000 figuras de cerámica. Es una formación principalmente de infantería. Los guerreros de la vanguardia tienen arcos en sus manos y llevan carcajes. Detrás de ellos están los soldados de infantería, vestidos con armaduras. Algunos carros tirados por caballos también forman parte de la formación, que está protegida por las tropas de los flancos izquierdo y derecho. También se ven tres hileras de soldados de retaguardia -una formación bien organizada, que parece lista para el combate.

Las excavaciones de la Fosa No.2, hallada en abril de 1976, ya han terminado. Ocupa una superficie de 6.000 metros cuadrados. Se estima que debió haber 470 caballos de terracota, 900 guerreros de cerámica, 80 carros de madera y gran cantidad de armas de metal.

La Fosa No.3 fue descubierta en mayo de 1976, y abarca una superficie de 520 metros cuadrados. Se desenterraron un carro de guerra y 64 guerreros. Los arqueólogos consideran que las figuras descubiertas en esta fosa forman el cuartel general del Ejército de Terracota.

Los arqueólogos esperan desenterrar 7.000 soldados de terracota, 600 caballos de arcilla cocida, más de 100 carros de combate y decenas de miles de armas antes de que termine la excavación de las tres fosas. La estatua de cerámica de mayor tamaño mide cerca de dos metros y la más pequeña, 1,7. La altura media es de 1,8 metros. Sus posiciones y rasgos faciales son diferentes. Cada estatua tiene una expresión y una imagen distinta. Para cada figura se tomó como modelo a un hombre real. Cada guerrero de terracota se hizo con absoluta meticulosidad, destacándose los detalles de sus ropas y de su cuerpo -el pelo, las cejas, los zapatos, y hasta la costura de los cordones de los zapatos. Como promedio, los caballos de terracota tienen 1,5 metros de alzada y dos metros de largo.

El proceso de producción de las estatuas de cerámica pudo haber incluido los siguientes pasos:

Primero: se prepararon por separado las diferentes partes de la figura. Una vez preparadas, se esculpieron a cincel los detalles. Segundo: se coció la figura de arcilla en el horno. Tercero: se pintaron las figuras cocidas. Al desenterrarse, muchas estatuas ya estaban rotas o totalmente descoloridas, como resultado de la exposición a la humedad en los últimos dos mil años.

Miles de armas han sido extraídas de las fosas, la mayoría de las cuales son de bronce y estaño. Se ven brillantes como si fueran nuevas, y no tenían moho. Las pruebas demuestran que las armas están cubiertas con una capa de una sustancia conocida como óxido de sal de cromo. La tecnología moderna de galvanización con cromo fue patentada en Alemania y en los Estados Unidos en 1937 y 1950, respectivamente. No existe información acerca de cómo los artesanos de la dinastía Qin lograron dominar esa tecnología.

El Ejército de Terracota es sólo la punta del iceberg. Los arqueólogos señalan que el mausoleo es tan grande que serán necesarios más de 200 años para estudiarlo totalmente.

En 1987, el mausoleo se incluyó en la lista de la UNESCO como Patrimonio Cultural Mundial.

036 El Mausoleo del emperador Qin Shihuang debía ocupar una superficie de unos 56 kilómetros cuadrados. Hoy sólo vemos un montículo de tierra. Todas las construcciones sobre el terreno han desaparecido debido a la erosión del clima en más de 2.200 años pasados.

037 La foto muestra la Fosa No.1, que tiene unos cinco metros de profundidad y cuenta con una pared de apoyo a cada tres metros. Se han desenterrado en esta fosa más de mil guerreros, caballos y carros de terracota.

037

041 ►

038

039

040

038 Caballo pintado de arcilla cocida desenterrado en la Fosa No.1. Este caballo tiene 1,5 metros de alto y 2 metros de largo.

039 La foto muestra la espalda de un general de cerámica.

040 Dos figuras de funcionarios de la corte descubiertas en una fosa funeraria del lugar del mausoleo. En la fosa, fueron desenterradas en total doce estatuas pintadas en el año 2000, que tienen por término medio 1,9 metros de altura.

041 General de terracota desenterrado en la Fosa No.1. La figura tiene más de 1,9 metros de altura. Por medio del gorro y la ropa de doble capa, se le distingue del soldado raso.

043

042 Arquero arrodillado en posición de tirar al banco. La figura pertenece a la Fosa No. 2.

043 Uno de los carros de bronce tirados por caballos descubiertos en 1980. Los carros pintados están decorados con gran cantidad de piezas de oro y plata. Los dos coches, compuestos por 7.000 piezas y accesorios, tienen la mitad del tamaño natural que utilizaba el emperador Qin Shihuang en vida y pesan en total 2,3 tonelada.

044 El otro carro tirado por caballos de bronce.

044

◄ *042*

045

046

045 La Fosa No.3 ocupa una superficie de 520 metros cuadrados. Arqueólogos estiman que esta fosa es el cuartel general del "Ejército Imperial".

046 Muchas figuras pintadas ya estaban aplastadas y descoloradas a la hora de excavarse. Sin embargo, la mayoría de ellas tenía remanentes de los colores originales y los colores en algunas estatuas permanecían bien intactos.

047 La Fosa de Armaduras de Piedra es la fosa funeraria más grande del mausoleo. La foto muestra un juego completo de armaduras de piedra.

048 Un trípode de bronce desenterrado en la Fosa No.5 en 1999. Tiene 60 centímetros de altura y pesa 212 kilogramos y es el mayor de los trípodes de esta clase descubiertos hasta la fecha.

049 Piezas de un carro tirado por caballos de bronce. Se usan para alargar la vara del parasol del carro.

050 Campana de bronce desenterrada en la Fosa No.1. La campana servía para dirigir las tropas en combate.

047

048

049

050

Grutas de Mogao

Una noche del año 366, Le Zun, un monje budista, pasaba por la Montaña Sanwei de Dunhuang, en la provincia de Gansu, situada en el Noroeste de China, cuando, de repente, vio rayos de luz dorados encima de la montaña. Creyendo que deidades budistas iban a aparecer, hizo un alto en su viaje y empezó a excavar una cueva para practicar el budismo. Esto marcó el inicio de la construcción de las Grutas de Mogao en las Colinas Mingsha de Dunhuang.

Dunhuang era un importante poblado en la antigua Ruta de la Seda, a través de la cual se introdujo el budismo en China hace 2.000 años. Comerciantes, enviados y monjes de Asia Central, Asia Occidental y Europa iban y venían por esta zona, dejando huellas de sus culturas y creencias. Dunhuang era un lugar próspero en aquel tiempo, como lo indica su nombre - "Dun" significa "grande" y "huang", "prosperidad".

La construcción de grutas y estatuas de Buda, después de la excavación del monje Le Zun, duró 1.000 años, y empezó a declinar a partir del siglo XIV.

Hoy, existen más de 700 grutas de piedra en cinco planos diferentes en el área de las Grutas de Mogao, que están densamente alineadas a lo largo de los acantilados de 1.600 metros de largo. La gruta más grande tiene 268 metros cuadrados, y la más alta es de unos 50 metros. En total, hay 45.000 metros cuadrados de murales y 2.400 esculturas pintadas en 492 grutas. La zona ha sido reconocida como el mayor acervo cultural del arte budista en el mundo.

El budismo en China tuvo su auge en las dinastías Sui (581-618) y Tang (618-907). El período marcó, naturalmente, el apogeo de las Grutas de Mogao.

Numerosas etnias vivieron en la zona a lo largo de 1. 000 años y, al mismo tiempo, las culturas china, hindú, islámica y griega se reunieron aquí. Cada una de las etnias, culturas y períodos históricos ha dejado sus huellas.

Los murales son la flor y nata del arte de las Grutas de Mogao. Su contenido es rico, y comprende leyendas budistas, pinturas basadas en sutras (escrituras sagradas budistas), figuras budistas, imágenes de los patrocinadores de la construcción de las grutas y motivos decorativos. Más de la mitad de las obras, por supuesto, se hicieron durante los períodos Sui y Tang. No obstante, las paredes desconchadas han revelado un pequeño secreto: varias pinturas cubrieron otras. En distintos sectores hay cuatro o cinco capas de murales.

Los estilos y temas varían de un período a otro. La dinastía Sui constituyó una línea divisoria. En el período inicial, las pinturas basadas en leyendas budistas describían la "práctica de la austeridad" y "el avance moral a través de una extrema contención", mientras que en el período posterior estas pinturas cedieron su lugar a figuras de Bodhisattva y pinturas basadas en sutras budistas. Los murales, que solían afirmar que las personas "podían convertirse en budas simplemente creyendo en el budismo" o describir "el paraíso budista", pasaron de los techos a las paredes de las grutas. Al principio, Bodhisattva era una figura secundaria al lado de Buda. La aparición de Bodhisattva como figura independiente en los murales Sui marcó el comienzo de la "chinización" del budismo. Los rasgos y decoraciones en los murales de este período se volvieron más bellos, suaves y minuciosos, con un toque humano.

El entusiasmo artístico, una manifestación del apogeo de la prosperidad de la dinastía Tang, halló su expresión en los murales de toda una pared, basados en sutras budistas. En un mural puede haber más de mil figuras. El amor de los artistas y su habilidad para lograr complicadas composiciones conquistan a los visitantes. Las pinturas muestran una explosión de todos los colores de este mundo, que, al mismo tiempo, están bien utilizados, creando formas con líneas bien definidas. Hay pájaros y animales que parecen cantar y bailar, y un sinfín de flores los adornan con motivos decorativos. Las deidades budistas también tienen expresiones vívidas en sus rostros y se ven rebosantes de vigor y energía. No se parecen a las de los murales hallados en las Planicies Centrales, que se muestran, por lo general, inexpresivos.

El entusiasmo artístico continuó en el período posterior a la dinastía Tang, pero con cierta moderación. La inmensidad cedía lugar a la serenidad y las formas de expresión adquirieron mayor meticulosidad. Esta pasión, sin embargo, comenzó a apagarse durante la dinastía Song. Las figuras humanas de las pinturas murales se volvieron más moderadas. Aunque con excelentes expresiones aquí y allá, había desaparecido, en su conjunto, la atmósfera exuberante y jubilosa.

En general, la cultura Tang encendió la brillante llama de las artes budistas Dunhuang. Los murales convirtieron la realidad en ideal o viceversa. La libre creación artística hizo de Buda una figura en la tierra y presentó a Bodhisattva como una mujer bondadosa. Todo esto dotó de secularidad, sentimientos humanos y vigor al reino budista. Los diversos motivos perfilados con líneas curvas le añaden un fuerte sentido de movimiento a las pinturas.

Al presentar los temas religiosos, se han incorporado a los murales, en forma consciente o inconsciente, algunas escenas de la vida secular. Muestran los diferentes modos de vida y de trabajo y las diversas costumbres, danzas, música y adornos de los distintos períodos que se sucedieron a lo largo de mil años.

El esplendor de esculturas pintadas y el brillo de los murales en las grutas se realzan mutuamente. Las Grutas de Dunhuang están labradas en las rocas, lo que hacía imposible la escultura de rasgos bien definidos. Por tal motivo, se aplicó ampliamente, desde el principio, la técnica escultural china con arcilla tradicional. Después, las esculturas de arcilla se pintaron con diversos colores. Las obras esculturales se pueden clasificar en cuatro categorías: figuras de Buda, figuras de Bodhisattva, figuras de discípulos y figuras de deidades. Las esculturas de gran tamaño suelen ser estatuas individuales. La mayor mide 34,5 metros de alto, y la más pequeña, sólo dos centímetros. Ocasionalmente, se ven estatuas de figuras seculares entre figuras divinas.

El estilo de las esculturas pintadas varía según el período al que pertenecen. Las del período inicial tienen expresiones faciales vívidas, sin tener en cuenta los detalles del cuerpo. En general, tienen colores sencillos y se muestran solemnes e indiferentes, lo que refleja la influencia de las culturas de

051

la India y de Asia Central. Reflejan también, claramente, la influencia de la cultura china, que hace hincapié en el mundo interno.

Más de la mitad de las 2.400 esculturas pintadas en las Grutas de Mogao, se hicieron durante la dinastía Tang. Aparte de las esculturas en grupos, las dos esculturas de mayor tamaño son también de esa dinastía. Las esculturas de ese período están magníficamente talladas y tienen ricos colores. Las figuras parecen dignificadas, a la vez que muestran expresiones seculares. Son figuras realistas con las proporciones del cuerpo humano, cuyas formas están perfiladas con líneas fluidas y suaves. La psicología y el carácter de las figuras se reflejan con gran destreza.

Después de la dinastía Tang, la creación de esculturas pintadas disminuyó notablemente, lo que se evidencia en las obras labradas en los tiempos posteriores. Las piezas son en su mayoría estereotipadas e inexpresivas. Esto se debe al hecho de que la gente en los períodos posteriores a la dinastía Tang sentía mucho menos entusiasmo por la creación de figuras budistas. Por otra parte, pocas de estas esculturas, ubicadas en capas bajas, han resistido el paso del tiempo, debido a su proximidad a la tierra.

La cueva más importante de las Grutas de Dunhuang es la Gruta No.17, donde están guardados los sutras budistas.

El 22 de junio de 1900, cuando el sacerdote taoísta Wang Yuanlu limpiaba arena acumulada, descubrió casualmente una pequeña cueva que estuvo tapada durante varios siglos. En la cueva había montones de pinturas de seda, instrumentos para ritos budistas, etc., para un total de 50.000 piezas, la mayoría de las cuales eran sutras y otros documentos budistas. Además, había registros históricos, geográficos y astronómicos. También se encontraron libros, entre ellos libros de poemas y de costumbres folclóricas. Eran producto del período histórico comprendido entre los siglos IV y XI -

materiales históricos perdidos o raras veces vistos. La mayor parte de los documentos y sutras fueron escritos en caracteres chinos y el resto en caracteres antiguos de minorías étnicas o en lenguas extranjeras.

¿Quién guardó estos documentos en la cueva? ¿Cuándo? ¿Por qué? Hasta la fecha, estas preguntas no tienen respuesta. ¿Quién tapó la entrada de la cueva y la cubrió de murales? Esta es otra cuestión que queda por averiguar. ¿Habrán allí otras grutas que guardan sutras budistas? Nadie lo sabe.

La noticia sobre el hallazgo de preciosas reliquias en las Grutas de Mogao se difundió rápidamente. Aventureros y estudiosos vinieron de inmediato a Dunhuang, procedentes de Inglaterra, Francia, los Estados Unidos, Rusia y Japón. Desgraciadamente, se llevaron de China muchas reliquias valiosas.

El descubrimiento de la cueva donde están guardados los sutras budistas hizo que las Grutas de Dunhuang fuesen conocidas en el mundo entero. Los sutras budistas hallados dieron lugar a la creación de una nueva ciencia: el estudio de Dunhuang. Al principio, estaba enfocado en los sutras budistas y en los documentos descubiertos en la Cueva de Almacenamiento de Sutras. Después, se extendió a los problemas relacionados con dicha cueva, y luego a la investigación de las Grutas de Mogao en su conjunto y a la cultura e historia de Dunhuang. Con el tiempo, el estudio académico llegó a cubrir los terrenos de la geografía, la historia, la arqueología, las artes, la religión, la literatura, la lengua, las costumbres locales, la ciencia y la tecnología antiguas, la protección de las grutas, etc.

En 1987, las Grutas de Mogao fueron incluidas en la lista de la UNESCO como Patrimonio Cultural Mundial.

051 Estatua de Bodhisattva en la Cueva No.384. La estatua tiene el estilo realista y constituye una obra representativa de la escultura pintada de la dinastía Tang.

052 Vista panorámica de las Grutas de Mogao. El labrado de las Grutas de Mogao se inició en el siglo IV y se terminó en el siglo XIV. Había más de 700 cuevas. De las cuales, 492 cuevas tienen conservados murales y estatuas pintados.

052

053 El mural descubierto en la Cueva del Almacenamiento de Sutras Budistas describe que el alma de una muerta, guiándose por una diosa budista, se dirige hacia el paraíso.

054 Estatua pintada de arcilla de Buda de Wei del Norte (386-534) en la Cueva No.259. En su rostro muestra una sonrisa reservada. Es una obra maestra de las primeras esculturas de las Grutas de Mogao.

055 Cueva No.17, en donde se guardan sutras budistas. La cueva, que permanecía cerrada por siglos, fue descubierta por casualidad en el año 1900. En ella fueron halladas 50.000 reliquias culturales entre otras cosas sutras budistas, documentos, pinturas e instrumentos sacrificiales.

056 Un libro astrológico manuscrito fue descubierto en la Cueva del Almacenamiento de Sutras. La foto muestra una página del libro.

054

055

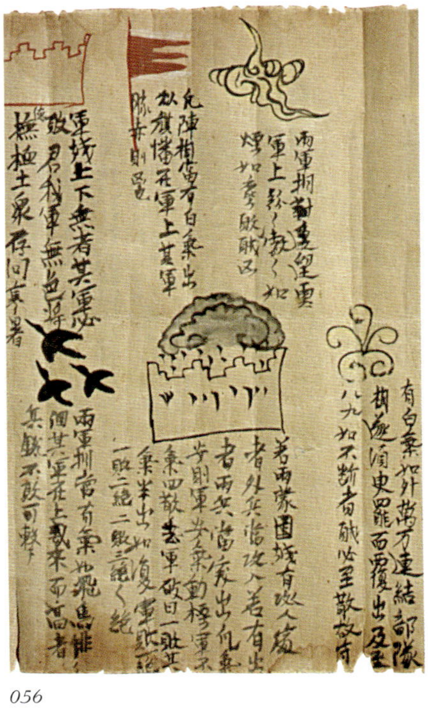

056

057 Estatua de Bodhisattva de la dinastía Tang en la Cueva No.194. Es regordete y lleva un moño alto y prenda suelta, lo que refleja el gusto estético de aquella época.

058 Bodhisattva con piernas cruzadas en la Cueva No.275, hecho en el siglo V. De esta figura, se ve claramente la influencia de la cultura hindú.

059

058

060

059 Deidad china en un mural de la dinastía Sui (581-618) descubierto en la Cueva No.423. Merecen la atención las líneas fluentes.

060 Grupo de figuras budistas en un mural hallado en la Cueva No.285, construida durante la dinastía Wei del Oeste (535-556). En el mural se aplicó la técnica de salpicar la tela con tinta.

◄ *057*

061

062

061 Este mural de la Cueva No.103 se basa en un cuento del sutra budista acerca de un santo llamado Vimalakirti debatiendo con Bodhisattva sobre algunas doctrinas budistas. El cuento relata como Vimalakirti pretende estar enfermo a fin de tener a Bodhisattva a su lado para el debate.

062 Este mural en la Cueva No.296 describe la vida de los comerciantes durante su viaje por la antigua Ruta de la Seda. Fue hecho durante la dinastía Zhou del Norte (557-581).

063 El mural en la Cueva No.217 describe con vívidos detalles el paraíso, morada de Buda.

063

Sitio del Hombre de Pekín en Zhoukoudian

Zhoukoudian, donde se halla el Sitio del Hombre de Pekín, es un pequeño pueblo rural ubicado a unos 50 kilómetros al sudoeste de Beijing. Fue en una cueva natural de 140 metros de largo y de 2,5 a 42 metros de ancho, en la Colina del Hueso del Dragón, donde se encontró al Hombre de Pekín.

Nadie sabe cuándo comenzaron los residentes locales a cavar en la colina en busca de "huesos de dragón", que vendían como material para preparar medicinas tradicionales. Los llamados "huesos de dragón" son en realidad fragmentos fósiles de mamíferos. Tampoco nadie conoce cómo se supo de la existencia de este lugar a principios del siglo XX como un sitio de posible valor para los científicos extranjeros.

El paleontólogo austriaco Otto Zdansky y el geólogo sueco J. Gunnar Anderson estuvieron entre los primeros en llegar allí. Durante las primeras excavaciones en la Colina del Hueso del Dragón, los dos científicos encontraron fósiles de animales y fragmentos de cuarzo afilados en forma de hojas de cuchillos. Según el diario que publicaron ambos, Anderson le dijo a Zdansky en una ocasión: "Presiento que el antecesor del hombre duerme aquí".

Para ser más exactos, hallaron dos dientes en 1921 y 1923, respectivamente, pero en aquellos momentos no tenían idea de qué eran. Sin embargo, ya en 1926, los científicos los habían identificado como dientes de un homínido e hicieron público su descubrimiento.

Al año siguiente, llegó una expedición de científicos chinos y extranjeros, y comenzó la excavación a gran escala en la Colina del Hueso del Dragón. Ese mismo año, encontraron un diente de un homínido en perfectas condiciones, y llamaron *Sinanthropus pekinesis* a su dueño, cuyo nombre significa "especie pekinesa del hombre mono chino", en términos sencillos. No mucho después, el nombre se cambió por el de *Homoerectus pekinesis*, que significa "Hombre erguido de Pekín", u "Hombre de Pekín", en forma breve.

El 2 de diciembre de 1929, Pei Wenzhong, científico chino a cargo del trabajo de campo, halló el cráneo de un *Homo erectus* en una cueva de la Colina del Hueso del Dragón, el primero de su tipo descubierto en el mundo. En poco tiempo, el descubrimiento se hizo famoso mundialmente.

Se encontrarían más pruebas en la misma cueva: objetos de piedra y hueso e indicios del uso del fuego por parte del *Homo erectus* que una vez vivió en ella. Naturalmente, la Colina del Hueso del Dragón –en especial su cueva- llamó la atención de la comunidad científica internacional como un importante emplazamiento arqueológico de homínidos.

En noviembre de 1936, en el transcurso de 11 días, se desenterraron otros tres cráneos de *Homo erectus* de la misma capa de suelo de la cueva. Las excavaciones se suspendieron al año siguiente, cuando estalló la Guerra de Resistencia contra la Agresión Japonesa. A finales de noviembre de 1941, los cuatro cráneos, junto con otros especímenes recogidos en la Colina del Dragón, desaparecieron de Beijing, que entonces se encontraba bajo la ocupación japonesa. Aún se ignora su paradero. El único cráneo de *Homo erectus* que se expone en el Museo del Hombre de Pekín en Zhoukoudian está compuesto de fragmentos fósiles encontrados por separado, que se unieron para su exhibición.

Las excavaciones se reanudaron poco después de la fundación de la República Popular China en octubre de 1949. En las últimas décadas, se han descubierto pedazos de huesos de la cara y de extremidades, y también dientes, que los científicos han identificado como pertenecientes a más de 40 miembros de la familia del Hombre de Pekín. También se han encontrado más de 100.000 herramientas de piedra terminadas o semi-terminadas, junto con gran cantidad de

064

objetos de hueso y cuerno y fósiles de más de 100 especies de animales, así como más indicios del uso del fuego por parte del Hombre de Pekín.

El Sitio del Hombre de Pekín ha proporcionado más pruebas para continuar la investigación del origen y la evolución del ser humano.

El científico holandés Eugene Dubois descubrió un cráneo de homínido en Indonesia en 1891, conocido como "*Homo erectus*" por los científicos y como "el Hombre de Java" por la mayoría de las personas. Sin embargo, en ese momento, las opiniones de los científicos estaban divididas, pues unos pensaban que el fósil pertenecía al Hombre y otros a un mono. Sin más pruebas, Dubois al final cambió de idea, diciendo que el Hombre de Java quizás no tuviera nada que ver con la evolución del hombre. El Hombre de Pekín, sin embargo, pronto fue aceptado por la comunidad científica internacional como el antecesor del hombre, y ese reconocimiento puso fin al debate sobre el Hombre de Java.

El Hombre de Pekín, una especie de *Homo erectus*, representa un eslabón importante en la evolución del ser humano, del proceso de la conversión del mono en hombre. Fósiles del mismo tipo se han descubierto en diversos lugares del mundo. No obstante, el Hombre de Pekín continúa siendo uno de los más valiosos, ya que encierra la prueba más completa y abundante de esta evolución.

La cueva del Hombre de Pekín posee una acumulación de 40 metros de grosor, con 13 capas que contienen fósiles. Estas capas se formaron hace menos de medio millón de años, como resultado de los derrumbes y de los desechos de basura del Hombre de Pekín. Antes de que el Hombre de Pekín viniera a vivir en ella, la cueva había estado ocupada más de una vez por hienas chinas. Este animal, ya desaparecido, tenía el hábito de dejar sus excrementos en un lugar fijo, y estos excrementos han sido encontrados en algunos de los estratos.

Existe el criterio general de que el Hombre de Pekín vino a vivir en la cueva en un período ubicado entre 200.000 y 500.000 años atrás, aunque algunos científicos lo colocan en una etapa anterior, hace 700.000 años. Pero el ser humano con apariencia de mono vino a residir en la cueva con distintos grupos generación tras generación, y no con un único grupo. Los científicos basan esta conclusión en el hecho de que no se han encontrado rastros de cultura humana en las capas con excrementos de hienas. Se cree que un grupo de la familia del Hombre de Pekín pudo haber vivido aquí durante un tiempo, y que después se marchó, debido a la falta de alimento o a la severidad del clima. Entonces, muchos años después, llegó al lugar otro grupo de la familia del Hombre de Pekín.

Los paleontólogos señalan que la mitad de la familia del Hombre de Pekín no pudo vivir más de 14 años. El cerebro del Hombre de Pekín tenía el 80% del tamaño del cerebro del hombre actual, pero era mucho mayor que el del mono. El cerebro del mono actual es un 60 % más pequeño que el del Hombre de Pekín. Las extremidades superiores del Hombre de Pekín ya estaban lo suficientemente desarrolladas como para realizar algunos trabajos con las manos. Las extremidades inferiores tenían mucho en común con las del hombre, pero las rodillas estaban algo encorvadas. A pesar de ello, los científicos estiman que el Hombre de Pekín podía pararse erguido y caminar. En la cueva del Hombre de Pekín se han descubierto cuatro capas de ceniza, junto con fragmentos de huesos quemados y carbón. Esto prueba que el Hombre de Pekín ya había aprendido a utilizar el fuego para asar la carne de los animales que cazaba y para calentarse durante el invierno. Por supuesto, sólo utilizaba el fuego de las fuentes naturales, como por ejemplo el producido por un rayo, pero sabía cómo mantener brasas encendidas para hacer fuego posteriormente.

El Hombre de Pekín desapareció hace 200.000 años. No se sabe con certeza de dónde vino y adónde se dirigió después de marcharse de la cueva de la Colina del Hueso del Dragón.

En una caverna cerca de la cima de la Colina del Hueso del Dragón, encima del Sitio del Hombre de Pekín, los científicos encontraron, en 1933, algunos cráneos completos de homínidos y fragmentos de cráneos que se identificaron como pertenecientes a por lo menos siete u ocho individuos de la familia del "Hombre de la Caverna Superior". Se halló polvo rojo de mineral de hierro alrededor de los huesos, lo que indicaba que el Hombre de la Caverna Superior pudo haber practicado algún tipo de funeral. En la cueva también se encontraron agujas de hueso, aretes de hueso con orificios y "collares" de espinas de pescado y dientes de animales. Al parecer, el Hombre de la Caverna Superior podía coser pedazos de pieles de animales para hacerse "ropa" y elaborar adornos personales. El Hombre de la Caverna Superior vivió hace 180.000 años. Los científicos han llegado a la conclusión de que el Hombre de la Caverna Superior no era descendiente del Hombre de Pekín.

En 1987, la UNESCO incluyó el Sitio del Hombre de Pekín en Zhoukoudian en la lista de lugares declarados como Patrimonio Cultural Mundial.

067 Cueva Natural de la Colina del Hueso del Dragón en Zhoukoudian, donde fue descubierto el primer cráneo del Hombre de Pekín el 2 de diciembre de 1929.

065

066

064 Percepción artística respecto al uso del fuego por el Hombre de Pekín. En la cueva donde vivió se encontraron objetos de piedra y hueso, e indicios del uso del fuego.

065 Cabeza del Hombre de Pekín, recuperada de acuerdo con los fósiles de cráneo.

066 En el Sitio del Hombre de Pekín, se han desenterrado más de 100.000 instrumentos líticos que podían usarse para cortar, dar filo a sus herramientas, rayar y agujerear.

067 ►

猿人洞

068

069

070

068 Cinco cráneos del Hombre de Pekín desaparecieron en 1941 en un traslado. Hasta la fecha aún se ignora su paradero. La foto muestra las reproducciones.

069 La foto muestra la excavación en el Sitio del Hombre de Pekín en el año 1927.

070 El primer cráneo del Hombre de Pekín restaurado y empaquetado con yeso. El hombre que tiene el cráneo en sus manos es el Sr. Pei Wenzhong quien lo descubrió.

071

071 En una cueva de la Colina del Hueso del Dragón, se descubrieron en 1933 fósiles del Hombre de la Caverna Superior que vivió hace más de 18.000 años. La Cabeza del Hombre de la Caverna Superior fue restaurada según los fósiles.

072 Un “collar” hecho de huesos y dientes animales, conchas y objetos de piedra. Se usó posiblemente como ornamento personal por el hombre de la Caverna Superior.

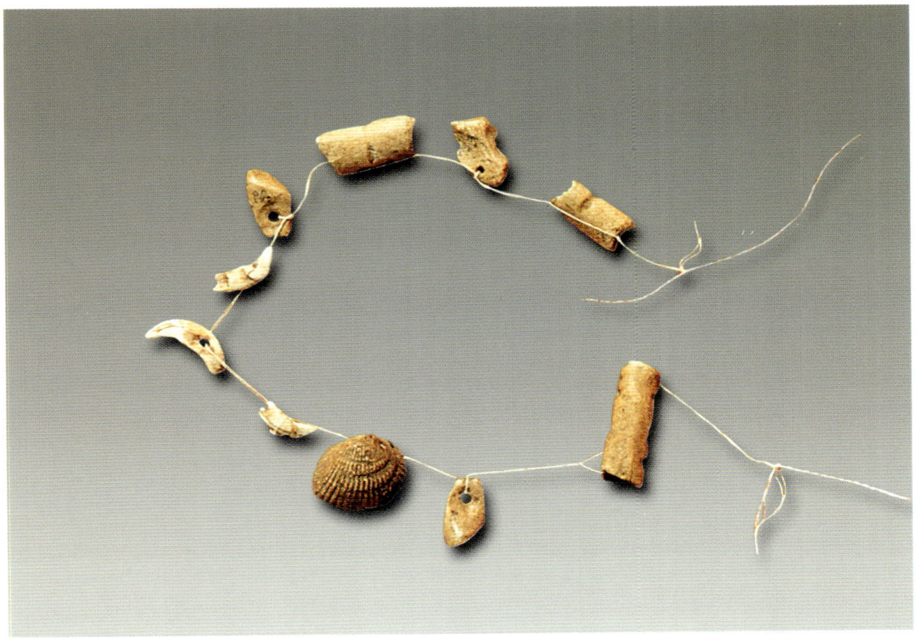

072

Montaña Huangshan

Para disfrutar de la magnificencia de una montaña, hay que mirar hacia arriba en la mayoría de los casos. Sin embargo, para disfrutar de la magnificencia de la Montaña Huangshan, hay que mirar hacia abajo. En este pintoresco escenario de 154 kilómetros cuadrados en el sur de la provincia de Anhui, hay 77 picos. Una vez encima de alguno de ellos, tendrá una vista a vuelo de pájaro de macizos y más macizos, con picos que se alzan en la distancia por entre un mar de nubes. Están tan cerca unos de otros que le parecerán estar viendo un bosque de picos.

El Pico Loto, a 1.862 metros sobre el nivel del mar, es el más alto de todos. Lleva ese nombre por su parecido con una flor de loto que se abre. El Pico Guangming, el segundo en altura, a 1.841 metros sobre el nivel del mar, es una cima plana, ideal para ver la salida del sol y el infinito mar de nubes que se encuentra debajo. Hay un antiguo refrán que dice: Si no sube a la cima Guangming, se perderá la pintoresca belleza de la Montaña Huangshan. El tercero en altura es el Pico Tiandu, cuyo nombre significa "Capital Celestial". Aunque no es tan alto como el Loto y el Guangming, es sin embargo el más imponente y empinado. El Pico Tiandu tipifica las maravillas de la Montaña Huangshan y se le conoce como "el mejor" de los picos. Una docena de ellos, incluyendo los tres más altos, están abiertos a los escaladores. El resto, son simplemente inaccesibles.

En todos estos picos encontrará rocas de formas inusuales. Una roca grande puede parecer un escarpado precipicio, y una pequeña, una planta en una maceta. También las hay que parecen figuras humanas o animales. Algunas, aunque no se asemejan a nada conocido, son igualmente hermosas, con una belleza tan grotesca en su forma que resulta indescriptible.

Cuando se encuentre encima de uno de estos picos, no olvide mirar a su alrededor. Los picos o rocas en la distancia ofrecerán diferentes vistas cuando los observe desde distintas direcciones. Cuando mire hacia el Pico Tiandu desde el Pico Yuping, le parecerá ver una ardilla en un pico vecino, lista para saltar al Pico Tiandu. Pero la ardilla es una roca. Una vez que se encuentre sobre el Pico Tiandu, la misma roca le parecerá un par de zapatos.

Los pinos en los precipicios de la Montaña Huangshan no son menos bellos que esas rocas. Aquí, la mayoría de los pinos crecen en lugares que se hallan a 800 metros sobre el nivel del mar y con frecuencia están enraizados en grietas de rocas de granito con casi ninguna tierra. Además, su altura varía. El más alto puede medir varias docenas de metros, y el más pequeño, 10 ó 20 centímetros. Los troncos y ramas crecen torcidos y sus copas son a menudo horizontales. Según los estándares estéticos chinos, cuanto más torcida está una planta, más hermosa es. De hecho, las formas extrañas constituyen un rasgo destacado de los pinos de la Montaña Huangshan.

¿Por qué los pinos pueden crecer en las grietas de las rocas de granito? Esto tiene que ver con las raíces del árbol. Las de los pinos en la Montaña Huangshan pueden segregar un tipo de ácido orgánico, que junto con el dióxido de carbono que liberan, forma una especie de ácido carbónico cuando se combina con el agua. El ácido carbónico derrite lentamente la roca y ayuda a que las raíces del árbol obtengan de ella nutrientes y agua. Como resultado, las raíces se ahondan más y más. En general, la raíz de un pino puede tener varias veces la altura del propio árbol. Además, los pinos de este lugar se autoprotegen. Sus agujas son excepcionalmente cortas y duras, y esto ayuda a reducir la evaporación de la preciada humedad.

Los pinos crecen de una forma extremadamente lenta, debido a las duras condiciones naturales. Un pino, aunque

073

sea pequeño, puede tener varios cientos de años. Sin embargo, nunca se marchitan, y se aferran para luchar contra el fuerte viento y la pesada nieve. Mientras más alto sea el pico de una montaña, más verdes serán los árboles. En los años 30 del siglo pasado, los botánicos identificaron algunos pinos en la Montaña Huangshan como pertenecientes a una especie independiente, a la que le dieron el nombre de la montaña. Debido a su tenacidad y vitalidad para resistir las adversidades naturales, el pino Montaña Huangshan se considera un símbolo de fuerza de voluntad y se escogió como el logotipo de la provincia de Anhui.

Durante unos 250 días en el año, las nubes hacen que la Montaña Huangshan sea aún más bella y magnífica. Cuando las nubes son densas, los picos se ven en la distancia como islas en un turbulento mar. Al mirar a nuestro alrededor, encontramos que lejos, muy lejos, probablemente a varios cientos de kilómetros del lugar, las nubes se reúnen alrededor de los picos para formar un océano que parece envolver el mundo. Este mar de nubes inspiró a los antiguos chinos a llamar "Mar Huangshan" a la Montaña Huangshan. Los nombres de muchos puntos del paisaje de la zona están relacionados con el mar – el "Mar del Sur", el "Mar del Norte", etc.

El mar de nubes aparece en la Montaña Huangshan un promedio de 52 veces al año. El mejor momento para verlo es el período comprendido entre los meses de noviembre y abril del año siguiente. En ocasiones, el mar de nubes aparece al amanecer o al atardecer. Si tiene la suerte de estar ahí en ese momento, verá un mar de nubes rosadas.

La unión de los picos, las rocas, los pinos y las nubes forma paisajes con un impacto visual lo suficientemente fuerte como para que el visitante dé rienda suelta a su imaginación, de aquí los nombres poéticos, si no extraños, dados a los puntos pintorescos en la Montaña Huangshan. Entre ellos podemos mencionar el Pico Tiandu (Capital Celestial), el Pico de la Palma del Buda, el Pico Xianrenzhilu (Dios Muestra el Camino), y el Pico del Anciano que Recoge Hierbas. Algunos paisajes tienen nombres relacionados con sus formas, como el Pico Loto, el Pico Qintai (Mesita para el *Qin*, instrumento antiguo chino de cuerdas), el Pino en Forma de Abanico, etc. Algunos nombres expresan tanto la imaginación como los sentimientos de la gente: el Pico en forma de Cultivo en las Nubes, el Pico de la Pesca del Anciano y el Pino de la Bienvenida al Huésped. Algunos de los nombres responden a relatos históricos o a cuentos del folclore. Los espectadores de diferente formación cultural pueden ver distintas cosas al mirar la misma escena. No en balde algunos dicen que la Montaña Huangshan es un "gran jardín de cultura popular".

Los pinos de apariencia singular, las grotescas rocas y el mar de nubes forman encantadoras escenas en la Montaña Huangshan. Hubo una vez un hombre que no creyó en la existencia de tal belleza, y decidió ir a la montaña para ver si realmente era tan hermosa como se decía. Después de visitar unos pocos picos, se convenció de que la Montaña Huangshan era verdaderamente tan bella como se la habían descrito, lo cual dio lugar a que uno de los picos fuera bautizado con el nombre de "Shixin", que literalmente quiere decir "el convencimiento llega sólo después de verla uno mismo".

La Montaña Huangshan es única por muchas razones. Una antigua descripción señala: "Otras montañas se destacan por sus diferentes formas, que podemos ver con nuestros propios ojos. Pero el paisaje en la Montaña Huangshan cambia constantemente, y nunca nos cansamos de verlo".

Probablemente, por esta razón, la Montaña Huangshan ha excedido los límites de las posibilidades expresivas del idioma chino. Con frecuencia, escritores que han demostrado excelencia al describir otras montañas no han sabido qué decir de ésta, y algunos hasta han desistido de escribir sobre ella. Desde tiempos antiguos y hasta la fecha, se han escrito más de 20.000 poemas y ensayos sobre la Montaña Huangshan, pero ninguno es lo suficientemente bueno como para considerarlo una obra maestra. No obstante, a menudo se citan estas líneas de un ensayo: "Ninguna montaña se iguala en belleza a la Montaña Huangshan. Una vez encima de ella, ¡en el acto perdemos el interés por cualquier otra!"

Sin embargo, desde tiempos remotos, la Montaña Huangshan ha sido una de las favoritas de los paisajistas chinos. Para ellos, los picos de la montaña, el mar de nubes, los pinos de apariencia singular y las grotescas rocas eran objetos vivientes, algo lo suficientemente bueno como para reflejar su orgulloso y extravagante mundo interior. Muchas montañas y valles han sido objeto del trabajo del pincel, pero la Montaña Huangshan fue siempre el tema más favorecido en la pintura paisajística tradicional de China. De las distintas escuelas de pintura tradicional china, sólo una lleva el nombre de una montaña, y esa montaña no es otra que la Montaña Huangshan. Jian Jiang (1610-1664), Mei Qing (1623-1679) y Shi Tao (1642-1718) han sido reconocidos como los mejores pintores de esta escuela. En una ocasión, Shi Tao expresó: La Montaña Huangshan es mi maestra, y soy amigo de la Montaña Huangshan.

En mayo de 1990, un grupo de expertos de la UNESCO efectuó una gira de inspección por la Montaña Huangshan. En junio, los expertos le sugirieron a la parte china su inclusión en la lista del Patrimonio Cultural y Natural Mundial, y así se hizo. Fue entonces que la parte china se dio cuenta de que habían subestimado el valor de la Montaña Huangshan.

074

075

073 Pino de la Bienvenida al Huésped al lado este del Pico del Biombo de Jade, paisaje representativo de la Montaña Huangshan.

074 Bosque de picos en el mar de nubes

075 El Pico Tiandu, o Pico de la Capital Celestial, a 1.829 metros sobre el nivel del mar, es el tercero en altura, sin embargo es el más imponente y empinado.

076

076 ¿Es una foto o una pintura tradicional china? La cumbre en el fondo es el Pico de la Capital Celestial.

079

077 Los pinos de apariencia extraña, las grotescas rocas y el mar de nubes son las escenas más encantadoras que puede presentar la Montaña Huangshan.

080

081

078 En el pintoresco escenario de 154 kilómetros cuadrados en la Montaña Huangshan, hay 77 picos a más de mil metros sobre el nivel del mar. Están tan cerca unos de otros que nos dan la sensación de estar viendo un bosque de picos.

079 Mar de nubes. La mejor época para ver el mar de nubes es entre noviembre y abril del siguiente año.

080 Los pinos de la Montaña Huangshan tienen una belleza extraordinaria con sus troncos y ramas torcidos y sus copas horizontales.

081 "Halo de Buda" de la Montaña Huangshan aparece dos o tres horas después de la salida del sol o antes de la puesta del sol.

082 Cañón del Mar del Oeste.

082

Región de Interés Panorámico e Histórico del Valle de Jiuzhaigou

EL Valle de Jiuzhaihou, situado en el noroeste de la provincia de Sichuan, al Sudoeste de China, es el "país de las hadas" o "el mundo de los cuentos de hadas", como se conoce en nuestro territorio y en el mundo entero.

Con un área de 720 kilómetros cuadrados, la zona pintoresca de Jiuzhaigou se halla en lo profundo de las montañas que, cubiertas de bosques de verde lozanía, tienen entre 2.000 y 4.764 metros de altitud. El barranco principal de la zona tiene 50 kilómetros de largo. La parte cuesta abajo, llamada Barranco Shuzhen, se divide, a 14 kilómetros de la base, en dos barrancos, el Rize y el Zechawa. Hay nueve aldeas tibetanas en estos barrancos, de ahí el nombre del lugar: "Barranco de Nueve Aldeas" o Jiuzhaigou.

La zona era casi desconocida para el mundo exterior, hasta que fue descubierta por un grupo de leñadores. En 1978, fue declarada reserva nacional. El 5 de diciembre de 1992, la UNESCO la incluyó en la lista de los lugares seleccionados como Patrimonio Natural Mundial.

Lagunas cristalinas, cataratas, bosques, picos de montañas cubiertos por un manto de nieve y la cultura tradicional tibetana, constituyen las principales atracciones de la zona. Mención especial merecen, sin embargo, las lagunas y cataratas.

Al entrar al barranco, se encontrará en un mundo de exuberante verdor y tranquilidad, en una incomparable tierra de paz. Esas lagunas se ven tan misteriosas y sagradas que, al instante, se sentirá completamente fuera del mundo terrenal. Cuesta abajo, en un declive de 1.800 metros, se pueden contar 114 lagunas a diferentes alturas. Las aguas de las lagunas son tan tranquilas que apenas se aprecian ondas, y tan cristalinas que las rocas de color blanco puro y las verdes plantas acuáticas se pueden ver con claridad en su lecho, aún a varias docenas de metros de profundidad. Como dice el refrán, "cuando el agua es demasiado pura, ningún pez sobrevive en ella". En las lagunas de Jiuzhaigou sólo vive un diminuto tipo de pez, que pertenece a una especie sin escamas.

El agua es el alma de Jiuzhaigou. Su carácter extraordinario se debe a que su superficie puede llenarse de colores como un arco iris. Los geólogos estiman que las lagunas del Valle de Jiuzhaigou surgieron como consecuencia de los movimientos de glaciares que bloquearon las corrientes de agua a la entrada del barranco. Las corrientes de lodo y rocas y los desprendimientos de tierra también han originado lagunas. La Changhai es la mayor de todas. Situada a 3.102 metros sobre el nivel del mar, tiene siete kilómetros de largo y 80 metros de profundidad. Acumula el agua de la nieve derretida y los manantiales. Como no tiene salida, su canalización depende de la evaporación y de las corrientes subterráneas. Nunca se desborda, ni siquiera con la más fuerte de las lluvias, y jamás se seca, ni con la sequía más severa. Se congela en invierno, cuando se puede escuchar un fuerte

083

sonido debajo del hielo. Según la leyenda, ese sonido es producido por los dragones que viven en ella.

En Jiuzhaigou el agua es rica en carbonato de calcio, que se libera cuando ésta corre. Mediante un lento y complicado proceso de reacción química, se forman depósitos de travertino que continúan asentándose en el lecho y en las orillas de las lagunas. De esta manera, se originan "diques" de travertino, saltos de agua y cascadas.

En este lugar hay un grupo de lagunas, llamado "Shuzhengqun". Son 19, y se suceden a lo largo de cinco kilómetros, con una caída de unos 100 metros. Las lagunas más pequeñas miden apenas unas docenas de metros cuadrados, y la mayor, 1.000. Las terrazas y las lagunas están cerca unas de otras, como si formaran un collar de perlas. La altura de los "diques" de travertino oscila entre menos de un metro y varios metros. Abundan los sauces, pinos, cipreses y abetos más allá de los "diques" de color crema.

Juncos y plantas acuáticas crecen en aguas poco profundas, donde algunos grupos de arbustos se encuentran rodeados de depósitos de travertino, presentando paisajes en miniatura o "paisajes en macetas".

En los lugares relativamente llanos, los depósitos de travertino forman capas. Si las lagunas no son hondas, se originan playas de travertino con partes que sobresalen en forma de pechos. El ejemplo más típico es la Playa de la Perla, que mide 189 metros de largo y 112 metros de ancho. El agua aquí es poco profunda y las partes que sobresalen semejan un collar de perlas.

A medida que los "diques" de travertino se vuelven más y más altos en las partes bajas del barranco, el nivel del agua se eleva, originando múltiples "diques" de travertino corriente arriba. La Laguna del Dragón Agazapado es un ejemplo de lo anterior. La laguna, a 2.215 metros sobre el nivel del mar, con 22 metros de profundidad y con 60.000 metros cuadrados de superficie, tiene en su lecho un dique de travertino de color crema que semeja un dragón dormido.

Las plantas muertas en las lagunas nunca se pudren, debido a las bajas temperaturas del agua y a que las envuelven las algas y el travertino. Las fantásticas escenas y colores de las lagunas de este lugar superan la imaginación del ser humano. Representan un reto para los pintores, pero son un regalo para los fotógrafos. La Laguna de las Cinco Flores, que se halla a 2.472 metros sobre el nivel del mar, tiene cinco metros de profundidad y 90.000 metros cuadrados de superficie. Sus aguas pueden ser de varios colores: verde exuberante, azul claro, púrpura intenso, rojo naranja y amarillo dorado. Según los expertos, estos colores se deben a la estructura geológica, a los depósitos, y a las algas y nubes.

Los bosques están también llenos de color. La mitad del barranco está cubierta de bosques vírgenes. Debido a las diferencias de altitud y a los marcados cambios climáticos en cada una de ellas, el color de los bosques depende de la altura a que se encuentren: son verdes ladera abajo, amarillos a varios kilómetros del pie del barranco y blancos en los picos de la montaña.

La nieve cubre el barranco durante seis meses cada año, usualmente de octubre a abril del año siguiente, período en el que se congela parcial o completamente, y los saltos de agua dejan de fluir y se convierten en esculturas de hielo.

Los animales salvajes que se encuentran en los bosques pertenecen a 170 especies, los pájaros a 141 y las plantas, a cerca de 3.000. Jiuzhaigou es el hábitat natural del panda gigante, una de las especies más raras del mundo.

086 Lagunas cristalinas, cataratas, bosques, picos de montañas cubiertos por un manto de nieve y la cultura tradicional tibetana constituyen las principales atracciones de la zona. La foto muestra lagunas cristalinas y cataratas.

084

085

083 Plantas muertas en las lagunas de Jiuzhaigou no se pudren nunca, porque se encuentran envueltas en travertino y algas.

084 Los bosques a diferentes alturas tienen distintos colores con el cambio de estaciones.

085 Laguna de las Chispas. Las chispas, como lo indica el nombre, danzan sobre el agua a la luz del sol.

086

◄ *087*

088

089

090

087 Lago del Cisne.

088 ¿Es un mundo de tranquilidad o una imaginaria tierra de paz? Es una vista de un barranco en Jiuzhaigou.

089 Lagunas a diferentes alturas. En Jiuzhaigou, hay en total 114 lagunas de altiplanicie. La foto muestra la serie de lagunas llamada Shuzhengqun.

090 Laguna de las Cinco Flores. La laguna se llama así porque diferentes partes de la superficie de su agua tienen diferentes colores y estos colores cambian constantemente cuando el agua en la laguna es movida por el viento.

091 La Laguna Changhai es la mayor laguna de Jiuzhaigou y tiene siete kilómetros de largo. Acumula el agua de la nieve derretida y de los manantiales. La laguna no se desborda, ni siquiera con la más fuerte de las lluvias y jamás se seca, ni con la sequía más severa.

092 Catarata Nuorilang de unos 320 metros de ancho, un paisaje representativo de Jiuzhaigou.

091

Región de Interés Panorámico e Histórico de Wulingyuan

La zona montañosa de Wulingyuan fue poco conocida hasta los años 70 del siglo pasado, cuando algunos pintores y fotógrafos llegaron al lugar y quedaron maravillados ante su inigualable belleza y magnificencia. Pronto, la zona se conoció en todo el país y, en 1992, la UNESCO la incluyó en la lista de los sitios declarados Patrimonio Natural Mundial. Un informe del Comité de Patrimonio Mundial de la UNESCO describe la zona como "espectacular". Con una superficie que abarca más de 260 kilómetros cuadrados en la central provincia china de Hunan, señala el informe, Wulingyuan posee más de 3.000 columnas y picos de arenisca, muchos de los cuales tienen una altura de más de 200 metros. Entre los picos hay barrancos y cañadas con arroyos, estanques y saltos de agua, unas 40 cuevas, y dos grandes puentes naturales. Además del encantador paisaje, la región también se destaca por ser el hábitat de algunas especies de plantas y animales en peligro de extinción.

La región de Wulingyuan comprende el Parque Forestal Nacional de Zhangjiajie, la Reserva Natural de Suoxiyu, la Reserva Natural de Tianzishan y la Reserva Natural de Yangjiajie, que se encuentran protegidos por el Estado. La mayor parte de esta zona está escasamente poblada y aún conserva sus características originales.

Por lo regular, una montaña tiene unos picos o decenas de ellos. Wulingyuan, sin embargo, cuenta con una abundante cantidad. La mayoría de las montañas tiene una cuesta, lo que facilita que las personas lleguen a la cima. Pero los picos en Wulingyuan son en realidad empinados barrancos, con subidas llenas de bordes afilados que hacen casi imposible el ascenso.

Rodeado de paredes de rocas, el macizo, cuando se mira desde lejos, se parece bastante a una zona de pequeñas colinas. Pero al llegar al pintoresco lugar, tenemos frente a nosotros un mundo profundo y tranquilo de una belleza deslumbrante. La altura de los picos oscila entre unas pocas docenas de metros y 400 metros. La mayoría de los picos parecen columnas o punzones cortados con un cuchillo o con un hacha. Algunos picos tienen sus cimas más grandes que sus bases, y parecen flotar, ingrávidos. Otros se encuentran inclinados o suspendidos en el aire como si fueran a estrellarse en cualquier momento, y otros tienen grandes grietas desde la base hasta la cúspide. Ninguno es igual a otro, pero todos tienen una plataforma en su cima, donde crecen algunos árboles que incluso a veces constituyen bosques. Los árboles mantienen su color verde todo el año, y en cuanto a sus formas, son tan exóticas como las de los picos rocosos.

Como si estuvieran en una fiesta o en una marcha, más de 3.000 picos se alzan en sus propias poses, como si debido a un repentino cambio se hubieran detenido aquí para siempre. Según los geólogos, existió en este lugar un inmenso océano hace 300 millones de años. El océano se retiró, y entonces salieron las rocas sedimentarias, que finalmente se convirtieron en columnas, picos y barrancos rocosos, así como en puentes o puertas de piedra, después de haber sido lavados, cortados y erosionados por el agua, el viento y los organismos durante millones de años. Algunas rocas aún muestran líneas sedimentarias de agua de mar y señales de la erosión de las olas. También existen fósiles de corales, que parecen carapachos de tortuga.

Los picos de las montañas en Wulingyuan están compuestos principalmente de arenisca cuarzosa. También hay rocas de piedra caliza y de arenisca. Las rocas de arenisca cuarzosa y las de arenisca se alternan para formar diversas capas, la primera es gruesa y la segunda es fina, y parecen haber sido colocadas allí artificialmente. Las líneas de las diferentes capas explican muy bien la gradación. Puesto que la arenisca cuarzosa es altamente resistente a la erosión,

093

muchos pilares de roca han permanecido aquí durante milenios sin caerse, aunque sus extremos superiores sean más grandes que los inferiores. La rígida arenisca cuarzosa puede desmoronarse o hundirse por pedazos. Por lo tanto, los picos de roca de este lugar no suelen tener lados curvos, y sólo presentan líneas rectas como si se hubieran macheteado o cortado con un cuchillo en forma vertical, horizontal o inclinada.

De todos los puntos pintorescos en Wulingyuan, Zhangjiajie es el más famoso. El pico más alto de todos en Zhangjiajie es el Huangshizhai, y encima del pico se encuentra una plataforma natural de lugares de interés. Si se mira desde su cima, no se pueden ver más que picos y bosques. Los residentes locales dicen que el viaje a Zhangjiajie sería infructuoso si no se sube al pico Huangshizhai. Sin embargo, otros alegan que no se podría comprender bien a Wulingyuan si no se visita el parque forestal de la Montaña Tianzishan, que se halla a una latitud relativamente alta y por ende más adecuada para que los turistas tengan una vista a vuelo de pájaro del espléndido paisaje, que es aún más magnífico cuando se puede ver un mar de nubes, cuando nieva, o durante la salida y la puesta del sol.

Además de los picos montañosos, Wulingyuan posee más de 100 cuevas, y de ellas, la Cueva del Dragón Amarillo en la Quebrada Suoxiyu es la más conocida. Compuesta de cuatro pisos, la cueva tiene un lago, dos ríos, tres cascadas, 13 salas y 96 corredores, todo a lo largo de 15 kilómetros. La sala de mayor tamaño tiene cabida para más de 10.000 personas. En las cuevas, estalactitas de diferentes tamaños, formas y colores cuelgan de los techos y salen del piso. La más fantástica de todas es una pieza de estalactita que tiene sólo 10 centímetros de diámetro, pero 19,2 metros de altura. Nadie sabe cuántos años necesitó la estalactita para tomar esa forma con el goteo del agua.

Los bosques vírgenes cubren el 88 por ciento de toda la zona de Wulingyuan. Hay más de 3.000 especies de plantas superiores, más del total de cualquier país e incluso de un continente. Muchas de ellas son plantas raras y antiguas y algunas son únicas en China. Por ejemplo, los ginkgos antiguos se conocen como "fósiles vivientes en la herencia natural". La valiosa *davidia invulucrata* florece a principios de la primavera. Sus flores parecen palomas posadas en ellos, razón por la cual se llaman también árboles chinos de las palomas. Los densos bosques poco poblados y las altas montañas constituyen un paraíso para los pájaros y otros animales. Se estima que existen aquí aproximadamente 110 especies de pájaros, y en este lugar también viven animales salvajes, como por ejemplo tigres y leopardos.

Wulingyuan estuvo poco poblada durante mucho tiempo y su sistema ecológico ha permanecido intacto. Los expertos señalan que, durante el último milenio, en este lugar no ha habido ni clima desastroso, ni erosión del suelo, ni erosión causada por el agua, ni deslizamiento de rocas, ni plagas.

La región es rica en agua. Los arroyos provienen de manantiales, cuyas aguas forman lagunas, caen en forma de cascadas desde las montañas, y finalmente van a parar a los lagos. Las corrientes de agua nunca se secan, ni siquiera durante una severa sequía. La zona que se halla a lo largo de la Corriente del Látigo Dorado en Zhangjiajie es uno de los sitios más pintorescos. La corriente de agua de cinco o seis kilómetros corre por entre los bosques y valles, y la tranquilidad reina por donde corren las aguas.

Aunque no tan conocida como Zhangjiajie, la Quebrada Suoxiyu posee paisajes tan hermosos como los de Zhangjiajie. Aquí, las montañas son grotescas; el agua, cristalina; la cueva, silenciosa y el puente, peligroso. Sus puentes son obra de la naturaleza. Algunos tienen 10 metros de largo y menos de un metro de ancho, cruzando quebradas de más de 100 metros de profundidad, y se ven realmente peligrosos. Una de las rutas de viaje de la quebrada se llama "el corredor de la pintura de 5 kilómetros". Una vez que caminamos por el corredor, nos damos cuenta de que el refrán de "caminar por el valle es como recorrer una pintura" es una realidad.

A pesar de las inconveniencias del tráfico para llegar a Wulingyuan, el lugar nunca ha estado totalmente aislado del mundo exterior. Hay aldeas dispersas en las verdes montañas y cerca de las azules aguas. El viento mueve las hojas de bambú y el humo sale en espirales de las cocinas, presentando un sencillo paisaje pastoril.

093 La Región de Interés Panorámico e Histórico de Wulingyuan comprende el Parque Forestal Nacional de Zhangjiajie, la Reserva Nacional de Suoxiyu, la Reserva Nacional de Tianzishan y la Reserva Nacional de Yangjiajie, y se caracteriza por columnas y picos de arenisca.

094 Después de haber sido lavados, cortados y erosionados por el agua, el viento y los organismos, los picos de roca de Wulingyuan no tienen lados curvos como si se hubiera macheteado o cortado con un cuchillo en forma vertical, horizontal o inclinada.

094

095

095 La Corriente del Látigo Dorado, de unos seis kilómetros de largo, es el punto más pintoresco de la zona de Wulingyuan.

096 En Wulingyuan, hay más de 3. 000 picos que tienen en su mayoría una altura de más de 200 metros. Casi todos los picos tienen una plataforma en su cima, donde crecen árboles.

096

097

097 Pico del Pincel Imperial de la Montana Tianzishan en Wulingyuan.

098 La Cueva del Dragón Amarillo en la Quebrada Suoxiyu tiene 15 kilómetros de largo. La sala de mayor tamaño tiene cabida para más de 10.000 personas. Llaman especial atención las estalactitas de diferentes tamaños y formas.

098

099 El paisaje constituido por nubes, bosques rocosos y pinos raros se asemeja a una pintura tradicional china a la rociada de tinta.

100 "Flor de la Langosta", única de la zona de Wulingyuan.

101 La foto muestra la *manglietia fordiana*. La zona de Wulingyuan es el lugar de numerosas especies raras de plantas. Cuenta con la mayoría de las 13 especies de la gimnosperma identificadas en el mundo.

102 El tragopán de barriga roja. Los pobladores locales le llaman "pollo portador de agua" por su "bolsa de agua" colgada de su cuello. Con ella, el ave puede depositar agua para el consumo de tres o cuatro días.

103 Salamandras gigantes, descubiertas en la zona, constituyen una especie de los animales raros y están bajo la protección estatal.

104 La Montaña Tianzishan se halla a una latitud bastante alta. El paisaje es aún más pintoresco cuando aparece un mar de nubes, cuando nieva o durante la salida y la puesta del sol.

100

101

102

103

104

◀ *099*

Región de Interés Panorámico e Histórico de Huanglong

Huanglong, o "Dragón Amarillo", es un sitio pintoresco de la meseta que se halla en el noroeste de la provincia de Sichuan, en el Sudoeste de China. Muestra montañas nevadas tan magníficas como las de Canadá, bosques primitivos tan hermosos como los de Colorado, en los Estados Unidos, y un cañón tan pintoresco como el de Wyoming. Sus charcas de travertino se igualan con las del Parque Nacional Yellow Stone. Una montaña separa a Huanglong de Jiuzhaigou, otro famoso lugar pintoresco. Para llegar a Huanglong desde Jiuzhaigou, es necesario recorrer más de 100 kilómetros por la autopista que sube y baja por la montaña.

Huanglong cubre un área de 700 kilómetros cuadrados. Se encuentra a una altura que oscila entre 1.700 y 5.000 metros sobre el nivel del mar. El pico, que se halla a 5.588 metros sobre el nivel del mar, está cubierto de nieve todo el año.

Las formaciones de travertino constituyen el rasgo más excepcional y notable de este pintoresco lugar.

Durante miles y miles de años, el agua de la nieve derretida y el agua de la superficie se combinaron para formar corrientes de agua que fluían por debajo de las porosas piedras calizas y, en ese proceso, los sedimentos de carbonato de calcio de las rocas se disolvieron en esas corrientes subyacentes. De vez en cuando, las corrientes salían de debajo de la tierra. A medida que fluían, el carbonato de calcio que transportaba el agua se cristalizaba y se pegaba a las rocas, a la hierba e incluso a las plumas que encontraba a su paso. Así, surgieron las formaciones de travertino, debido a factores tales como la temperatura del agua y la disminución de la presión atmosférica.

El terreno ondulado en Huanglong contribuyó a que el travertino tomara diversas formas: charcas de travertino, bancos de travertino y cascadas de travertino, razón por la cual la zona se conoce como un "museo de travertino natural". Los paisajes de travertino se encuentran principalmente en los barrancos de Huanglong, Zhaduo y Erdaohai, a una altura que oscila entre 3.000 y 3.600 metros sobre el nivel del mar. Especial atención merece el hecho de que los paisajes de travertino en estos barrancos se encuentran en diferentes etapas de evolución –los que aún están en ciernes, los que degeneran, y los que han degenerado. Esa es la razón por la cual a los visitantes no les toma mucho tiempo conocer todo el proceso de evolución del travertino.

El Barranco del Dragón Amarillo es el lugar donde existe una mayor concentración de paisajes de travertino. Tiene siete kilómetros de largo y, en algunos lugares, hasta dos kilómetros de ancho. Las formaciones de travertino en el barranco tienen 3.600 metros de largo. Además, se encuentran distribuidas de forma tal que semejan un dragón chino, de aquí el nombre del barranco: "dragón amarillo".

En el barranco, a diferentes alturas, se hallan unas 3.400 charcas de travertino de diversos tamaños y formas. Las charcas parecen perlas ensartadas. Existen ocho grupos de charcas. Algunas tienen varios cientos de metros cuadrados, y también las hay tan pequeñas como un sombrero de paja. Algunas son redondeadas o tienen forma de abanico, mientras que otras parecen vainas o flores de loto. Los lechos y lados de las charcas son de color crema o amarillo claro, pero las charcas están llenas de colorido, debido a las sustancias que se encuentran depositadas en sus lechos y a los reflejos de las montañas, árboles y nubes que las rodean. Si ahueca sus manos y toma un poco de agua encontrará que es cristalina y refrescante. Todo esto hace del barranco un paraíso en la tierra.

El mayor grupo de charcas multicolores se conoce como Charcas de Cinco Colores, y se encuentra situado a 3.500 metros sobre el nivel del mar. En un área de 21.000 metros cuadrados, se pueden contar 693 charcas. Las aguas de las

105

charcas son poco profundas y se desbordan unas en otras. Vistas de lejos, parecen placas de jade. La palabra "multicolor" está lejos de ser suficiente para describir la belleza del barranco. En invierno, cuando éste se cubre de nieve, todo es blanco: los árboles, las montañas y las cascadas congeladas.

En la sección central del Barranco de Huanglong, hay un banco de travertino de 1.300 metros de largo. Su sección más estrecha mide unos 40 metros y la más ancha, 122. Hay una especie de cuesta parecida a una cresta donde a los sedimentos de carbonato de calcio les resulta difícil depositarse y formar charcas. De esta forma, el agua corre por toda la cuesta, lo cual trae como resultado que el carbonato de calcio se pegue a la superficie de ésta y forme un banco cubierto de capas de calcio que parecen escamas de peces. Predomina el color dorado, con incrustaciones de color blanco cremoso, gris y verde oscuro. Al llegar a la cima de la cuesta y mirar hacia el barranco, podemos ver una extensa cresta dorada cubierta de escamas de carbonato de calcio y bañada por el agua que corre: un verdadero y gigantesco "dragón dorado". Según los expertos, éste es el banco de travertino más grande, más vistoso y mejor conservado del mundo.

El barranco también posee la estructura por colapso de travertino más larga mundo, que en realidad es un precipicio en la segunda terraza del barranco. Los sedimentos de travertino que caen del "dragón dorado" se colapsan aquí abruptamente y forman un precipicio de color amarillo claro, de 10 metros de altura y 40 metros de ancho. La capa gruesa de travertino en la superficie del precipicio parece una cortina o una cascada.

En el barranco, las cascadas de travertino se ven aquí y allá. Al llegar al barranco, podemos ver, después de pasar el primer grupo de charcas multicolores, el agua que corre por la pared de piedra de 10 metros de alto y 60 metros de largo. El terreno en terrazas divide la cascada en docenas de pequeñas caídas de agua, algunas de las cuales parecen perlas desprendidas de un collar roto. El precipicio que hay detrás de la cascada está cubierto de travertino en forma de placa o de pulmón, con un contorno de color dorado. Todo esto se combina para dotarla de magnificencia y belleza.

La Cascada Zhaga, ubicada en los bosques primitivos del Barranco Zhaga, tiene 93 metros de alto y entre 35 y 40 metros de ancho. Esta cascada posee la mayor caída en el país y es también la cascada de travertino situada en el punto más alto - entre 3.176 y 3.270 metros sobre el nivel del mar.

Crecen pocas plantas en medio de las charcas de vivos colores, las cascadas y los bancos bañados por las aguas poco profundas. Las plantas o están sobre la superficie del agua o se encuentran sumergidas en ella. Los trozos de travertino formados por los sedimentos de carbonato de calcio depositados en los troncos, ramas, tallos y hojas se yerguen como rocas de apariencias extrañas o como sauces, que evocan paisajes en miniatura. El más representativo de todos es la zona de la Charca del Paisaje en Miniatura, que cubre una superficie de 20.000 metros cuadrados. Hay unas 330 charcas entre grandes y pequeñas agrupadas en este lugar, algunas dentro de otras y llenas de malezas y flores. Presentan una deslumbrante serie de paisajes en miniatura de varios tamaños y formas.

Los bosques primitivos les dan la bienvenida a los turistas cuando llegan al barranco. Al caminar por el sendero de rocas o cubierto de troncos, sentimos como si entráramos en el período jurásico. Todo se conserva tal y como estaba hace millones de años. La cadena de charcas de colores vivos permanece aquí como si nada la hubiera perturbado a lo largo de los siglos.

En realidad, las formaciones de travertino nunca se han

dejado de desarrollar lentamente. Una pagoda y una casa de piedra en el centro de dos grandes charcas de travertino, por ejemplo, han sido casi sepultadas por la creciente formación del travertino, mostrando sólo la punta de la pagoda y el techo de la casa en las límpidas aguas. Pero en realidad no son viejas. Según los estudios arqueológicos, la pagoda y la casa se construyeron durante la dinastía Ming (1368-1644), de modo que a lo sumo tienen 600 años de antigüedad.

Las cumbres nevadas, los glaciares, la meseta, las minorías étnicas que viven en la zona, los bosques primitivos, el panda gigante, el mono dorado, etc., son todos embriagadores. Pero lo más excepcional es el paisaje de travertino. Necesita del cuidado de la gente, porque esa forma mineral es extremadamente frágil. Una vez maltratada por descuido, la belleza creada por la naturaleza durante millones de años podría dañarse para siempre.

Huanglong, o Zona Pintoresca del Dragón Amarillo, fue incluida en la lista de sitios declarados como Patrimonio Natural Mundial en diciembre del año 1992.

106

105 Charcas de Huanglong tienen bancos bajos y aguas poco profundas, fluyendo suavemente de las charcas superiores a las más bajas.

106 En la zona de Huanglong, hay 3. 400 charcas a diferentes alturas.

107 La cascada de travertino más majestuosa tiene 14 metros de alto y 68 de ancho.

Residencia de Montaña y Templos Vecinos en Chengde

La ciudad de Chengde, situada a más de 200 kilómetros al norte de Beijing, fue, en una etapa de la historia china, el segundo centro político del país.

A comienzos del siglo XVII, Chengde era sólo una pequeña aldea, con apenas unas pocas docenas de familias. En 1703, el emperador Kangxi de la dinastía Qing (1644-1911) decidió levantar aquí un complejo palaciego. Su construcción duró 89 años. En 1792, terminó la ejecución del proyecto, que se extendió a lo largo de los reinados de tres emperadores: Kangxi, Yongzheng y Qianlong. El emperador Kangxi lo llamó "Residencia de Montaña".

La residencia cubre un área de 5,64 kilómetros cuadrados, espacio que triplica el que ocupa el Palacio de Verano de Beijing. Es el mayor jardín imperial que existe en China. Comprende cuatro partes: la zona de los palacios, la zona del lago, la zona de la llanura y la zona de las montañas.

La zona de los palacios se encuentra en la parte sur de la residencia. Como en el caso de la Ciudad Prohibida de Beijing, está dividida en dos partes: la zona administrativa o corte exterior, y la zona residencial imperial o corte interior. La diferencia radica en que la Ciudad Prohibida de Beijing se muestra majestuosa y espléndida, mientras que las construcciones de la Residencia de Montaña son mucho más sencillas, más pequeñas, y menos coloridas. Los oscuros ladrillos y tejas contribuyen a crear el ambiente de las casas con patios cuadrados típicas del Norte de China.

La sala principal de la zona administrativa, la Sala Danbo Jincheng o Sala de la Simplicidad y la Sinceridad, ocupa 600 metros cuadrados de superficie. Se construyó durante el reinado del emperador Kangxi y se reconstruyó en tiempos del emperador Qianlong. Se utilizó, como material de reconstrucción, una madera preciosa del Sudoeste de China, conocida como *nanmu*. En días de lluvia, la fragancia de la madera llena toda la sala. La construcción principal de la zona residencial imperial se llama Sala Yanbo Zhishuang o Sala de la Niebla y la Comodidad. Es el primero de los 36 encantadores lugares que llevan allí inscripciones del emperador Kangxi.

La superficie lacustre ocupa el 10 por ciento de toda la zona de la Residencia de Montaña, un rasgo característico de la jardinería tradicional de China.

Diques e isletas dividen la zona lacustre de 29 hectáreas en siete lagos pequeños, de refinado gusto artístico. De las ocho isletas en la zona lacustre, las más bellas son Yizhou, Huanbi y Yuese Jiangshen. Vistas desde lo alto, las isletas semejan un "*ling zhi*" de tres ramas. Nuestros antepasados creían que el "*ling zhi*" tenía un milagroso poder curativo y, por lo tanto, era símbolo de buena suerte. Las ramas son, en realidad, los sectores del dique, que fue construido a semejanza del Dique Su Dongpo del Lago del Oeste, situado en la ciudad de Hangzhou, provincia de Zhejiang. Su Dongpo fue un gran poeta y político de la dinastía Song. El dique bautizado con su nombre se construyó cuando Su trabajaba como magistrado de la ciudad.

Tanto el emperador Kangxi como el emperador Qianlong sentían afecto por los jardines de las zonas que se hallan al sur del río Yangtsé. Como les gustaban tanto y Chengde tenía las condiciones naturales necesarias para construir jardines similares, los emperadores ordenaron crear paisajes que los imitaran. En la Residencia de Montaña, hay reproducciones del Pabellón de las Olas y del Jardín Forestal de los Leones de Suzhou, del Pabellón de la Llovizna Nebulosa en el Lago Nanhu de Jiaxing y de la Isla de la Colina Dorada de Zhenjiang.

Cuando concluyó la construcción de la zona lacustre, hermosos sauces llorones bordeaban los lagos, las aguas bañaban los diques, y los edificios se hallaban medio escondidos entre los árboles o se reflejaban en las claras

109

108 En la sección central del Barranco de Huanglong, hay un banco de travertino de 1.300 metros de largo. Es el banco de travertino más grande, más vistoso y mejor conservado del mundo.

109 El Pico Nevado Xuebaoding, el principal del Barranco de Huanglong, se encuentra a 5.588 metros sobre el nivel del mar y es adorado por los tibetanos locales como montaña sagrada.

110 El colorido de las charcas de Huanglong se debe a las substancias que se encuentran depositadas en sus lechos y a los reflejos de las montañas, árboles y nubes que las rodean.

◄ *108*

110

111 En la zona pintoresca de Huanglong, la primera nieve cae a mediados de septiembre y la última a comienzos de mayo del siguiente año.

112 En invierno, el Barranco de Huanglong se cubre en su mayor parte de nieve, pero algunas de sus charcas multicolores siguen permaneciendo azules como jade.

113 Los trozos de travertino formados por los sedimentos de carbonato de calcio depositados en los troncos, ramas, tallos y hojas se yerguen como rocas de apariencias extrañas y como sauces, que revocan los paisajes en miniatura.

114 La Cascada Zhaga ubicada en el Barranco Muni, que tiene 93 metros de altura, posee la mayor caída en China.

111

112

113

aguas. Rodeadas de colinas, varias isletas adornaban los lagos. El emperador Kangxi se puso muy contento y expresó en uno de sus poemas: "Este paisaje natural es más bello que el del Lago del Oeste".

Al norte de la zona lacustre se halla la zona de la llanura, donde la belleza de la primera, con los paisajes característicos del Sur de China, es reemplazada por la majestuosidad de las estepas del Norte. El centro de la zona de la llanura es el Jardín Wanshu o Jardín de los Diez Mil Arboles, donde se celebraron incontables fiestas imperiales.

En la parte noroeste de la Residencia de Montaña se ven grandes extensiones de montañas naturales, que ocupan las cuatro quintas partes de su superficie total. Los riachuelos burbujean entre los espesos bosques -un verdadero paraíso para las aves y otros animales silvestres. La zona respira primitivismo. El emperador Qianlong destacó una vez que la Residencia de Montaña era la propia China en miniatura. Allí, hay ríos y lagos del Sur, estepas del Norte y montañas del Oeste del país. Las construcciones encarnan la flor y nata de la arquitectura de toda la nación. Todo esto hace de la Residencia de Montaña un lugar en el que se puede apreciar lo mejor de la arquitectura tradicional y del arte de la jardinería de China.

¿Por qué los emperadores de la dinastía Qing destinaron tantos fondos a la construcción del complejo de palacios si la recién fundada dinastía aún no se había consolidado? Bajo el nombre de Residencia de Montaña, su construcción fue una perspicacia política para apaciguar a las tribus en el Norte y afianzar la dominación de la nueva dinastía.

La tradicional caza otoñal de la corte Qing fue el pretexto para construirla. En 1682, el emperador Kangxi, acompañado de miles y miles de soldados, comenzó a salir de caza cada otoño al coto Mula, situado al norte de la Gran Muralla. Como por lo general la caza duraba entre tres y cinco meses, se hizo necesario establecer una gran residencia temporal. En realidad era un ejercicio para mostrar el poderío militar de la dinastía ante las etnias del Norte.

En 1708, el emperador Kangxi pernoctó por primera vez en la Residencia de Montaña. A partir de entonces, el emperador Kangxi y otros emperadores de la corte Qing vivieron allí cinco o seis meses cada año. Mientras se divertían y despachaban los asuntos estatales, los emperadores de Qing pensaban cómo establecer estrechas relaciones con otras minorías étnicas de China y consolidar la defensa fronteriza.

En los siglos XVII y XVIII, la epidemia de la viruela invadió las zonas situadas al sur de la Gran Muralla. Por tal

115

motivo, los príncipes y nobles de la etnia mongola tenían miedo de asistir a las audiencias imperiales en Beijing. En vista de esto, se publicó un edicto de la corte, mediante el cual podían ser recibidos por el emperador en Chengde. Desde entonces, se estableció un reglamento verbal que permitía a los nobles de las minorías étnicas visitar al emperador cuando éste se encontrara en la Residencia de Montaña. Por esta razón, el emperador estaba siempre atareado, pues también en ella tenía que dar audiencias, conceder títulos, otorgar regalos y agasajar con banquetes a los nobles. En julio de 1780, el VI Panchen Lama, el segundo líder político y religioso más importante del Tíbet después del Dalai Lama, presentó sus respetos al emperador Qianlong en la Residencia de Montaña. En un acto celebrado con motivo de su 70^0 cumpleaños, el emperador Qianlong invitó al Panchen Lama a sentarse en una silla al lado del trono imperial, a fin de recibir juntos los saludos de los príncipes mongoles, los funcionarios de la corte y los enviados extranjeros, lo cual constituyó el más alto honor dado por el emperador de la dinastía Qing a un líder de una minoría étnica.

Con el propósito de que estuvieran representadas allí las religiones de las etnias mongola y tibetana, se construyeron doce templos lamaístas al este y al norte de la Residencia de Montaña. Dos de ellos se levantaron durante el reinado del emperador Kangxi y diez durante el reinado del emperador Qianlong. Por hallarse fuera de la Gran Muralla y bajo la jurisdicción de ocho administraciones diferentes, a estos doce templos se los conoció como "los Ocho Templos Exteriores".

En ese hermoso lugar, estos majestuosos monasterios, con tejas vidriadas y doradas, contrastan con las residencias imperiales, hechas de ladrillos y tejas de color oscuro.

La gente común no tenía acceso a algunos de estos templos, e incluso existían reglamentos estrictos para los funcionarios, según su rango. Los propios emperadores determinaron la ubicación y la disposición de estas construcciones. Los tableros horizontales y las lápidas colocados en ellas llevan inscripciones suyas, señalando claramente por qué se erigieron. Por ejemplo, el Templo Puning, o Templo de la Paz Universal, fue construido en ocasión de la gran reunión del emperador Qianlong con los caciques de cuatro tribus mongolas en Chengde. El Templo Xumi Fushou, o Templo de la Felicidad y la Longevidad, se levantó para alojar al Panchen Lama durante su visita. El Templo Anyuan, o Templo de la Estabilidad Eterna, fue edificado para conmemorar la publicación de un edicto imperial que permitía que la tribu Dashi Dawa, una rama de la etnia mongola, se estableciera en Chengde. El Templo Pule, o Templo de la Felicidad Universal, se erigió en honor de algunas tribunas étnicas kazaks y mongolas que habían aceptado la autoridad del gobierno central. Estos templos testimonian la unidad de las diversas etnias de China y la unificación del país.

La prosperidad de la Residencia de Montaña y de los ocho templos exteriores empezó a decaer después del fallecimiento del emperador Qianlong, quien la visitó 59 veces a lo largo de su vida. Los emperadores posteriores se alejaron cada vez más de ella. En 1898, por orden de la emperatriz viuda Cixi, la soberana *de facto* de la dinastía Qing, se dejaron de destinar fondos para su reparación y mantenimiento.

En 1994, la Residencia de Montaña y Templos Vecinos en Chengde fueron incluidos en la lista de la UNESCO como Patrimonio Cultural Mundial.

115 La Residencia de Montaña de Chengde, cuya construcción se inició en 1703 en una superficie de 5,64 kilómetros cuadrados, es el mayor jardín imperial existente en China. Comprende cuatro partes: la zona de palacios, la zona del lago, la zona de la llanura y la zona de las montañas.

116 El Templo Putuo Zongzheng, el mayor de los Ocho Templos Vecinos, fue construido a imitación del Palacio Potala en Lhasa. Quedó terminado en el año 1771 con motivo de los 60 años de vida del emperador Qianlong de la dinastía Qing.

116

117 La foto muestra la Isleta Jinshan donde se encuentra una torre de tres pisos en la que estaba guardado el dios principal taoísta.

118 El Dique Zhijinyun fue construido a imitación del Dique Su Dongpo en el Lago del Oeste en Hangzhou.

119 El Pabellón Yanyu, o Pabellón de la Llovizna Nebulosa, fue construido tomando como modelo el Pabellón del mismo nombre en el Lago Nanhu en Jiaxing, provincia de Zhejiang.

118

119

◄ *117*

120

121

122

120 La magnificencia de los ocho templos exteriores forma un vivo contraste con la belleza de la sencillez caracterizada por las salas principales de la Residencia de Montaña de Chengde.

121 Templo Pule, o Templo de la Felicidad Universal, construido en 1766 en honor de algunas tribus étnicas hazaks y mongolas que se habían pasado a la autoridad del gobierno central de la dinastía Qing.

122 Sala Wenjin, biblioteca imperial, donde se guardaron la "Enciclopedia en Cuatro Secciones" y la "Colección de Libros Antiguos y Contemporáneos".

123

124

123 Estatua de la Diosa de la Misericordia de mil manos y mil ojos en el Pabellón Dachen del Templo Puning, o sea Templo de la Paz Universal. La estatua, que tiene 27 metros de alto y pesa unas 110 toneladas, es la mayor estatua de madera en el mundo.

124 La Sala Danbao Jingcheng, o Sala de la Simplicidad y Sinceridad, es donde los emperadores se ocupaban de los asuntos estatales.

Templo y Cementerio de Confucio y Residencia de la Familia Kong en Qufu

Probablemente, en la historia de la humanidad, no ha existido un hombre más respetado que Confucio. Durante más de 2.000 años, el sabio fue venerado por los chinos generación tras generación.

Confucio nació en el año 551 a.n.e., cuando China estaba dividida en varios ducados o estados que luchaban incesantemente unos contra otros. La gente a duras penas se ganaba la vida, y la sociedad degeneraba moralmente. ¿Cómo lograr una sociedad feliz, armónica y organizada? Ese objetivo se convirtió en una cuestión apremiante. Fue en este contexto en el que Confucio fundó el confucianismo, que llamaba a utilizar códigos éticos y rituales para orientar el comportamiento de las personas y hacerlas amarse unas a otras de modo que se restablezca el orden de la sociedad y la familia sobre la base de un sistema jerárquico. Más tarde, sus seguidores desarrollaron sus ideas. Por consiguiente, el confucianismo se convirtió, con el tiempo, en la corriente principal de la cultura tradicional china.

Confucio comenzó a enseñar cuando tenía unos 20 años, y adquirió fama como pedagogo en una década. Antes de Confucio, la educación era privilegio de los niños de la nobleza. Fue la primera persona que desafió el sistema, estableciendo una escuela privada. El sabio tuvo 3.000 discípulos durante su vida, incluyendo 72 que han sido reconocidos como destacados por sus logros académicos o políticos. En la época feudal, hasta el momento en que China se convirtió en república a principios del siglo 20, las *Analectas* de Confucio y otros clásicos confucianos eran libros de texto que los académicos chinos estaban obligados a estudiar.

A los 51 años, Confucio fue nombrado para ocupar un cargo oficial en el Estado Lu, hoy provincia de Shandong, situada en la parte este de China. Pero renunció al poco tiempo, diciendo que no quería liarse con personas cuyas ideas y valores encontraba imposibles de compartir. Así, comenzó a recorrer varios estados, tratando de persuadir a sus gobernantes para que aceptaran sus ideas políticas. El intento falló. Catorce años de recorridos lo hicieron decir, con estoico humor, que él era como un perro sin perrera. A los 68, Confucio regresó a su pueblo natal, Qufu, en el Estado Lu, donde enseñó a sus alumnos y recopiló y cotejó los clásicos hasta que murió en el año 479 a.n.e., a los 73 años de edad.

Aunque no obtuvo reconocimiento en vida, Confucio recibió un trato muy generoso después de su muerte. Este tratamiento se refleja en el Templo de Confucio, en la Residencia de la Familia de Confucio y en el Bosque de Confucio en Qufu.

Un año después de su muerte, su casa fue convertida en templo, donde se exponían su ropa y sus sombreros, arpas, carros y libros. En ese lugar se celebraban ceremonias de adoración con regularidad. Se erigieron templos de Confucio en cada capital provincial, capital de prefectura y cabecera de distrito. Hoy, en Corea, Japón, Vietnam, Indonesia y Singapur, se pueden encontrar lugares donde se venera a Confucio. El mayor y más antiguo de todos los templos de Confucio en el mundo es, por supuesto, el que se encuentra en Qufu, su pueblo natal.

Al principio, veneraban a Confucio solamente sus descendientes. Liu Bang, el fundador y primer emperador de la dinastía Han (206 a.n.e.-220 d.n.e.) rindió tributo a Confucio durante una gira de inspección que lo llevó a Qufu. Al hacerlo, dio un ejemplo a seguir para todas las dinastías.

Sesenta años más tarde, el emperador Wudi de la dinastía Han proscribió todas las escuelas de pensamiento no confucianas y propugnó el confucianismo como la ideología del estado ortodoxo. A partir de ese momento, el confucianismo se convirtió en el pilar de la cultura china

125

tradicional. A lo largo de la historia, once emperadores fueron personalmente a Qufu a venerar a Confucio.

El Templo de Confucio se amplió y se reformó una y otra vez, y en la dinastía Ming (1368-1644) adoptó la apariencia y el tamaño que tiene hoy. En 1511, un ejército de campesinos rebeldes entró al templo. Los descendientes de Confucio huyeron y la construcción sufrió daños. En vista de esto, el emperador ordenó que la sede del distrito Qufu, que se encontraba a unos pocos kilómetros de distancia, se trasladara al lugar donde se hallaba el Templo de Confucio.

En cuanto a su disposición, el Templo de Confucio tomó como modelo el Palacio Imperial de Beijing. Tiene 600 metros de largo de norte a sur y 140 metros de ancho de este a oeste. Hay nueve patios a horcajadas sobre la línea del eje norte-sur. Los tres primeros patios sirven fundamentalmente para conducir a los principales, de modo que son más bien pequeños. Hay un pasillo bordeado de cipreses y pinos antiguos. Un sentimiento de respeto invade a los visitantes que entran en el templo. Los siguientes patios comprenden bibliotecas y pabellones que albergan las lápidas inscriptas con los títulos y honores conferidos a Confucio por los emperadores y también las lápidas que registran la construcción del templo. También se encuentra el Salón de las Hazañas del Sabio, donde hay piedras labradas que muestran las actividades de Confucio.

El Salón Dacheng, o Salón del Más Grande Sabio, es la construcción principal del templo. Es la más alta, con paredes rojas y tejas barnizadas de color dorado. El santuario de Confucio se halla en el centro del Salón. Los discípulos de Confucio flanquean su escultura pintada. En la plataforma al aire libre de dos metros de alto, que se encuentra frente al Salón, se realizaban las ceremonias de adoración a Confucio. En las alas este y oeste hay dos hileras de casas que guardan tablillas en memoria de 156 académicos confucianos de distintas dinastías.

En la parte este del Templo de Confucio se encuentra la Residencia de Confucio, compuesta de varias docenas de patios para su descendencia.

En el año 195 a.n.e., se le confirió el primer título nobiliario a la descendencia de Confucio, lo que marcó el comienzo de los honores y títulos que la colmaron generosamente. En 1055, el biznieto de la 46ª generación de Confucio se convirtió en el "Duque Yansheng". Este título para el varón de mayor edad entre la descendencia lineal del sabio se heredó generación tras generación hasta 1935 o hasta la 77ª generación.

El Duque Yansheng tenía la responsabilidad de venerar a Confucio y velar porque el clan de Confucio floreciera cada vez más en cuanto a su población. Estaba a cargo de los asuntos del distrito Qufu. El magistrado de Qufu tenía que ser miembro del clan de Confucio y debía recomendarlo el duque. Durante los últimos milenios, ninguna otra familia china ha disfrutado de un tratamiento tan especial como el clan de Confucio.

Según las reglas del clan, la descendencia de Confucio por línea directa debía vivir en la Residencia de Confucio, a fin de servir y venerar al maestro. En la residencia también hay nueve patios sobre una línea axial. La residencia comprende áreas administrativas, viviendas y jardines. Tiene un total de 463 habitaciones. En las construcciones delanteras, los miembros del clan se ocupaban de los asuntos administrativos y recibían a los visitantes. Los patios traseros eran viviendas. Las dos partes están divididas por una puerta. En la residencia se conserva una gran cantidad de registros históricos, vestidos y utensilios antiguos, así como otras reliquias.

El Bosque de Confucio es en realidad el cementerio de Confucio y de su descendencia. Se encuentra a un kilómetro al norte de Qufu. Una "vía de la santidad" conduce desde el Bosque de Confucio hasta la puerta de la ciudad de Qufu. Según las reglas del clan, los miembros del clan que se encontraban en las siguientes categorías no podían ser enterrados aquí: los que murieran antes de cumplir los 18 años; los sentenciados a muerte, las mujeres casadas, y los que se habían convertido en monjes budistas. En el cementerio, que tiene una extensión de dos kilómetros cuadrados, se hallan enterrados 100.000 miembros del clan. Este cementerio es el más grande y el mejor conservado de un clan en todo el mundo. La zona está llena de árboles de gran altura.

La Tumba de Confucio se halla en el centro del bosque. Su pared roja tiene medio kilómetro de largo. A la derecha de la Tumba de Confucio se encuentra enterrado su hijo, y enfrente, su nieto. Este tipo de entierro se llama "tomar al hijo de la mano y llevar al nieto en el pecho".

No lejos de la tumba hay tres pequeñas habitaciones, donde vivió Zi Gong, un discípulo de Confucio, quien custodiaba la tumba de su maestro. Según los registros históricos, Zi Gong custodió la tumba del Sabio durante los seis años posteriores a la muerte, mientras que otros discípulos, solamente tres. Hizo esto únicamente por respeto a su maestro, tomando en cuenta que Confucio, en esa época, no disfrutaba de los honores que se le rendirían después.

Especial mención merece otra de las tumbas que se encuentran en el Bosque de Confucio. Pertenece a Kong Shanren, quien fuera un biznieto de la 64ª generación del Sabio y también el autor de la famosa obra "El Abanico de la Flor del Melocotonero".

El Templo de Confucio, el Bosque de Confucio y la Residencia de Confucio son símbolos del antiguo culto chino al confucianismo. Las más o menos 100.000 piezas antiguas valiosas que en ellos se encuentran constituyen importantes materiales para el estudio de la historia, la cultura y el arte chinos. En diciembre de 1994, estos tres lugares fueron inscritos por la UNESCO en la lista del Patrimonio Cultural Mundial.

126

127

125 Retrato de Confucio (551-479 a.n.e.), hecho por un pintor anónimo de la dinastía Ming (1368-1644). Confucio, fundador del confucianismo, gran pensador, estadista y pedagogo de China.

126 Templo de Confucio en Qufu. El Templo es la mayor construcción de adoración a Confucio en China. En la parte este del Templo se encuentra la Residencia de la Familia Kong, compuesta de varias docenas de patios.

128

127 Vista interior de una de las 463 habitaciones de la Residencia de Confucio.

128 El Jardín en la Residencia de Confucio. El jardín fue reformado tres veces con donaciones de los nobles y funcionarios de la corte que mantenían afinidad con el clan confuciano.

129

130

129 El Salón Dacheng, o Salón del Más Grande Sabio, es la construcción principal del Templo de Confucio donde se realizaban las ceremonias oficiales de adoración a Confucio.

130 En 13 pabellones imperiales existentes en el Templo de Confucio, se encuentran en total 55 lápidas que registran los tributos rendidos al Sabio chino por emperadores y funcionarios de la corte.

131 Una escultura del Sabio chino en el centro del Salón del Más Grande Sabio. Encima de la estatua están las tabletas inscritas con elogios hechos por algunos emperadores en honor de Confucio.

131

132

133

134

132 Terraza del Albaricoque levantada para conmemorar las actividades educacionales de Confucio.

133 Tumba de Confucio en el centro del Bosque de Confucio.

134 El Bosque de Confucio es el cementerio de Confucio y de su descendencia. En el cementerio con una superficie de dos kilómetros cuadrados, se hallan enterrados más de 100.000 miembros del clan.

135 La vía que conduce a la Tumba de Confucio está flanqueada por figuras animales y humanas de piedra que forman una guardia para el Sabio en el otro mundo.

135

Palacio Potala en Lhasa

El Tibet es un lugar misterioso y lejano en la imaginación de mucha gente. Una atmósfera de religión envuelve la meseta cubierta de nieve, habitada mayormente por miembros de la etnia tibetana. La atmósfera es tan fuerte que da la impresión de que el hombre se ha detenido en el tiempo.

El Palacio Potala se encuentra en Lhasa, capital de la Región Autónoma del Tibet. En la lengua tibetana, la palabra "potala" significa "lugar de residencia de Avilokiteshvara", la Diosa Budista de la Misericordia. Es el sitio donde los Dalai Lamas de todas las generaciones celebraban sus actividades políticas y religiosas, donde vivían y donde también se enterraban.

Originalmente, el Palacio Potala no se construyó como lugar sagrado para el budismo. Songtsen Gampo (619-650) sometió a todas las tribus de la meseta Qinghai-Tibet bajo su control en el siglo VII y estableció el Reino Tubo. En el año 641, al casarse con la princesa Wencheng de la dinastía Tang, Songtsen Gampo decidió construir un gran palacio para alojarla y para que sirviera como recuerdo de este importante acontecimiento. Desafortunadamente, el palacio original fue destruido en medio de las llamas de la guerra librada en el siglo IX, cuando se dividió el Reino Tubo.

En el año 1645, el Gobierno central designó oficialmente al V Dalai Lama como jefe político y religioso del gobierno local tibetano. Entonces, el Dalai comenzó a reconstruir el Palacio Potala. EL Potrang Karpo, o Palacio Blanco, se completó tres años más tarde. La construcción del Potrang Marpo, o Palacio Rojo, comenzó en 1690 en recordación del V Dalai Lama y para ubicar la stupa donde se guardarían sus restos mortales para venerarlos. La ejecución del proyecto se completó cuatro años más tarde. El palacio se amplió en varias ocasiones en el período posterior, hasta alcanzar el tamaño que tiene hoy.

El Palacio Potala está situado en lo alto de la Colina Marpo Ri y, de hecho, ocupa casi toda la colina. Visto desde lejos, el color rojo alterna con el blanco de las paredes del palacio, y el techo dorado es majestuoso y espléndido. El palacio parece un castillo tibetano con estructuras de piedra y madera, mientras que el techo asume el estilo de un típico palacio *han*. Tanto las decoraciones exteriores como las interiores tienen un estilo similar al de los palacios y templos nepaleses.

La estructura del Palacio Potala está más allá de la imaginación de la gente. Tiene 115 metros de altura. Parece que tiene 13 pisos, pero en realidad tiene sólo 9. Las paredes tienen ocho metros de grosor y se van adelgazando gradualmente hasta llegar a uno, en su parte superior. En algunos lugares de las paredes se inyectó hierro fundido, por lo tanto son realmente invulnerables. Si se mira hacia abajo desde el palacio, se puede ver una ciudad con gran cantidad de casas, viviendas budistas y talleres. Existe un sorprendente contraste entre las distintas partes de su estructura interior: salones espaciosos con ventanas estrechas, y paredes gruesas con corredores angostos. Todo esto parece manifestar el enorme poder de la doctrina budista y la solemnidad del mundo budista.

El Palacio Potala está compuesto de dos partes. El Palacio Rojo se halla en el centro y el Palacio Blanco se abre en abanico hacia el este y el oeste. El palacio completo tiene unas 2.000 habitaciones. El Palacio Blanco tiene siete pisos y fue ahí donde vivieron y ejercieron el poder político los Dalai Lamas de todas las generaciones. La habitación de mayor tamaño es el Salón Oriental, en el cuarto piso. Fue en ese salón donde se entronizaron los Dalai Lamas y desde donde gobernaron el Tibet. La Cámara del Sol en el último piso comprende la Cámara Oriental del Sol y la Cámara Occidental del Sol, y por ellas penetraba todo el día la luz solar.

En este lugar permanecía el Dalai Lama durante el invierno. La Cámara del Sol tiene habitaciones para huéspedes, baños y piezas donde el Dalai Lama practicaba los sutras budistas. Las antiguas reglas estipulaban que sólo los monjes budistas a partir del cuarto rango podían entrar en la Cámara Occidental del Sol.

El Palacio Rojo, compuesto de varias salas, es el complejo más alto del Palacio Potala, donde se adoran las stupas sagradas de todos los Dalai Lamas. De las ocho stupas sagradas, la que contiene los restos mortales del V Dalai Lama, que es la que se encuentra en el centro, es la mayor y más espléndida. Tiene 14,85 metros de altura. Decorada con un total de 110.000 onzas de oro, la torre también posee incrustaciones hechas con 10.000 diamantes, perlas y piezas de jade. Las otras stupas también están decoradas con oro, diamantes, perlas y piezas de jade. Por tal motivo, son extremadamente valiosas.

El retrato del emperador Qianlong de la dinastía Qing (1644-1911) y su tablilla conmemorativa se encuentran en el salón más alto del Palacio Rojo, donde las personas pueden rendirles tributo. Escrita en chino, manchú, tibetano y mongol, en la tablilla se puede leer: "Viva nuestro emperador". Desde los tiempos del VII Dalai Lama, los Dalai Lamas de todas las generaciones vinieron aquí el primero de enero de cada año, según el calendario tibetano, para rendir tributo al retrato y a la tablilla conmemorativa.

El Palacio Potala es un mundo de murales, tankas (pinturas tradicionales tibetanas), estatuas de Buda y otras reliquias culturales. En casi todos los salones del palacio se pueden ver murales llenos de color. Su contenido comprende el origen de la etnia tibetana, la historia de cada secta del budismo tibetano, historias budistas, reseñas e historias de los Dalai Lamas, así como importantes acontecimientos históricos. Entre estos últimos, por ejemplo, se encuentran el viaje del Dalai Lama a Beijing para rendir tributo al emperador y la llegada al Tibet de la princesa Wencheng, casada con Songtsen Gampo.

En la parte posterior de la colina está el jardín del Palacio Potala, que se conoce con el nombre de Estanque del Rey Dragón. En el centro del jardín hay un lago, en el que se encuentran pequeñas islas. Al pie de la colina hay un lugar pintoresco llamado "Nieve", donde están ubicados la imprenta para imprimir los sutras budistas, así como otros talleres. Alrededor del pie de la colina hay paredes y blocaos que protegen el palacio.

El Palacio Potala se inscribió en la lista del Patrimonio Cultural Mundial en 1994. Como ampliación, se incluyeron

136

en la lista los Templos Jokhang y Norbulingka, en noviembre del 2000 y diciembre del 2001, respectivamente.

Ubicado en el centro de Lhasa, el Templo Jokhang es el santuario más sagrado de la escuela tibetana de budismo. También es el de mayor tamaño, y puede alojar a decenas de miles de lamas para efectuar ceremonias religiosas. El templo se construyó en el año 647, después que Songtsen Gampo se casó con la princesa nepalesa Tritsun y con la princesa Wencheng de la dinastía Tang. Las dos princesas habían traído sutras budistas y estatuas de Buda, y el templo se construyó precisamente para albergar estos escritos sagrados y las estatuas, para que la gente pudiera rendirles tributo. El templo no era tan grande como ahora y sólo tenía ocho salas. Varias transformaciones le han dado el tamaño que tiene actualmente.

El Templo Jokhang abarca 25.000 metros cuadrados de superficie y posee más de 20 salas. La sala principal, en el centro, tiene cuatro pisos y alberga una estatua de Sakyamuni, el fundador del budismo, chapada con oro, que la princesa Wencheng trajo al Tibet. Cuatro estatuas de hombres fuertes se encuentran de pie a ambos lados, "vestidas" de la misma manera que lo hacían los *han* de la dinastía Tang. Las estatuas se hicieron para recordar a aquellos que transportaron la estatua de Sakyamuni desde la capital de la dinastía Tang hasta el Tibet, según los registros históricos. Hay murales pintados en las cuatro paredes, incluyendo los que muestran la llegada de la princesa Wencheng al Tibet y los que representan la construcción del templo.

Frente al templo hay un monumento de tres metros de alto para conmemorar la amistad entre el Tibet y la dinastía Tang. Erigido en el año 823, el monumento tiene inscripciones que describen cómo la princesa de la dinastía Tang se casó con el rey de Tubo para consolidar esa amistad.

Norbulingka, que quiere decir "jardín de la joya" en

tibetano, se encuentra en las afueras occidentales de Lhasa, a unos tres kilómetros del centro de la ciudad. Construido en 1755, Norbulingka ocupa una superficie de 360.000 metros cuadrados y está dividido en tres partes: el parque frontal en el este, los palacios en el centro, y el bosque en el oeste.

Desde el período del VII Dalai Lama, los Dalai Lamas manejaron sus asuntos políticos y celebraron sus rituales y ceremonias en el parque. Pasaban aquí el verano. Los Dalai Lamas venían a este lugar en el mes de marzo y no regresaban al Palacio de Potala hasta finales de octubre. Por lo tanto, el Norbulingka también se conoce como "el Palacio de Verano", mientras que el Palacio Potala se llama "Palacio de Invierno". El niño escogido como encarnación de un Dalai Lama se obligaba a permanecer aquí para estudiar los sutras budistas hasta que tuviera la edad suficiente para la entronización como el Dalai Lama de la siguiente generación.

El Comité del Patrimonio Mundial de la UNESCO comentó en su informe: el Templo Jokhang y el Palacio Potala se mantienen hasta hoy como una de las zonas más típicas del país en lo que se refiere a sus antiguas edificaciones y a su papel como centro político, económico, cultural y religioso del Tibet. El Templo Jokhang es un complejo religioso budista excepcional. Norbulingka es una obra maestra del arte tibetano. La originalidad de la arquitectura de estos tres sitios y su importancia histórica y religiosa forman un bello paisaje sorprendente, en el cual se entremezclan la armonía y el arte decorativo.

137

138

136 Rueda Budista de Ley y Ciervos de buen agüero. En el fondo de la foto, está el Palacio Potala.

137 Vista a vuelo de pájaro del Palacio Potala. El palacio está situado en lo alto de una colina. El Palacio Rojo, compuesto de varias salas, se halla en el centro y es donde se adora a las stupas de los Dalais Lamas y el Palacio Blanco, que se abre en abanico hacia el este y el oeste, es donde vivieron y ejercieron el poder político los Dalai Lamas de todas las generaciones.

138 La foto muestra las cubiertas del Palacio Rojo, donde se ven siete juegos de "pináculos dorados".

139

140

139 Norbulingka, que significa en la lengua tibetana "jardín de la joya", se conoce como el "Palacio de Verano de los Dalai Lamas.

140 Palacio Potala en el alba. La palabra "potala" significa en la lengua tibetana "lugar de residencia " de la Diosa de la Misericordia.

141 Vista panorámica del Templo Jokhang. El Templo se encuentra en el centro de la Vieja Ciudad de Lhasa y es el santuario de los budistas tibetanos.

141

143

144

145

146

142 Una de las 300 estatuas de Buda en el Templo Jokhang.

143 Retrato de Songtsen Gampo (619-650), que sometió a todas las tribus de la meseta Qinghai-Tibet bajo su control y estableció el Reino Tubo. En el Palacio Potala, se guarda su retrato.

144 El Palacio Potala es un mundo de murales, estatuas budistas y reliquias culturales. La foto muestra el interior de una de sus salas.

145 Este mural describe que el XIII Dalai Lama (1876-1933) rinde tributo a la emperatriz viuda Cixi y al emperador Guangxu en Beijing. El mural se encuentra en la sala de la stupa donde se guardan los restos mortales del Dalai Lama.

146 Estatua de la princesa Wencheng de la dinastía Tang, quien se casó con el rey Songtsen Gampo en el año 641.

◀ 142

Conjunto de Edificios Antiguos de la Montaña Wudang

En el año 1412, se roturó la tierra para emprender trabajos de reconstrucción en la Montaña Wudang, un sitio famoso y pintoresco y santuario del taoísmo que se encuentra a más de 1.000 kilómetros al suroeste de Beijing.

En 1994, 582 años más tarde, esas edificaciones se inscribieron colectivamente en la lista del Patrimonio Cultural Mundial de la UNESCO. Un informe del Comité del Patrimonio Mundial de esa organización las describe como una "perfecta combinación de la típica arquitectura taoísta con un paisaje natural".

El taoísmo se fundó en China hace más de 1.800 años. Es la única religión autóctona que se practica en el país, comparada con el budismo, el cristianismo y el islamismo, que son religiones foráneas. Los seguidores del taoísmo aspiran a convertirse en inmortales mediante una búsqueda constante y la auto-educación, pues creen que el mundo divino comprende no sólo el cielo, sino también la tierra. En su imaginación, los lugares de belleza indescriptible son "tierras de la felicidad" que conducen al paraíso, o al "Cielo" como prefieren llamarlo los chinos.

La Montaña Wudang, que ocupa un área de 312 kilómetros cuadrados en la provincia de Hubei, en la parte central de China, es exactamente un lugar así. Ya en el siglo II era un tanto "sagrada", un lugar adonde muchos iban para practicar la austeridad, o simplemente para vivir recluidos, lejos de las guerras y de las agitaciones sociales.

La Montaña Wudang ya tenía varios palacios, monasterios y templos taoístas en la dinastía Yuan (1279-1368). Desafortunadamente, antes del derrumbe de la dinastía, las guerras dejaron a la mayoría de ellos en ruinas. Fue Zhu Di, o el emperador Yongle de la dinastía Ming (1368-1644), quien ordenó la reconstrucción y expansión de los edificios taoístas en la montaña. Durante su reinado, se construyeron nueve palacios taoístas, nueve grandes templos y 36 conventos, conjuntamente con 72 pequeños templos y algunos pabellones. Con el pico más alto como centro, éstos se encuentran ahora en los 72 picos de los alrededores y en las orillas de 24 riachuelos. Se calcula que fueron necesarios entre 200.000 y 300.000 soldados y civiles y 12 años para hacer estas construcciones, las cuales agotaron los fondos de los gobiernos de nueve provincias del Sur y del Este de China.

En esa época, la influencia del taoísmo comenzaba a disminuir y, por otra parte, el emperador Yongle no creía en el taoísmo. ¿Por qué se empleó entonces tanto dinero en la Montaña Wudang?

Las inscripciones del emperador Yongle labradas en varias lápidas parecen darnos la respuesta. Lo hizo, según las señalan, para corresponder a la ayuda que le habían dado los dioses en la dirección del país, para mostrar su devoción filial y para rogar por la felicidad de su pueblo.

Zhu Di, emperador Yongle, había sido príncipe antes de usurpar el trono de su sobrino, el emperador Jianwen, para convertirse en el tercer emperador de la dinastía Ming. Tenía que justificar lo que había hecho. Su padre, Zhu Yuanzhang, el primer emperador de la dinastía Ming, creía en el Dios Taoísta de la Genuina Proeza y pensaba que la Montaña Wudang era el santuario del dios. Al emprender este proyecto, Zhu Di trataba de decirle al país entero que tenía la misma fe de su padre, que con ello expresaba su amor filial, y que él y su padre contaban con la protección del propio Dios de la Genuina Proeza en su lucha por el poder. En resumen, quería que su pueblo creyera que su trono era una dádiva divina.

La combinación de la autoridad monárquica con los poderes divinos del Dios de la Genuina Proeza se refleja en la disposición de esos palacios y templos, construidos durante el reinado del emperador Yongle. Estos se dividen en

147

dos partes: los edificios en la montaña y los situados al pie de ella.

El Palacio Jingle, que literalmente quiere decir Palacio de la Pureza y Felicidad, se halla al pie de la Montaña Wudang. El palacio, el primero que se construyó bajo el reinado del emperador Yongle, está dedicado al Dios de la Genuina Proeza, quien había sido príncipe del legendario Reino Jingle antes de convertirse en un dios taoísta después de 42 años de prácticas austeras. Según el libro "Apuntes de Viajes" de la dinastía Ming, el palacio cubría la mitad del área que ocupaba la ciudad al pie de la montaña, y se parecía al palacio imperial. Un camino cubierto de losas comunica al palacio con el pico principal de la montaña, situado a 60 kilómetros de distancia.

El Paso Xuanyue, o Puerta del Halo de Misterio Divino, es la entrada del pintoresco sitio montañoso, la entrada de este "mundo divino", una tierra de verdor exuberante y tranquilidad, cubierta de espesos bosques. Por el "Camino Divino", subiendo la montaña, hay un templo cada 2,5 kilómetros y un palacio cada cinco, y todos tienen sus propias historias. Se dice que en uno de ellos el Dios de la Genuina Proeza practicó la austeridad y se hizo inmortal.

El poder divino, por grande que fuera, tenía que someterse a la autoridad monárquica. Este principio inquebrantable del feudalismo se siguió estrictamente en la construcción de los edificios taoístas en la Montaña Wudang.

El Palacio Zixiao o de los Cielos Púrpura había sido el centro de las estructuras taoístas en la Montaña Wudang antes de la dinastía Ming. La gente de la dinastía anterior, la Yuan, creía que el Palacio vecino Nanyan, o de la Roca del Sur, era el lugar donde vivía el Dios de la Genuina Proeza. Sin embargo, el emperador Yongle designó a Tianzhu o Pico del Pilar Celestial, el pico más alto, como centro de este santuario taoísta. Desde este pico se dominan los demás. El emperador Yongle lo comparó con él mismo, haciendo que los ministros de su corte le rindieran tributo. Por orden del emperador, se construyó un palacio de cobre en la punta del pico, que tiene 160 metros cuadrados de superficie. La estructura se llama Palacio Dorado, porque está enchapada en oro e inspirada en un edificio imperial. En el Palacio Dorado se venera una estatua del Dios de la Genuina Proeza. Se dice que la estatua, que tiene 1,86 metros de altura, está inspirada en el emperador Yongle.

Tres años después de la construcción del Palacio Dorado, también por orden imperial, se levantó a su alrededor una pared de losas rectangulares, y al palacio se le dio un nuevo nombre: "Ciudad Dorado-Púrpura". Hay que recordar que el emperador Yongle vivió en la Ciudad Prohibida de Beijing, que también se conoce con el nombre de "Ciudad Prohibida Púrpura." Al salir de esta "Ciudad Dorado-Púrpura", bajando la montaña, vemos el Palacio Taihe, o Templo de Tao. En la dinastía Ming, el acceso a la "Ciudad Dorado-Púrpura" estaba prohibido, y el Templo de Tao era el último santuario taoísta en el que se podía entrar.

El Dios de la Genuina Proeza no es el dios supremo de esta religión. A pesar de ello, el emperador Yongle hizo que su santuario fuera el más imponente y magnífico de todos los santuarios taoístas del país. Se encargó del proyecto personalmente, sobre el cual emitió más de 60 órdenes, y cuidó de que todo se hiciera a su gusto. En un momento dado, había 4.000 monjes y monjas taoístas en la montaña, que eran escogidos entre los taoístas de toda la nación. En 1416, provenientes de varios lugares de China, se mudaron a la Montaña Wudang 3.100 personas de 550 familias, a quienes se les encargó producir alimentos para esos monjes y monjas. Poco tiempo después, llegaron 500 soldados. Irónicamente, el emperador Yongle nunca llegó a visitar la montaña, ni tampoco ninguno de los 15 emperadores Ming que le sucedieron.

El taoísmo defiende la armonía entre el hombre y la naturaleza, pues cree que el hombre es parte integral de ella. Este principio se observó estrictamente en la construcción de este santuario taoísta. Por orden del emperador Yongle, la tala de los árboles de la montaña estaba prohibida, así como cualquier otra cosa que pudiera afectar adversamente el paisaje original de la montaña.

La distribución básica del santuario taoísta se mantuvo sin alteraciones, aunque se construyeron otros templos y se hicieron algunas restauraciones tras la muerte del emperador Yongle. En 1552, el emperador Jiajing ordenó la restauración de 955 habitaciones y cámaras en los templos y palacios de la montaña. En 1642, las tropas campesinas rebeldes bajo el mando de Li Zicheng quemaron la oficina del gobierno local encargado de administrar los asuntos religiosos. Con la caída de la dinastía Ming, dos años después, el santuario taoísta imperial abrió sus puertas al público. Desde entonces no se ha construido ningún otro edificio. Muchos templos y palacios han sido abandonados, a pesar de las repetidas renovaciones. Se conservan más de 200 edificios, que en su conjunto cubren 50.000 metros cuadrados de superficie. Continúa siendo el hogar de muchos monjes y monjas taoístas. Se necesitan cinco días para visitar todas estas construcciones.

148

149

147 La foto muestra la figura de Xuanwu hecha de cobre. Xuanwu fue considerado primero como el Dios Guardián del Norte y luego pasó a ser un dios taoísta. Se representa con la figura resultante de la unión de una tortuga con una serpiente, según descripciones de los antiguos.

148 El conjunto de edificios de la Montaña Wudang, que tiene el Pico Tianzhu como centro, se encuentra distribuido en los picos verdes y a orillas de los arroyos claros. La construcción más lejana está a 80 kilómetros del centro de la montaña.

149 El Palacio Nanyan, o Palacio de la Roca del Sur, es uno de los numerosos monasterios taoístas "suspendidos" en los acantilados.

150 La Puerta Xuanyue, entrada de la Montaña Wudang, es considerada como la línea de demarcación entre el mundo humano y el mundo divino.

150

152

153

154

151 Vista parcial del Palacio Taihe en la Montaña Wudang. La ubicación, la disposición y la forma de las construcciones de la Montaña Wudang se caracterizan por la combinación de las estructuras taoístas con las imperiales.

152 Estatua de cobre del Dios Taoísta de la Genuina Proeza, al que se venera en el Palacio Dorado. Cuentan que la estatua de cobre, que tiene 1,86 metros de altura, está inspirada en el emperador Yongle.

153 Palacio de cobre en la punta del Pico Tianzhu, o Pico del Pilar Celestial. El palacio, enchapado en oro y con 5, 54 metros de alto y 4,4 metros de ancho, es conocido también como Palacio Dorado.

154 El Dios Taoísta de la Genuina Proeza fue descrito como la figura resultante de la unión de una tortuga con una serpiente. Una vista a vuelo de pájaro del pico principal de la Montaña Wudang coincide con esta descripción.

◀ 151

156

157

155 Vista del Palacio Taihe en la punta del Pico Tianzhu, o Pico del Pilar Celestial.

156 Sala principal del Palacio Zixiao, o Palacio de los Cielos Púrpuras. Este es el más grande y mejor conservado de los templos taoístas en la Montaña Wudang.

157 Pináculos dorados del Palacio Dorado están decorados con figurillas de inmortales y animales legendarios.

◄ *155*

Parque Nacional de Lushan

De todos los sitios de China inscritos en la lista del Patrimonio Mundial, la Montaña Lushan tiene un estatus algo especial, el de Paisaje Cultural Mundial.

Ubicado en el norte de la provincia de Jiangxi y en la ribera sur del curso medio del río Yangtzé, este sitio pintoresco abarca 302 kilómetros cuadrados de superficie. Algunas ciudades cercanas a la montaña son tan calurosas en el verano que la gente las llama "hornos". La Montaña Lushan, sin embargo, es un oasis fresco.

Para conocer la Montaña Lushan hay que conocer detalles de sus antecedentes culturales. Al visitarlo en 1928, el sabio chino Hu Shi (1891-1962) escribió en su libro "Apuntes del Viaje a Lushan" que hay tres lugares históricos de la montaña que representan igual número de tendencias. El primero es el Templo del Bosque Oriental, que representa la tendencia general del budismo, una religión extranjera que en el país adoptó sus propias características. El segundo es la Cueva del Ciervo Blanco, que representa la tendencia de la Escuela Song de confucianismo o neoconfucianismo, que dominó el pensamiento chino durante unos 700 años después del siglo X. El tercero es la Cresta Guling, que simboliza la invasión de la cultura occidental.

El Templo del Bosque Oriental se halla en la parte noroeste del pie de la Montaña Lushan. Un día del año 381, el eminente monje Huiyuan pasó por la Montaña Lushan, donde otro budista lo invitó a quedarse un par de días. Su estancia cambió la historia de la montaña. Los registros históricos señalan que Huiyuan decidió permanecer allí y desistir de su plan de ir al sur, al darse cuenta de que la Montaña Lushan era un lugar tranquilo y bueno para cultivar el mundo interior de las personas. En el año 386, el magistrado local se hizo construir un templo al este del Templo del Bosque Occidental. De esta manera, recibió el nombre de Templo del Bosque Oriental.

En la época de Huiyuan, hacía 300 años que el budismo había llegado a China. A pesar de ello, los sutras o escritos sagrados budistas se traducían, se copiaban y se enseñaban mecánicamente. Por consiguiente, el budismo estaba limitado a los círculos intelectuales y a la clase superior. El conocimiento misterioso, una secta metafísica que estaba relacionada con el budismo, era bastante popular en aquel tiempo. El monje Huiyuan tenía una buena base de filosofía budista, conocimiento misterioso y confucianismo. Al dar conferencias sobre budismo, integraba las ideas del confucianismo y del conocimiento misterioso con las del budismo. Como resultado, aquellos que habían estado confundidos acerca del budismo, lo comprendieron mejor. Más y más personas comenzaron a llegar al templo. Gradualmente las ideas del budismo se difundieron por el país, y con ellas la reputación del monje Huiyuan.

En los 36 años que vivió en la Montaña Lushan, además de traducir sutras budistas, escribir libros acerca de ellos y dar conferencias, Huiyuan, con sus conocimientos, sabiduría y tolerancia, aglutinó a su alrededor a un grupo de eminentes monjes y estudiosos, estableciendo la Secta de la Tierra Pura. Según esta doctrina, siempre que alguien pronunciara el nombre de Buda, tuviera presente el "Paraíso Occidental" y se librara de todo deseo humano, podría renacer en el Paraíso Occidental después de la muerte. Puesto que la práctica de esta disciplina budista era sencilla, la Secta de la Tierra Pura fue cada vez más influyente. Desde los tiempos de Huiyuan, la Montaña Lushan ha sido un importante santuario budista en el Sur del país. Asimismo, es un santuario del taoísmo, la religión autóctona de China.

El monje taoísta Lu Xiujing, quien había visitado muchas montañas famosas antes de ir a Lushan en el año 461, decidió quedarse en ella después de visitarla. Se hizo construir un templo taoísta en la montaña. Sus cascadas, pinos y bosques de bambú formaban un hermoso y tranquilo ambiente para las prácticas religiosas de los monjes. Lu Xiujing permaneció siete años en la Montaña Lushan. Mientras estuvo allí, escribió acerca del taoísmo, transformó la organización de la jerarquía taoísta y estableció la Secta del Cielo del Sur. Lu Xiujing fue canonizado y declarado Maestro Jianji (que significa "maestro de la sencillez y la serenidad"). Por consiguiente, el templo donde vivió se conoce como Templo Jianji.

En el año 405, vino a vivir al pie de la montaña un hombre a quien no le agradaban los gustos vulgares del mundo secular. Uno de sus poemas más conocidos, dice que un pájaro en una jaula siempre echa de menos el bosque en que solía vivir. Renunció a su cargo público para llevar una vida en la que bebía vino, escribía poemas y realizaba labores agrícolas. Murió en la pobreza, a consecuencia de una enfermedad, pero nunca se arrepintió de haber escogido ese estilo de vida. Este hombre se llamaba Tao Yuanming, uno de los más notables poetas chinos de la antigüedad. La integridad moral de este poeta ha sido admirada por los intelectuales de generaciones posteriores. Tao Yuanming nació en Lushan. Después de su muerte, muchos estudiosos vinieron aquí para vivir recluidos como lo había hecho él.

La Montaña Lushan es un lugar de tranquilidad y también un lugar para la introspección.

En el valle del Pico Wulaofeng se levanta la Academia de la Cueva del Ciervo Blanco, uno de los centros de enseñanza más antiguos e influyentes de la China de tiempos remotos. Las reglas de la academia se le atribuyen a Zhu Xi, uno de los grandes estudiosos del confucianismo en la dinastía Song (960-1279).

Zhu Xi es la personificación de la escuela confuciana de la filosofía idealista de la dinastía Song y llevó al confucianismo a una fase superior. Hasta 1905, sus interpretaciones de las obras clásicas del confucianismo eran libros de texto obligatorios para los eruditos que tenían la intención de presentarse a los exámenes imperiales para optar por un cargo público. Zhu Xi se dedicó a la docencia durante más de 50 años, en una época en que florecieron las academias. Cuando llegó a Lushan en 1179 para trabajar como funcionario, la Academia de la Cueva del Ciervo Blanco ya estaba en muy malas condiciones. Hizo que la reconstruyeran, compró tierras para que los eruditos las trabajaran en su tiempo libre, compiló libros de texto y currículos, estableció reglas para los estudiantes e invitó a conocidos hombres de letras para que enseñaran en ella. Además, recopiló gran cantidad de libros clásicos para la

158

biblioteca. Como resultado, muchos eruditos vinieron desde todos los rincones del país, ya se consideraba a la academia como la mejor de la nación. Los intelectuales de generaciones posteriores mantuvieron los objetivos, requisitos, contenidos y métodos de los cursos establecidos por Zhu Xi. La academia fue testigo de altas y bajas a lo largo de varios siglos, hasta mediados del siglo XIX, cuando quedó desierta.

La Montaña Lushan tuvo su apogeo desde el siglo IV hasta el siglo XIII, cuando en ella había un total de 500 templos taoístas. Incluso, en su período menos próspero, había 300. A diferencia de otras montañas famosas, en Lushan se respiraba un fuerte ambiente de cultura y erudición. Fueron Zhu Xi y su academia los que convirtieron a Lushan en la montaña de los intelectuales chinos.

Numerosos eruditos y hombres de letras de China escribieron acerca de las montañas y los ríos para dar rienda suelta a sus sentimientos, y muchos se hicieron amigos de los monjes cuando sufrieron frustraciones en sus carreras políticas. La Montaña Lushan era su santuario preferido. El poeta Li Bai, de la dinastía Tang, se aficionó al taoísmo. Otro poeta de la dinastía Tang, Bai Juyi, admiró la noble personalidad del poeta Tao Yuanming. En alguna ocasión, ambos poetas tuvieron planes de construir casas con techo de paja para quedarse en la Montaña Lushan, como lo hizo Zhu Xi, una persona que fue bastante práctica.

Los poetas chinos han escrito infinidad de poemas sobre diversas montañas. De todos ellos, sólo los escritos sobre la Montaña Lushan se han convertido en poemas populares. Su Shi, poeta de la dinastía Song, escribió el siguiente poema en una pared del Templo del Bosque Occidental:

Vista horizontalmente es un cerro, y verticalmente, un pico;
su altura no es igual de lejos que de cerca.
No puedo ver su verdadero rostro,

porque me encuentro en la montaña.

Después de hacer un viaje al Templo del Gran Bosque, Bai Juyi, poeta de la dinastía Tang, escribió:

En el mundo, al cuarto mes,
las flores ya están marchitas;
pero los capullos del duraznero del templo de la montaña
están entonces en todo su esplendor.
He deplorado la pérdida de la primavera
por no hallarla en ningún sitio;
sin saberlo, me mudé a este lugar.

El Templo del Bosque Oriental y la Academia de la Cueva del Ciervo Blanco aún existen, sin embargo, del Templo Jianji sólo quedan ruinas. Pero hay muchas casas de campo alrededor de la Cresta Guling. A finales del siglo XIX, varios misioneros extranjeros arrendaron tierras para construir casas de campo en este lugar. Se estima que hay más de 600, construidas al estilo de 18 países. Catedrales católicas, iglesias protestantes, iglesias ortodoxas orientales, capillas y mezquitas islámicas se mezclan con las casas de campo.

EL Comité del Patrimonio Mundial de la UNESCO comentó en 1996: los templos budistas y taoístas, conjuntamente con la Academia de la Cueva del Ciervo Blanco, que representan la escuela confuciana de la filosofía idealista, se mezclan sin esfuerzo en un paisaje espectacularmente hermoso. El paisaje tiene un alto valor estético y está muy bien integrado en el espíritu de la nación china y en su vida cultural.

158 Pinos en un precipicio de la montaña Lushan.

159 Hanpokou, el mejor lugar para disfrutar de la imponente y magnífica vista de la montaña Lushan en nubes.

159

160

161

160 El Lago Lulin, que cubre un área de 90.000 metros cuadrados, se encuentra al pie de la montaña Lushan.

161 La montaña Lushan había sido un centro del budismo, taoísmo y confucianismo. La combinación de las estructuras con la naturaleza forma un peculiar paisaje cultural a diferencia de otras famosas montañas de China.

162 Vista del Valle del Brocado en la montaña Lushan con 1,5 kilómetros de largo.

163 La foto muestra Huajing, ruinas del Templo del Gran Bosque, uno de los tres templos budistas más conocidos en la montaña Lushan. El templo inspiró al poeta Bai Juyi, de la dinastía Tang, a escribir uno de sus famosos poemas titulado: "Flores del melocotón en el Templo del Gran Bosque".

162

163

164

164 La montaña Lushan es un buen lugar de veraneo. Desde fines del siglo XIX, se ha construido gran cantidad de casas de campo. Hasta la fecha aún se conservan más de 600 casas de campo de estilos de 18 países. La foto muestra un chalé de estilo occidental.

165

166

167

168

169

165 Una ceremonia religiosa en el Templo del Bosque Oriental en la montaña Lushan.

166 El Templo del Bosque Oriental, construido en el año 386, dio origen a la Secta de la Tierra Pura del budismo, de modo que la montaña Lushan se convirtió en el centro budista en el Sur de China.

167 La Academia de la Cueva del Ciervo Blanco, fundada en el año 940, era una de las primeras academias de enseñanza superior de China. Bajo la dirección de Zhu Xi, se convirtió en una de las cuatro importantes academias. Sus actividades académicas siguieron hasta mediados del siglo XIX.

168 La montaña Lushan está envuelto por nubes durante doscientos días en un año. Inspirado en este paisaje, el poeta Su Dongpo, de la dinastía Song, escribió en uno de sus poemas: "No puedo reconocer su verdadera faz, porque yo mismo me encuentro en el monte".

169 Una cascada de la montaña Lushan de tres niveles con una caída de 155 metros.

Monte Emei y Gran Buda de Leshan

El Monte Emei, una de las cuatro montañas sagradas del budismo, se extiende a lo largo de unos 200 kilómetros a orillas de la cuenca de Sichuan, en el Sudoeste de China.

En este lugar había un océano hace 800 millones de años. En un movimiento orogénico, se produjo una expulsión de roca fundida o magma del fondo del mar. Al enfriarse, se convirtió en granito sólido y creó un pequeño continente. El Monte Emei se originó aquí. El continente se hundió dos veces en el océano, del que también salió la misma cantidad de veces en los siguientes 550 millones de años. Testimonio de estos cambios son los extintos organismos marinos hallados en esta montaña.

Una mirada a vuelo de pájaro revela que el Monte Emei se eleva verticalmente del suelo. Su pico más alto, el Wanfoding, o Pico de los Diez Mil Budas, se yergue majestuosamente a 3.099 metros sobre el nivel del mar, con una altura relativa de 2.600 metros. Su cima, la Cumbre Dorada, sobresale por encima de un escarpado precipicio. Al pararnos en la cumbre, experimentamos el orgullo de ser más altos que la montaña misma. No obstante, a lo lejos, podemos ver cadenas y cadenas de montañas cuyos picos se hallan en medio de un mar de nubes y, de repente, nos damos cuenta de que el hombre es infinitamente pequeño comparado con esa imponente grandeza.

De la base de la montaña a la Cumbre Dorada hay más de 60 kilómetros. Al subirla, experimentamos las cuatro estaciones. El clima al pie de la montaña es igual al de la zona que lo rodea, es decir, subtropical. No es ni cálido ni frío en la parte central, por lo que es templado. Es frío al comenzar a ascender la segunda mitad, pues la temperatura es algo baja. Finalmente, en el pico, experimentamos un clima gélido. Debido a la gran altitud y a las bajas presiones, resulta muy difícil cocinar en la Cumbre Dorada, donde hay muy pocas plantas y animales. Allí sólo crecen abetos, bambúes y musgos. Las ramas y hojas de los abetos están caídas o pandeadas, lo que indica que con frecuencia sufren el peso de la nieve.

La topografía particular, la diversidad climática y la complejidad del suelo hacen del Monte Emei un parque natural de vida salvaje. En él hay más de 3.200 especies de plantas, que representan la décima parte del total de las especies identificadas en China. De ellas, más de 100 se dan exclusivamente en el Monte Emei o se encontraron por primera vez allí, y llevan su nombre. Más de 2.300 especies de animales salvajes viven en la montaña, de las cuales 157 son raras o se encuentran en peligro de extinción, o sólo viven en ese lugar. Entre ellas se hallan la mariposa orejera, que parece una hoja marchita, el panda gigante y el panda menor, y también los monos más conocidos. La mayoría de estos últimos no temen a las personas, y con frecuencia intimidan a los turistas. El Monte Emei también tiene plantas cuyos orígenes se remontan a 60 ó 70 mil años atrás, como por ejemplo la *davidia involucrata*, o árbol de las palomas, cuyas flores se parecen a estas aves, y que también se conoce como un fósil viviente.

De todas las montañas, Emei está considerado como "el más bonito". Por una parte, tiene formas hermosas cuando se mira de lejos, con contornos suaves y delicados que se semejan las cejas de una mujer bonita. Por la otra, el monte está cubierto de bosques, que lo hacen aún más bello.

La salida del sol, el mar de nubes, el halo de Buda y el faro santo son cuatro maravillas de la Cumbre Dorada. Cuando salen las luces sagradas, el pico del monte se decora con puntos esporádicos de luz, que destellan y bailan en constante cambio. En realidad, son luces fosforescentes. Sin embargo, los monjes de tiempos antiguos decían que eran faros santos del budismo. Cuando el cielo se aclara después de una lluvia de mediodía, uno puede contemplar hacia abajo,

170

desde el pico, un arco iris en medio de las nubes, cuyos arcos tienen uno o dos metros de diámetro. La gente puede ver su propia imagen en los arcos, pues reflejan sus acciones como un espejo. Aún más fantástico es el hecho de que cuando cientos de personas miran hacia abajo desde el pico, ninguna de ellas ve el reflejo de otras personas, sino sólo el suyo. Ese fenómeno se llama "el halo de Buda".

El halo de Buda se puede ver en otras montañas, pero Emei es el único lugar donde éste puede aparecer más de 80 días al año y dura bastante tiempo cada vez que aparece. Las investigaciones científicas revelan que es un fenómeno natural, debido a la difracción de la luz en las nubes, que sólo se produce cuando el sol poniente está por encima de ellas y la persona se halla en la cima de la montaña. Cuando bajo el sol la persona y sus reflejos forman una línea recta y éstos caen después en las nubes, aparecerá entonces el halo de Buda. No obstante, los antiguos creían que el halo de Buda significaba que Samantabyadra, o Diosa Budista de la Benevolencia Universal, estaba exponiendo su verdadero rostro al mundo. Se dice que una vez el Buda Sakyamuni envió a la diosa, una de sus discípulas, a predicar las doctrinas del budismo en el Monte Emei. La creencia en la Diosa de la Benevolencia Universal comenzó a difundirse en la montaña en el siglo III. Desde entonces, según los registros históricos, el Monte Emei se conoce como un sitio para rendir culto a esa diosa.

El taoísmo llegó al Monte Emei mucho antes que el budismo. En el año 143, un hombre llamado Zhang Ling estableció una secta taoísta en el Monte Qingcheng, no lejos de Emei. Poco después, el taoísmo llegó al Monte Emei, donde coexistió con el budismo durante casi 1.000 años. El budismo se hizo más fuerte en los años siguientes, mientras que el taoísmo decayó y finalmente se retiró del Monte Emei en el siglo XVIII.

En la época de pleno apogeo del budismo, en el Monte Emei había un total de 170 templos, entre grandes y pequeños, y había templos en casi todos los picos. Ahora sólo quedan 29, de los cuales los Templos Baoguo y Wannian son los más famosos. El Templo Baoguo es la entrada al Monte Emei y también el mayor en la montaña. El Templo Wannian alberga una estatua de cobre de la Diosa de la Benevolencia Universal, que se fundió en el año 980. La diosa, con una corona de oro, monta un elefante blanco, cuyas patas pisan cuatro flores de loto. La estatua mide 7,35 metros de alto y pesa 62 toneladas. Milagrosamente, no se observan señales de soldadura.

El Gran Buda de Leshan, que se encuentra en la Montaña Lingyun al pie este del Monte Emei, es otra valiosa herencia histórica legada por nuestros antepasados. El Gran Buda se labró en el precipicio de la Montaña Lingyun, al pie del cual confluyen tres ríos: el Minjiang, el Daduhe y el Qingyijiang. El buda se labró allí para que el sagrado poder budista dominara las devastadoras inundaciones. Un monje local, cuyo nombre eclesiástico era Haitong, inició el proyecto, y pasó 20 años pidiendo limosnas para recaudar los primeros fondos. La ejecución del proyecto, que comenzó en el año 713, duró 90 años.

El buda, que mide 71 metros de alto, puede verse a decenas de kilómetros de distancia. Su cabeza tiene 14,7 metros de largo y 10 de ancho; sus orejas, 7 metros de largo; su nariz y cejas, 5 y 6, respectivamente; y sus ojos, 3,3. Los hombros miden 24 metros de ancho, y el empeine, 8,5 –lo suficientemente grande como para que se sienten en él unas 100 personas.

El Gran Buda no es grande sólo por su tamaño, sino por su delicada labra de líneas bien definidas. Aún más fabuloso es el sistema de drenaje que se halla dentro de su cuerpo. Tiene canalones invisibles en el moño de sus cabellos en forma de concha, en el cuello, en las venas y arrugas, y en los hombros y el pecho. Tiene orificios en la parte posterior de las orejas y en la espalda. Estos canalones y orificios funcionan como sistemas de drenaje y ventilación y además lo protegen contra la humedad, para de evitar la erosión.

A fin de proteger el buda del viento y de la lluvia, se construyó una torre de madera de 13 pisos. La torre fue destruida por el fuego, y los orificios donde se fijaron los postes que la apoyaban aún pueden verse en el cuerpo del buda, así como en los precipicios que se encuentran a ambos lados.

El Gran Buda de Leshan, que ha resistido el viento y la lluvia durante más de 1.000 años, aún mira los ríos que corren y escucha el sonido del tambor en la tarde y de la campana en la mañana. Algunos expertos de la UNESCO han comentado que el Gran Buda de Leshan podría competir con cualquier escultura en roca del mundo, como la de la Gran Esfinge y las del Valle de los Reyes a orillas del río Nilo.

El Monte Emei y el Gran Buda de Leshan fueron declarados Patrimonio Cultural y Natural Mundial por la UNESCO en 1996.

170 "Halos de Buda " se ven con frecuencia desde este precipicio en la cumbre del Monte Emei.

171 Emei es uno de los cuatro montes sagrados del budismo en China. La cima principal, la Cumbre Dorada, que se encuentra a 3.077 metros sobre el nivel del mar, es el punto final de la ascensión al monte. Desde allí, uno puede ver salida del sol, mar de nubes y halos de Buda.

171

172

173

172 El Templo Baoguo es la entrada al Monte Emei y también el mayor templo en el Monte Emei.

173 La foto muestra el Pabellón Qingyin que es famoso por el lindo sonido que producen los arroyos al correr a su lado.

174 La estatua de cobre de la Diosa de la Benevolencia Universal en el Templo Wannian se fundió en el año 980. La Diosa, con una corona de oro, monta en un elefante blanco cuyas patas pisan cuatro flores de loto. La estatua tiene 7, 35 metros de altura y pesa 62 toneladas.

175 Una linterna en un templo budista del Monte Emei tiene un metro de diámetro y 2 metros de altura. En ella están labradas siete dragones y cientos de figuras de Buda.

176 Mar de nubes con cadenas de montañas nevadas en el fondo.

174

175

176

177

178

177 El labrado del Gran Buda comenzó en el año 713 y duró 90 años. El Buda, que tiene 71 metros de alto, es la mayor estatua pétrea budista existente en el mundo.

178 Estatua de Buda de cobre enchapada en oro en el Templo Fuhu, o Templo del Tigre Agazapado.

179 Vista a vuelo de pájaro del Gran Buda.

179

180

180 El empeine del Gran Buda tiene 11 metros de largo y 8 metros de ancho, lo suficientemente grande para que se sienten en él unas cien personas.

Ciudad Antigua de Pingyao

¿Cómo eran las ciudades chinas siglos atrás? Lo verá con sus propios ojos cuando visite la ciudad de Pingyao, ubicada en la provincia de Shanxi, en el Norte de China.

Pingyao se fundó 2.700 años atrás, y ha sido la sede del gobierno del distrito desde el año 221 a.n.e. La apariencia actual de la ciudad es, en gran parte, igual a la que tenía en la época de las dinastías Ming (1368-1644) y Qing (1644-1911). De todas las ciudades chinas antiguas, Pingyao es la mejor conservada, en realidad, la única cuya estructura y distribución originales se han mantenido básicamente intactas.

La ciudad de Pingyao fue declarada Patrimonio Cultural por la UNESCO en diciembre de 1997. El Comité del Patrimonio Mundial la describió como "un excepcional ejemplo de las ciudades chinas de los *han* en las dinastías Ming y Qing". Se dice que Pingyao ha mantenido todas sus características y presenta un cuadro completo del desarrollo cultural, social, económico y religioso en la historia de China.

Desde 1370, año en que se amplió la ciudad, Pingyao abarca 2,25 kilómetros cuadrados de superficie. Al igual que la mayoría de las ciudades de las zonas habitadas por los *han*, la ciudad está rodeada de murallas y un foso, y posee calles, callejones, oficinas gubernamentales, tiendas y lugares religiosos. Una mirada a vuelo de pájaro a la ciudad revela que tiene forma de tortuga. En China, la tortuga es un animal de buen agüero, que simboliza la longevidad. La ciudad estaba diseñada de manera tal que fuera inexpugnable, y por lo tanto, eterna. Tiene seis puertas, una en el sur, una en el norte, dos en el este y dos en el oeste. La puerta del sur se parece a la cabeza de una tortuga. La del norte, que semeja la cola de ésta, se halla en la parte más baja y solía servir para darle salida al agua de la ciudad. Las puertas del este y del oeste forman sus cuatro patas. Fuera de las puertas, entre el foso y la "muralla interior", hay una "muralla exterior", diseñada para fortificar aún más la ciudad.

En la China feudal se establecieron reglas estrictas acerca del tamaño de una ciudad, según su estatus administrativo. Cada lado de la muralla que rodeaba a una capital de distrito como Pingyao no debía tener más de 1,5 kilómetros de largo. Sin embargo, el lado de la muralla que da al sur mide 2 kilómetros, longitud que correspondía básicamente a las reglas establecidas sobre el tamaño. Los otros tres lados tienen exactamente 1,5 kilómetros de largo. En la antigüedad, casi todas las ciudades de China estaban rodeadas de murallas. En la actualidad, sólo cuatro ciudades las conservan, y en tres de ellas no están completas. Pingyao es el único lugar que conserva intacta su muralla. La muralla de Pingyao tiene 10 metros de altura, y se construyó con tierra apisonada y ladrillos grises cuidadosamente colocados en su superficie. Mide de tres a seis metros de ancho en su parte superior, un espacio suficiente como para que galopen seis caballos, uno al lado del otro. A lo largo de la muralla exterior, hay terrazas ubicadas en tramos de entre 40 y 100 metros, cada una de las cuales tiene una atalaya de dos pisos. La parte superior de la atalaya servía de almena, y en la parte inferior se guardaban los pertrechos. En la muralla hay un total de 3.000 almenas y 72 atalayas. Los números se escogieron deliberadamente en honor al sabio chino Confucio (551-479 a.n.e.), quien tuvo 3.000 discípulos, de los cuales 72 fueron famosos por sus logros académicos y políticos. En la esquina sureste de la muralla se yergue un pabellón dedicado al Dios de la Literatura. Las estructuras de la

181

muralla son una prueba de la vieja creencia de que, para asegurar la paz y la prosperidad del país, había que combinar el poderío militar y la sabiduría intelectual.

La Calle del Sur es la línea del eje de la ciudad. A ambos lados de la calle se ven las construcciones más importantes de la ciudad, dispuestas simétricamente. El Templo de Confucio y el Templo del Dios Protector de la Ciudad se hallan al lado izquierdo, y el Templo del Valor Marcial y la vieja oficina gubernamental del distrito, a la derecha. Una torre de 18,5 metros de alto se halla a horcajadas sobre la línea axial. Fue, y continúa siendo, una de las construcciones más famosas de la ciudad.

Las tiendas y talleres de las calles principales todavía mantienen la apariencia de la época de auge de Pingyao, que tuvo lugar entre los siglos XVII y XIX, cuando era un floreciente centro comercial. En ese entonces, la ciudad era famosa especialmente por ser la tierra de los más ricos comerciantes de tintes de China, quienes tenían sucursales en casi todo el país. Fue también en Pingyao donde surgió la primera casa financiera privada, en 1824. Conjuntamente con otras que se abrieron en Shaanxi, fueron las predecesoras del sistema bancario moderno de China.

La casa financiera Rishengchang se encuentra en la Calle Occidental. En la segunda mitad del siglo XIX, Pingyao ya se había convertido en el centro financiero del país. De las 51 casas financieras que operaban en toda China en esa época, 22 estaban en Pingyao, para ser más exactas, en la Calle Occidental, de menos de 400 metros de largo. Estas casas financieras tenían sucursales en cientos de ciudades chinas y extranjeras. Se mantienen en el mismo lugar -aunque en ellos ya no se realizan operaciones, por supuesto- aquellos patios cuya parte delantera estuvo alguna vez reservada para los negocios, y la parte trasera para oficinas y habitaciones.

Con el dinero que ganaron, los ricos comerciantes de Pingyao construyeron hermosas casas. Todas las casas de Pingyao tienen patios cuadrangulares. A fin de seguir la tradición de la devoción filial, la habitación principal de esos patios, en la mayoría de los casos, era una casa-cueva espaciosa que daba al sur y estaba reservada para el miembro de mayor edad de la familia *. Esta habitación estaba flanqueada por cuartos de un piso construidos con ladrillos y tejas. Este tipo de casa tenía en su mayoría dos, tres, y hasta cuatro patios, según el estatus financiero e influencia política de la familia. A las familias que tenían sólo un patio se las veía como pobres e insignificantes. En los patios de mayor tamaño, las estructuras estaban decoradas con tallas en piedra, ladrillo o madera, así como con pinturas de vivos colores. En todas partes se pueden ver tallas y pinturas con diseños de buenos augurios–en las paredes, puertas, ventanas y columnas. Sin embargo, al examinar detenidamente sus temas, podemos adivinar si el dueño era un comerciante, un funcionario, un erudito o un agricultor. En la capital del distrito de Pingyao hay 3.797 patios cuadrangulares con habitaciones, de los cuales 400 se conservan en buen estado.

Los Monasterios Zhenguo y Shuanglin fueron declarados Patrimonio Cultural Mundial por la UNESCO como extensiones de esta antigua ciudad.

El Monasterio Zhenguo se construyó a quince kilómetros al nordeste de Pingyao, en el período de las Cinco Dinastías (907-960). La construcción principal del templo, conocida como el Salón de los Diez Mil Budas, es hoy la construcción de madera más antigua de China. Aún más sorprendente es el hecho de que las esculturas pintadas en el salón no muestran indicios de haber sido restauradas, aún cuando tienen más de 1. 000 años de antigüedad.

El Monasterio Shuanglin, que se halla a seis kilómetros al sudoeste de la ciudad de Pingyao, se construyó 1.400 años atrás, y es un tesoro del arte chino de tiempos remotos. Posee 1.566 esculturas pintadas. La mayor tiene más de tres metros de altura y la más pequeña, sólo 30 centímetros. La mayoría de ellas se hicieron durante la dinastía Ming.

* Pingyao se encuentra en la periferia de la altiplanicie de loess del Noroeste de China, donde son populares las casas-cuevas o cuevas habitables. Fáciles de construir, estas moradas favorecen la buena ventilación, a la vez que permiten que penetre la luz del sol. Es decir, son frescas en el verano, y tibias en el invierno.

182

181 La muralla de la ciudad de Pingyao tiene 10 metros de altura, y se construyó con tierra apisonada y ladrillos grises colocados en su superficie. A lo largo de la muralla, hay atalayas en tramos de entre 40 y 100 metros. La partc superior de la atalaya servía de almena, y en la parte inferior se guardaban los pertrechos.

182 La ciudad de Pingyao se amplió en el año 1370. De todas las ciudades antiguas chinas, Pingyao es la mejor conservada, cuya apariencia es, en gran parte, igual a la que tenía durante las dinastías Ming (1368-1644) y Qing (1644-1911).

183

184

183 La foto muestra una puerta de la muralla que rodea la ciudad.

184 Vista a vuelo de pájaro de la antigua ciudad de Pingyao. La Calle Sur, que corta la ciudad en el centro, sirve como la línea axial. Las tiendas y talleres de las calles principales todavía mantienen su apariencia de la época comprendida entre los siglos XVII y XIX.

185 La torre de 18,5 metros de altura, que está a horcajadas sobre la línea axial norte-sur, es la construcción simbólica de la ciudad.

186 Son muy populares en la antigua ciudad de Pingyao las casas tipo patio cuadrangular con habitaciones. La habitación principal es, en su mayoría, una casa-cueva. Este tipo de moradas son frescas en el verano y tibias en el invierno.

187 La vieja sede de Rishengchang, la primera casa financiera privada de China, se constituyó en 1824 y fue la predecesora del sistema bancario moderno de China.

185

186

187

188

189

188 Las esculturas pintadas del Monasterio Zhenguo no muestran indicios de haber sido restauradas, aunque tienen más de 1.000 años de antigüedad.

189 Estatuas pintadas de Skyamuni y sus seguidores en el Monasterio Zhenguo.

190 Escultura pintada de Skanda, dios guardián del budismo, en el Monasterio Shuanglin. Esta escultura es una obra maestra de la dinastía Ming.

191 El Monasterio Shuanglin posee 1. 566 esculturas pintadas. La foto muestra la Diosa Budista de la Misericordia sentada en un trono de flores de loto para la travesía del mar.

192 El Monasterio Zhenguo construido en el siglo X se encuentra en las afueras de la antigua ciudad de Pingyao. Su construcción principal conocida como el Salón de los Mil Budas, es hoy la estructura de madera más antigua de China.

191

190

192

Jardines Clásicos de Suzhou

En Suzhou, los pequeños puentes de piedra sobre ríos que corren suavemente y las viviendas en sus márgenes se combinan para embellecer la ciudad. Pero su verdadera belleza se encuentra detrás de algunas de las puertas que distan de ser llamativas, escondidas en profundos callejones. Dentro de ellas se encuentran los jardines más exquisitos de China. Son pura poesía.

Los jardines más representativos de Suzhou son el Jardín del Administrador Humilde, el Jardín Liuyuan (Jardín que Invita al Reposo), el Jardín Wangshi (Jardín del Pescador) y la Huanxiushanzhuang (Casa de Campo del Bello Entorno). Estos lugares fueron inscritos en la lista de la UNESCO del Patrimonio Cultural Mundial en 1997. En el año 2000, se añadieron a la lista el Jardín del Pabellón Canglang (Pabellón de las Olas), el Jardín Forestal de los Leones, el Jardín Yipu, el Jardín Ouyuan y el Jardín Tuisi. Estos jardines eran de propiedad particular. El más antiguo es el Jardín del Pabellón Canglang, que se construyó en el siglo XI. Los restantes se construyeron durante la dinastía Ming (1368-1644) y Qing (1644-1911), cuando la construcción de jardines alcanzó su nivel más alto.

El clásico jardín chino es ante todo un lugar para vivir, luego un sitio para pasear, y después un lugar en el que se puede disfrutar de su belleza. Por ende, las rocas, el agua, la arquitectura, los árboles y las flores son elementos indispensables para la construcción de un jardín.

Suzhou es parte del delta del río Yangtsé, la "tierra de la abundancia", donde se entrecruzan ríos y se extienden lagos. El clima agradable favorece el crecimiento de las flores y los árboles, que constituyen una parte esencial de los jardines. Además, en la zona abundan rocas de formas extrañas, que se pueden incorporar a los pequeños montículos artificiales de tierra del jardín, de varias formas y tamaños. La prosperidad económica alimenta la cultura. En las dinastías Ming y Qing, por ejemplo, Suzhou tuvo 60 *zhuangyuan,* palabra que quiere decir Primer Erudito, título otorgado al que había obtenido el primer puesto en el más alto examen imperial. Ningún otro lugar en el país estaba a la altura de Suzhou en este sentido. En aquella época, se consideraba a Suzhou como "el lugar más próspero y romántico para vivir". Suzhou era realmente un lugar ideal para construir jardines. Según los documentos históricos, en el momento de mayor auge de la construcción de jardines, en Suzhou había 300.

La construcción de un buen jardín, desde luego, requería dinero. Pero lo más importante era la cultura que reflejaba el jardín. El gusto del dueño, quien establecía los requisitos, y la competencia profesional del diseñador, eran muy importantes. Como dice el refrán, "un jardín refleja el delicado gusto de su dueño, quien está libre de intereses vulgares". Los dueños de los jardines de Suzhou eran funcionarios, hombres de letras, pintores o comerciantes ricos. La mayoría de estos funcionarios eran jubilados o habían sido destituidos. Todos perseguían el buen gusto. Diseñaban sus propios jardines o hacían los proyectos de diseño en colaboración con diseñadores profesionales. Además, muchos diseñadores habían recibido formación artística.

La mayoría de los jardines se encuentran en los callejones de la ciudad de Suzhou, cerca de las casas encaladas de tejas negras. Los jardines están rodeados de muros, para evitar la entrada del mundanal ruido y mantener dentro de ellos su exquisita belleza. Las puertas de los jardines usualmente se ven lastimeras, como si le dijeran a los transeúntes que sus dueños no deseaban otra cosa que ser ermitaños. Al abrir la puerta, podemos ver pequeños puentes sobre estanques o aguas que corren, montículos artificiales de rocas, pabellones, senderos que forman recodos, árboles, flores, etc. Un paisaje en miniatura. Así, los jardines de Suzhou también se conocen como "la naturaleza en la ciudad".

En realidad, los jardines reflejan las ideas de los dueños

de pasar el tiempo libre apartados del mundo. Los intelectuales chinos tenían la tradición de recurrir a la naturaleza y a los logros artísticos para encontrar satisfacción cuando sufrían algún contratiempo en la política o se hallaban en el olvido. Esto, por ejemplo, encuentra su expresión en la Casa del Regreso a la Vida Pastoral en el Jardín del Administrador Humilde. En el Jardín del Pescador, se puede leer en una tablilla: "Seré pescador". El nombre del Jardín Yipu sugiere que es un lugar para sembrar flores y hierba. El del Jardín Ouyuan significa que el esposo y la esposa se retiran juntos para cultivar la tierra. Bai Juyi, célebre poeta de la dinastía Tang, decía que una pequeña residencia con un estanque, bosques de bambú, puentes, libros, vino, canciones y música eran suficientes para que un hombre de barba blanca viviera descansada y placenteramente hasta su muerte.

Con frecuencia, los jardines de Suzhou son jardines privados asociados a mansiones particulares. El mayor de ellos es el Jardín del Administrador Humilde, que abarca una superficie de unos 50.000 metros cuadrados, y el más pequeño es la Casa de Campo del Bello Entorno, que cubre 2.100. Aunque no es muy grande, sentimos que su espacio aparentemente multidimensional nos ofrece numerosos y bellos paisajes mientras paseamos por el jardín.

La región donde se encuentra ubicada Suzhou no es accidentada ni montañosa. Aún cuando así fuera, las montañas o las colinas no se podían incorporar a los jardines. Por consiguiente, se crearon montículos artificiales de rocas, de modo que los dueños del jardín pudieran disfrutar del placer que proporcionan las colinas y los ríos dentro de la ciudad. La belleza de estos montículos radica en la interrelación que existe entre las piezas primarias y secundarias y las rocas altas y las no tan altas. En algunos casos, los montículos están tachonados de piedras, y en otros, las rocas amontonadas en el jardín están cubiertas de tierra. Las flores y los árboles crecen en los montículos formados por las rocas. Suzhou se encuentra en la ribera del Lago Taihu y las rocas del Taihu siempre han estado entre las preferidas por los constructores de jardines. Las frías piedras parecen cobrar vida después de ubicarlas. En el Jardín Forestal de los Leones, por ejemplo, las colinas artificiales levantadas con rocas dan la impresión de ser picos y cañones. Cuando las cuevas artificiales separan a los visitantes, a algunas personas les resulta difícil encontrar a las otras, entre el laberinto creado por ellas.

La superficie del agua desempeña un importante papel en los jardines de Suzhou. En el Jardín del Administrador

193

Humilde, por ejemplo, el agua cubre las tres quintas partes del total de la superficie. Es algo más que un estático estanque. La superficie del agua la conforman los montículos artificiales, puentes, corredores y pabellones. Los riachuelos de cursos sinuosos y los estanques de formas irregulares parecen naturales.

Las construcciones en los jardines están ingeniosamente diseñadas y dispuestas según las exigencias de su dueño, en lo que respecta a sus paseos, la atención a sus huéspedes o la lectura. La mayoría de las casas, salones, pabellones y corredores son pequeños y exquisitos, llenos de vigor. Especial mención merece la arquitectura del Jardín que Invita al Reposo. Tras caminar por el largo corredor lleno de recodos se entra inmediatamente en el jardín. Tras caminar unos minutos por el corredor, nos sentimos relajados. Se ven diferentes tipos de arquitectura, que dividen el jardín en varias partes. En la sección central, se encuentran estanques y colinas artificiales que sirven de mamparas. Las construcciones dominan la parte este. En la sección oeste, los cauces sinuosos de las corrientes y los exuberantes árboles nos dan la sensación de encontrarnos en un parque natural.

Frecuentemente, en los jardines de Suzhou vemos, por las ventanas, árboles, flores y montículos con arboledas y gran cantidad de orquídeas, lo cual ha sido meticulosamente diseñado por los dueños de los jardines para lograr efectos pictóricos.

Aunque los jardines son pequeños, parecen tener un mayor tamaño, debido a su distribución. Ejemplo de ello es el Jardín del Pescador. A pesar de que cubre una superficie de apenas la sexta parte de la del Jardín del Administrador Humilde, está tan bien diseñado que hay un jardín dentro de otro, un paisaje tras otro, perfectamente yuxtapuestos en un espacio aparentemente multidimensional. Las numerosas casas y salones no se ven amontonados. Los montículos artificiales de rocas y los estanques son pequeños, pero no están hacinados en el jardín.

No debemos suponer que podemos ver un jardín con sólo echarle un vistazo. Con frecuencia, una colina artificial, un muro, una construcción o un bosquecillo de flores, situado no lejos de la entrada, sirve de mampara, lo cual le niega al visitante el privilegio de ver todo el jardín de una sola vez. Los senderos y corredores llenos de recodos y esas "mamparas" se encuentran en todas partes. De esta manera, al pasear por un jardín, a menudo nos preguntamos si podemos seguir adelante, cuando de pronto el sendero o corredor nos conduce a un nuevo paisaje. En este sentido, el Jardín que Invita al Reposo es el más representativo.

Aunque el paisaje de un jardín es limitado en sentido general, éste cambia a cada paso, y cada uno de ellos varía según las estaciones. Un estanque puede ofrecer al visitante peces dorados y flores de loto. Sin embargo, el mismo estanque, mezclado con el paisaje que lo rodea, se vuelve una pintura. En el verano, uno siente una refrescante brisa cuando se sienta cerca del estanque. En el otoño, puede disfrutar del suave tamborileo de la lluvia en las mustias hojas de loto.

Cada entrada y cada ventana constituyen marcos de un bello paisaje. En este sentido, los jardines de Suzhou son más bien rollos de pinturas. Las puertas y las ventanas conectan las distintas secciones de un jardín, contribuyendo a consolidar el sentido del espacio.

Algunos jardines hacen buen uso de los paisajes exteriores, algo así como un "préstamo de ambiente". El Jardín del Pabellón Canglang es representativo en este aspecto. Las colinas artificiales predominan en el jardín. Pero a través de las 100 ó más ventanas que se encuentran a lo largo del corredor, se puede ver la superficie de agua en la parte de afuera del jardín. Las colinas artificiales que hay dentro y el agua que hay afuera se complementan. En la mañana y en el atardecer, la superficie del agua en medio de la niebla añade una belleza bucólica al jardín.

Para comprender y apreciar verdaderamente los jardines de Suzhou, se necesita una buena formación en la cultura tradicional china, porque los jardines incorporan la quintaesencia de la arquitectura, la pintura, la poesía, la caligrafía y el arte del grabado tradicionales del país.

El Comité del Patrimonio Mundial de la UNESCO dice que ningún jardín en el mundo puede reflejar mejor las ideas del diseño de un jardín como los jardines de Suzhou, que crean todo un universo en un espacio limitado. Estos jardines, construidos entre los siglos XVI y XVIII, reflejan el profundo concepto de aprender de la naturaleza y superarla.

194

193 El montículo artificial de rocas en el Jardín Liuyuan (Jardín que Invita al Reposo), que tiene 6,5 metros de altura, es uno de los cuatro famosos montículos artificiales en los jardines de Suzhou.

194 Vista a vuelo de pájaro del Jardín Tuisi. Los jardines de Suzhou son, en general, jardines asociados con mansiones particulares. Las rocas, el agua, la arquitectura, los árboles y las flores son elementos indispensables para la construcción de un jardín.

195

196

195 Vista parcial del Jardín del Administrador Humilde.

196 Vista parcial del Jardín del Pabellón de las Olas. Los artesanos del jardín hacen buen uso de los paisajes exteriores, algo así como un "préstamo de ambiente". El Jardín del Pabellón de las Olas es representativo en este aspecto. Las colinas artificiales de rocas predominan en el jardín. Las colinas artificiales que hay dentro y el agua que hay fuera se complementan. La superficie del agua en la niebla añade una belleza bucólica al jardín.

197

198

197 Vista parcial del Jardín Tuisi. Merecen la atención especial el barco de piedra sobre el estanque y las construcciones en su orilla.

198 Vista de la Casa de Campo del Bello Paisaje que es famoso por sus montículos artificiales de rocas.

199

200

201

199 Jardín Wangshi (Jardín del Pescador), pequeño y pintoresco.

200 Este puente arqueado de piedra, en el Jardín del Pescador, es el más pequeño de esta clase en los jardines de Suzhou, tan pequeño que se llama popularmente "puente de un paso".

201 El piso de los jardines de Suzhou suele estar revestido de guijarros y ladrillos rotos en diferentes formas. La foto muestra los motivos de la flor del manzano silvestre chino.

202 Vista interior de una cámara en el Jardín del Pescador. Merecen la atención especial las esculturas delicadas.

202

203

204

205

206

203 Una ventana en el Jardín que Invita al Reposo. Merece la atención el paisaje de fuera.

204 Una puerta en forma de botella en la Casa de Campo del Bello Paisaje. En la lengua china, "botella" y "paz" son homónimas.

205 Vista del Jardín Yipu, o Jardín del Jardín. El jardín se llamó así para expresar el interés de su dueño de plantar flores y hierbas y su idea de pasar el tiempo libre apartado del mundo.

206 Una ventana del Jardín del Pescador. Merece la atención el paisaje de fuera.

207 Vista interior de la Sala del Disfrute del Pino y la Lectura en el Jardín del Pescador. Las construcciones en los jardines de Suzhou están diseñadas y dispuestas según las necesidades de sus dueños en lo que se refiere a los paseos, la atención de los visitantes o la lectura.

208 El Jardín Forestal de los Leones es famoso por los montículos artificiales de rocas. La foto muestra el paisaje visto desde un montículo.

207

208

Ciudad Antigua de Lijiang

Cuando llegamos a Lijiang, en la provincia de Yunnan, en el Sudoeste de China, no estamos lejos de la legendaria Shangri-la.

En 1933, la palabra Shangri-la apareció en la novela británica *Disappearing Horizon*. Es un lugar que pertenece a deidades y seres humanos, donde la gente vive armoniosamente con la naturaleza. Para escribirla, su autor, James Milton, se inspiró en el Sudoeste de China.

En un principio, la antigua ciudad de Lijiang era el único mercado de la ruta comercial Yunnan-Tíbet. La construcción de la ciudad comenzó hace unos 800 años. En los siglos posteriores, se establecieron tiendas y almacenes que formaron sus calles, y comenzaron a salir y a entrar caravanas. Hoy, muchas de las 6.000 ó más familias que viven en la ciudad de 3,8 kilómetros cuadrados aún se dedican a lo que se dedicaron sus antepasados generación tras generación: a hacer piezas de plata y bronce, curar pieles y administrar hostales y tiendas.

Al caminar por la ciudad, inmediatamente percibimos su antigua y sencilla belleza. Las calles están revestidas con losas de piedra, las cuales, aunque pulidas de tanto pasar por encima de ellas, conservan su apariencia original. El revestimiento de piedra ha protegido las calles del desgaste que producían las herraduras de los caballos de las caravanas y les ha dado a los habitantes de la ciudad la posibilidad de tener menos polvo en los días de sol y de evitar la formación de charcos en los días de lluvia.

A diferencia de las antiguas ciudades chinas, a Lijiang no la circunda ninguna muralla. Además, está desprovista de la línea axial sobre la cual se distribuyen simétricamente las casas y otras construcciones. Las antiguas calles y senderos convergen en la ciudad desde todas direcciones y se incorporan a esos callejones ramificados. Los callejones, a su vez, convergen en cuatro calles principales, que luego se abren y dan a una plaza de 500 metros cuadrados. Esta es la Calle de la Plaza, antiguamente la zona comercial más próspera de la ciudad. Las calles y callejones se ajustan a las estructuras de las viviendas de tierra y madera o de ladrillo y madera. De este modo, la antigua ciudad de Lijiang está dispuesta de una forma natural y en ella se respira un ambiente de tranquilidad.

El trazado más común del patio tradicional de Lijiang es el llamado "patio con habitaciones por tres lados y un muro-biombo frente a la puerta de entrada". Cada casa tiene dos pisos y cada uno de ellos tiene tres habitaciones. La habitación principal en general da al sur y es para el miembro de mayor edad de la familia. Las dos casas en las alas este y oeste, respectivamente, son para las generaciones jóvenes. Hay otra distribución, que también es muy popular. Consiste en una habitación principal, dos habitaciones (una a la izquierda y otra a la derecha) y una habitación de servicio frente a la principal, todo lo cual se combina para formar un patio cuadrangular. Además, el patio, en el centro, tiene un pequeño patio en cada esquina. Este tipo de casas se llama "patio cuadrangular más cuatro patios". El piso del patio está revestido con guijarros de vivos colores, que forman auspiciosos diseños.

Si bien las residencias y calles antiguas le confieren a Lijiang una sencilla belleza y a los que la visitan una sensación de lejanía en el tiempo, las montañas nevadas circundantes y los burbujeantes arroyos que atraviesan la ciudad contribuyen a disminuir la distancia entre el hombre y la naturaleza. Podemos ver la Montaña Nevada del Dragón de Jade que se alza majestuosamente en las afueras de la ciudad, con su pico cubierto de nieve todo el año. El agua helada de la nieve derretida corre por la ladera de la montaña, uniéndose a la de los manantiales que encuentra a su paso. Tres corrientes principales se dividen en numerosos ramales, que corren por las calles de la ciudad. Algunas de ellas atraviesan los muros de los patios, continuando su viaje después de saludar a sus residentes. La corriente más ancha que pasa por la ciudad tiene entre tres y cinco metros de ancho y la más estrecha, apenas uno. Aunque poco profundas, las corrientes de agua cristalina fluyen vigorosamente, como si quisieran desbordarse. En Lijiang, se escucha el agradable burbujeo del agua en todas partes, especialmente de noche, haciendo que sus habitantes experimenten la sensación de vivir rodeados de los manantiales de la montaña. El agua le confiere un ritmo inspirador a la ciudad y hace que la gente se sienta purificada y lejos del mundanal ruido.

Las antiguas calles, los pequeños puentes y los riachuelos conforman la apariencia exterior de Lijiang, cuyos habitantes son el alma de la ciudad.

La mayoría de las personas que viven en Lijiang pertenecen a la etnia *naxi*. Sus antepasados adoraban la naturaleza y veían a varias especies de pájaros y a otros animales como algo divino. Según una leyenda, el hombre y la deidad "Shu" eran hermanos por parte de padre. Shu tenía la responsabilidad de cuidar las montañas, los bosques, los ríos, los lagos, la flora y la fauna. Al principio, los hermanos se llevaban bien, pero más tarde, la avaricia del hombre condujo a la destrucción de los bosques, a la contaminación de los ríos y a la muerte de los animales. Shu se llenó de ira, y decidió castigar al hombre, de ahí las enfermedades, las inundaciones y los terremotos en el mundo. Por consiguiente, la etnia *naxi* efectúa rituales todos los años para ofrecer sacrificios a Shu, rezando para que haya prosperidad y para que no se produzcan desastres.

Se cree que Shu vive cerca de los manantiales. Por lo tanto, los *naxi* prohíben la contaminación de sus aguas y la tala de los árboles a sus alrededores, e incluso no permiten que se haga ruido cerca del nacimiento de los ríos. En Lijiang se ven por doquier lápidas en las que se pueden leer reglas que establecen que se debe tratar bien a las montañas, a los árboles y a las aguas.

Hay muchos pozos en la antigua ciudad. Es muy común que éstos estén constituidos por tres estanques independientes: para beber, enjuagar y lavar. En algunos de ellos se pueden encontrar pequeños tazones para que los transeúntes beban agua. Los habitantes de la ciudad tienen el hábito de limpiar las calles. Antiguamente, después de las actividades comerciales del día, la gente represaba las vías fluviales y el agua corría naturalmente por la Calle de la Plaza y por los callejones aledaños. Aunque este tipo de actividad organizada para limpiar las calles ya no existe, los

209

habitantes de la ciudad todavía cogen agua de los arroyos y limpian la parte de la calle que queda frente a sus casas. Como resultado, las calles de Lijiang están siempre limpias, especialmente por las mañanas.

En la familia *naxi*, las mujeres se encargan de los asuntos familiares y los hombres disponen de más tiempo libre. Las mujeres están ocupadas todo el año, haciendo trabajos pesados y no parecen descansar nunca hasta que envejecen. Sólo ahora pueden recostarse al muro y tomar un baño de sol. La capa bordada sobre sus hombros parece ser un símbolo de la carga de trabajo que llevan sobre sus hombros. Ellas, sin embargo, lo toman todo con calma y se ven sencillas y serenas como si los años no dejaran huellas en sus vidas.

En contraste, muchos de los hombres ociosos son muy versados en poesía, caligrafía, pintura y música. Para ellos, lo importante es heredar y transmitir la cultura tradicional. La música clásica *naxi* se escucha en Lijiang por todas partes. Cada aldea en el campo tiene su grupo de música tradicional. La música tradicional de los *naxi* se considera como un fósil viviente de la música antigua, porque conserva las formas musicales de siglos atrás, o quizás de más de 1.000 años atrás. Estas formas musicales no existen en el resto del país desde hace mucho tiempo.

El hombre, no obstante, no monopoliza la vida placentera y pausada. Cada año se organiza en Lijiang la feria de las flores. En esa época, las familias exhiben sus mejores macetas de flores y sus paisajes en miniatura, compartiendo con los demás su belleza. Los habitantes de la ciudad cultivan flores en sus patios, algo que es para muchos la gran afición de su vida. Los miembros de la familia a menudo se reúnen en el patio cubierto de flores para beber té a sorbos y conversar, pasando el tiempo muy a gusto. Los festines son también parte del estilo de vida agradable en Lijiang. Familiares y amigos organizan clubes de festejos y las familias se turnan para preparar las cenas para los miembros del club. En ocasiones, el festín se efectúa en forma de picnic. Se recoge dinero entre los miembros del club, pero la elaboración de los alimentos está a cargo de una familia diferente cada vez. Con frecuencia, las mujeres desempeñan un papel destacado en este tipo de actividades. Una vez se grabó una conversación entre un periodista extranjero y un anciano de la ciudad. Durante la conversación, el periodista le preguntó a este último si el ritmo de vida en Lijiang era demasiado lento, a lo cual, respondió: "No hay por qué apurarse. Todos emprendemos el camino hacia el final de la vida desde el mismo momento en que nacemos".

Los *naxi* tienen su propia cultura: la cultura Dongba. Esta incluye el sistema de escritura Dongba, los escritos sagrados Dongba, la pintura Dongba, la música Dongba, la danza Dongba y los rituales de sacrificio Dongba. "Dongba", palabra de la lengua de los *naxi*, significa "sabio" o "maestro". Los sabios y maestros *naxi* heredan la cultura antigua étnica y la transmiten a las generaciones más jóvenes. Son personas muy versadas en pictografía y escritos sagrados Dongba. Forman la elite de la cultura Dongba.

Los caracteres Dongba constituyen la única pictografía viviente del mundo actual. Universalmente, los académicos han reconocido que los *naxi* han sido los únicos que han registrado su historia, a lo largo de los siglos, en volúmenes con caracteres que parecen imágenes. Hoy, existen más de 20.000 volúmenes de escritos sagrados Dongba en bibliotecas y museos chinos y occidentales. Estos clásicos son la enciclopedia de la antigua sociedad *naxi*.

El erudito estadounidense Joseph Locke es conocido como "el padre de los estudios sobre los *naxi*". Vivió en la zona de Lijiang durante 27 años, a partir de 1923. En los últimos días de su vida le escribió a un amigo, diciendo: "preferiría morir entre las flores de la Montaña Nevada de Yulong a morir solo en la cama de un hospital".

Lijiang es un lugar inolvidable. En 1997, la ciudad fue incluida en la lista de la UNESCO de los sitios considerados Patrimonio Cultural Mundial.

210

209 Vista a vuelo de pájaro de la Calle de la Plaza, situada en el centro de la ciudad.

210 Parque de la Fuente de Jade, conocido también como Estanque del Dragón Negro. Este es el mayor parque de la ciudad. En el fondo se ve la Montana Nevada del Dragón de Jade, cuyo pico está cubierto de nieve todo el año.

211 Una calle a la orilla de río en Lijiang.

212 "Puentes" como éste se ven por todas partes en la ciudad de Lijiang.

211

212

213

214

213 Vista panorámica de la ciudad, que cubre un área de 3,8 kilómetros cuadrados y cuenta con más de 6.000 familias.

214 La foto muestra un típico patio cuadrangular con edificios de dos pisos y un corredor. Este tipo de casas es muy popular en la ciudad de Lijiang.

215

215 Un pozo en Lijiang cuenta en general con tres pequeños estanques para beber, enjuagar y lavar. El agua del pozo es manantial.

216

217

216 La foto muestra una calle antigua de la ciudad. Las calles de Lijiang están revestidas con losas de piedra, las cuales, aunque pulidas de tanto pasar por encima de ellas, conservan su textura original.

217 Vista exterior de una típica vivienda *naxi*. Merece la atención el viejo vestido en la prenda tradicional étnica *naxi*.

218

219

220

221

218 Una importante característica de los murales de Lijiang consiste en la coexistencia armoniosa entre diferentes religiones y entre diferentes sectas de la misma religión. La foto muestra un mural en el Templo Duhe Dajue.

219 Una orquesta de la música tradicional étnica *naxi*, que data de varios siglos.

220 Una parte del mural en el Templo Dabaoji. Se ven murales en una docena de templos de la ciudad y de sus aldeas cercanas.

221 Los caracteres Dongba de la etnia *naxi* constituyen la única pictografía viviente del mundo actual.

Palacio de Verano

El Palacio de Verano en Beijing fue un jardín imperial de la dinastía Qing (1644-1911), la última dinastía feudal de China. Situado en el extremo noroeste de esta ciudad que se expande rápidamente, se hallaba en sus alrededores décadas atrás.

Antes de la construcción del Palacio de Verano, ya la familia imperial poseía un jardín imperial: el Jardín del Perfecto Esplendor, reconocido en esa época como el jardín más hermoso y magnífico del mundo. En 1774, el emperador Qianlong le dijo a sus descendentes en su "Ensayo sobre el Jardín del Perfecto Esplendor" que no debían abandonarlo nunca por otros nuevos, a fin de no malgastar los recursos de la sociedad. Pero unos pocos años después, este emperador se retractó y ordenó la construcción de otro jardín imperial: el Jardín del Agua Rizada y Limpia, predecesor del Palacio de Verano.

El emperador Qianlong fue el cuarto gobernante de la dinastía Qing. Durante su reinado, China disfrutó de prosperidad económica y estabilidad social. Qianlong hizo seis recorridos por las zonas que se hallan al sur del curso inferior del río Yangtsé, las áreas más prósperas y pintorescas de China. Allí, Su Majestad se enamoró de los jardines privados y consideró que ninguno de los jardines imperiales en Beijing se podía igualar a ellos en belleza y diseño. Por consiguiente, escogió personalmente un palacio al pie de la Colina Occidental (Colina Perfumada) para construir un nuevo jardín imperial que, con un lago y colinas naturales, se adecuara a su gusto artístico.

En 1750, el emperador Qianlong reunió a los mejores diseñadores, arquitectos y artesanos de todo el país y destinó la séptima parte de los ingresos del Estado de ese año a la construcción del Jardín del Agua Rizada y Limpia, supuestamente para controlar las aguas y para celebrar el cumpleaños de la emperatriz madre. La construcción del jardín concluyó en 1764, pero en 1860, las tropas invasoras anglo-francesas incendiaron el Jardín del Perfecto Esplendor y el Jardín del Agua Rizada y Limpia. En 1888, la emperatriz viuda Cixi, soberana *de facto* de China durante las últimas décadas de la dinastía Qing, decidió reconstruir el Jardín del Agua Rizada y Limpia, poniéndole por nombre "Jardín de la Armonía", que más tarde se conocería en Occidente como Palacio de Verano.

El Palacio de Verano abarca una superficie de 290 hectáreas, de la cual las tres cuartas partes están cubiertas de agua. El complejo comprende oficinas, habitaciones y áreas de paisajes.

Las oficinas están situadas en la parte este del jardín. El salón principal, el Salón de la Bondad y la Longevidad, está flanqueado por dos hileras de habitaciones, destinadas a los funcionarios de la corte.

Las habitaciones imperiales se hallan detrás del área de las oficinas. Al pasar el Salón de la Bondad y la Longevidad, podemos ver el Salón de las Ondas de Jade, que solía ser la oficina del emperador Qianlong en el jardín, pero que más tarde se convirtió en la residencia del emperador Guangxu. Fue aquí donde el emperador Guangxu pasó sus últimos años bajo arresto domiciliario, lo cual ocurrió después que la emperatriz viuda Cixi levantara su mano contra él en la lucha por el poder. Después le sigue el Salón de la Hierba Perfumada, la residencia de la esposa del emperador. Detrás del salón se halla la Sala de la Jubilosa Longevidad, donde vivió la emperatriz viuda Cixi. Durante la última etapa de su vida, pasaba las estaciones calurosas en el Palacio de Verano, entre los meses de abril y octubre de cada año. La Sala de la Jubilosa Longevidad es el que está dotada de mayor comodidad en el Palacio de Verano, con un teatro imperial al aire libre y la Larga Galería Abierta, a apenas unos pasos de distancia.

222

Los chinos piensan que los mejores jardines son aquellos que incorporan la quintaesencia de los paisajes naturales y que armonizan lo artificial con lo natural. El área donde se encuentra el Palacio de Verano tenía abundantes manantiales y contaba con una enorme superficie de agua. Primeramente, los constructores ampliaron el área del Lago Wongshan e hicieron confluir todos los lagos, charcas y estanques de diversos tamaños en un gran lago, al cual se le puso el nombre de Lago Kunming. Después se construyó un gran dique que lo atravesaba, para represar el agua y elevar su nivel. La tierra de la excavación del lago se utilizó para aumentar el tamaño de la Colina Wongshan, a la que se le dio el nuevo nombre de Colina de la Longevidad para celebrar los 60 años de vida de la emperatriz viuda Cixi.

El Pabellón Budista de la Fragancia, sobre la Colina de la Longevidad, sirve como punto de referencia del Palacio de Verano. Mide 41 metros de alto y está magníficamente decorado. Cuando subimos a la colina desde donde se domina el Lago Kunming, podemos ver el lago, la Colina Occidental y la pagoda que se halla encima de ella, a unos doce kilómetros de distancia. La pagoda y la colina se reflejan en el lago, las cuales se combinan para expresar el concepto de lo pintoresco en la pintura paisajística tradicional china.

El lago es un modelo perfecto de la construcción de jardines chinos tradicionales, que llama a hacer el mejor uso del entorno para asegurar una perfecta armonía entre lo creado artificialmente y los paisajes naturales. En la parte occidental del lago, un largo dique divide la superficie del agua en tres partes, en cada una de las cuales hay una isla, que simbolizan las tres islas de las hadas en medio del mar, donde se cree que viven los inmortales. Al pie de la Colina de la Longevidad, una galería de 728 metros de largo serpentea por la orilla del Lago Kunming. Al pasear por la galería, podemos disfrutar del lago y de la colina, así como de los jardines y patios que se hallan al pie de ésta. La Larga Galería no sólo protege a las personas de la lluvia y del sol, sino que también se presenta como la "galería de arte" más larga del mundo. Sus vigas están llenas de pinturas de colores muy vivos, la mayoría de las cuales muestran episodios de piezas de la ópera tradicional o paisajes.

Si caminamos por detrás de la Colina de la Longevidad, sentimos que nos encontramos en un mundo de paz y tranquilidad, donde se ven las estructuras de los templos budistas, ya sean al estilo de los *han* o de los tibetanos, en medio de verdes y exuberantes bosques. La zona, que se encuentra a sólo 50 metros del muro del jardín, no tenía paisajes naturales, pero los constructores de la antigüedad abrieron un canal que pasaba por el pie de la colina y desviaba el agua del Lago Kunming hacia ella, y después construyeron colinas en miniatura con la tierra de las excavaciones del canal. A cada orilla del canal de 300 metros, hay una serie de tiendas de tradicional estilo arquitectónico: la "calle Suzhou", inspirada en las calles comerciales a orillas del río en Suzhou, de las cuales quedó prendado el emperador Qianlong.

Los pequeños jardines dentro de un gran jardín constituyen un rasgo notable del diseño de los jardines chinos. El Jardín de los Gustos Armoniosos en el Palacio de Verano es un buen ejemplo de ello. El emperador Qianlong ordenó construir el jardín cuando regresó de Wuxi, una pintoresca ciudad que se halla al sur del curso inferior del río Yangtsé, donde quedó fascinado por un jardín llamado "Reposo Mental". El Jardín de los Gustos Armoniosos, inspirado en él, es más bien pequeño y tiene pabellones y corredores detrás de un estanque de lotos. Cinco pequeños puentes lo cruzan, uno de los cuales se llama "Zhiyu" o "Conocer al Pez". El nombre tiene su origen en una conocida conversación que sostuvieron dos filósofos hace unos 2.000 años. "¡Mira qué felices están los peces, nadando de un lado a otro en el agua!", exclamó uno de ellos, Zhuang Zhou. Hui Zi, el otro filósofo preguntó: "¿Cómo sabes que son felices si no eres uno de ellos?" Zhuang Zhou respondió: "¿Cómo sabes que no lo sé si tú no eres yo?" En el Palacio de Verano existen más de 100 lugares pintorescos, los cuales se integran para representar una combinación perfecta de la grandeza imperial y la belleza natural. En el jardín también hay 3.000 construcciones, diseñadas y levantadas de manera tal que forman parte integral de todo el paisaje.

El Palacio de Verano, el mayor y mejor conservado jardín imperial del mundo, fue inscrito en la lista de la UNESCO del Patrimonio Cultural Mundial en diciembre de 1998. Al evaluar la importancia cultural del jardín, un informe del Comité del Patrimonio Cultural de la UNESCO lo describe como "el arquetipo de las ideas y prácticas de la construcción de jardines chinos". "Estas ideas y prácticas", señala el informe, "han desempeñado un papel clave en la promoción del desarrollo del arte de la construcción de los jardines orientales".

222 El Pabellón Budista de la Fragancia, con 41 metros de altura, sirve como punto de referencia del Palacio de Verano. En el Pabellón, se ve una estatua de Buda de cinco metros de altura.

223 Vista del Palacio de Verano. El Pabellón Budista de la Fragancia, sobre la Colina de la Longevidad, sirve como cuerpo principal del paisaje del Palacio de Verano. Este es el mayor y mejor conservado jardín imperial en China.

223

224

225

225 El Barco de Mármol del Palacio de Verano, conocido como Qingyan Fang, tiene 36 metros de largo.

226 Puente de 17 Arcos, que une el sector este del dique del Lago Kunming con una isla situada en la parte sur del lago. El puente, con 150 metros de largo, cuenta con 544 leones de piedra en diferentes posturas tallados en las balaustradas.

227 Puente del Cinturón de Jade sobre el Lago Kunming.

228 La calle comercial detrás de la Colina de la Longevidad se llama comúnmente Calle Suzhou, inspirada en las calles comerciales a orillas del río en Suzhou. Las tiendas abrían sus puertas sólo cuando venían el emperador y su esposa, y los eunucos y damas de palacio servían como vendedores y compradores.

224 El Jardín de los Gustos Armoniosos del Palacio de Verano, que fue construido tomando como modelo el Jardín Jichang de Wuxi, provincia de Jiangsu, es considerado como "jardín dentro del jardín".

226

227

228

229

230

231

229 Pabellón del Dios de la Literatura. En tiempos antiguos se veneraba a este dios taoísta como el guardián de los hombres de letras.

230 La Larga Galería de 728 metros de largo, que serpentea por la orilla del Lago Kunming, cuenta con más de 14. 000 pinturas de colores vivos, cuya mayoría muestra episodios de la ópera tradicional o de paisajes.

231 Detrás de la Colina de la Longevidad, se encuentra un mundo de paz y tranquilidad donde se ven templos budistas al estilo tibetano en medio de verdes y exuberantes bosques.

232 La ladera sur de la Colina de la Longevidad, que mira el Lago Kunming, dispone de un conjunto de construcciones dispuestas en orden simétrico y a diferentes alturas.

232 ▶

Templo del Cielo

El Templo del Cielo de Beijing es el mayor grupo arquitectónico edificado en el mundo para ofrecer sacrificios al cielo.

¿Por qué eran necesarias estas ofrendas? Nuestros antepasados creían que el cielo dominaba todo en la tierra y distribuía fortuna o desgracia entre la gente. Podía traer buen tiempo para los cultivos, felicidad y paz, y también desastres, guerras y epidemias al mundo. Como resultado, comenzaron a ofrecer sacrificios al cielo hace más de 3.000 años. Aprovechando el temor y el respeto de la gente al cielo, los emperadores se autodenominaron "hijos del cielo" declarando que poseían el mandato divino para dominar el mundo. Por ende, todas las dinastías tenían altares en sus capitales para ofrecer dichos sacrificios. Además, se dio a conocer que sólo el emperador podía hacer esta ofrenda.

El Templo del Cielo, que vemos hoy en las afueras sur de Beijing, era un lugar donde los emperadores de las dinastías Ming (1368-1644) y Qing (1644-1911) oraban y ofrecían sacrificios para implorar al cielo buen clima y ricas cosechas. El Templo del Cielo se construyó en 1420. Al principio, se le llamó "Templo del Cielo y de la Tierra", porque las ceremonias de ofrendas al cielo y a la tierra se celebraban juntas. En 1530, el emperador Jiajing de la dinastía Ming decidió que los ritos de sacrificios al cielo y la tierra se hicieran individualmente, e instruyó que los templos dedicados a las ofrendas a la tierra, el sol y la luna se construyeran en las afueras - al norte, al este y al oeste respectivamente. Al propio tiempo, el Templo del Cielo y de la Tierra se reconstruyó y se amplió, dándosele un nuevo nombre: "Templo del Cielo". Más tarde, los emperadores de la dinastía Qing introdujeron cambios relacionados con el templo en repetidas ocasiones, pero la disposición básica se mantuvo intacta.

El terreno donde se halla el Templo del Cielo es más bien cuadrado. Las dos esquinas del lado sur forman ángulos rectos mientras que las del norte son curvas, lo que representa el concepto de los chinos antiguos de que "el cielo es redondo, y la tierra, cuadrada". El templo cubre 2.730.000 metros cuadrados de superficie, cuatro veces mayor que la de la Ciudad Prohibida. En ella, las construcciones no son numerosas, pero la vegetación es exuberante. El templo está rodeado de dos murallas, una interior y otra exterior. El área dentro de la muralla interior se llama "templo interior" y el área entre las dos murallas se conoce como "templo exterior". Las principales construcciones del Templo del Cielo están en la muralla interior, situadas sobre la línea axial norte-sur. En el extremo sur se encuentra la Terraza Huanqiu, o Altar de la Terraza Circular, y en el extremo norte, el Altar para las Rogativas por las Buenas Cosechas.

El Altar de la Terraza Circular es la construcción más importante del Templo del Cielo. Era el lugar donde se celebraban los ritos de sacrificios al cielo. En el centro se halla la terraza circular de piedra, que tiene tres niveles y cinco metros de altura. La terraza se construyó sin techo, porque los emperadores ofrecían sacrificios al cielo al aire libre. En el centro del piso superior del Altar hay una losa redonda de menos de un metro de diámetro. Se llama Piedra del Corazón del Cielo. Si una persona habla en voz baja en ella, escucha sus propias palabras con mayor sonoridad, como si mucha gente le respondiera. Por esa razón, se llamó "Millones detrás de ti" a este lugar, y también para significar que el emperador contaba con el apoyo de todo el pueblo cuando ofrecía sacrificios al cielo.

El entorno del Altar de la Terraza Circular es solemne y tranquilo. Aquí llegaban los emperadores con el fin de ofrecer sacrificios al cielo. Las grandes ceremonias se celebraban antes del amanecer de cada Solsticio de Invierno. Entonces, las linternas colgaban de los postes delante del Altar. El humo del incienso salía en espirales de los pebeteros para que llegara, supuestamente, a las deidades en el cielo. Se encendían sacrificios en una docena dc hornos alineados en el Sudeste. La combinación de todo esto, en medio de la música, creaba una atmósfera misteriosa.

Al norte del Altar de la Terraza Circular, se encuentra

un patio también circular, en el centro del cual se halla la Bóveda Imperial del Cielo, flanqueada por las salas del este y el oeste. Allí se guardaban las tablillas divinas cuando no había ceremonias. La muralla de poca altura que lo rodea se conoce como el Muro del Eco. Cuando una persona susurra en un extremo, otra, ubicada en el extremo opuesto, puede escuchar claramente el susurro. Alrededor del centro de la sala hay losas dispuestas a modo de abanico, que a su vez forman nueve círculos. El círculo interior se compone de ocho losas y el número de losas en cada círculo se multiplica en progresión geométrica, para un total de 360 piezas. El número 8 representa ocho direcciones fundamentales de la rosa de los vientos (este, sur, oeste, norte, nordeste, noroeste, sudeste y sudoeste).

Al pasar la puerta norte del patio de la Bóveda Imperial del Cielo, pasamos por un camino empedrado que une el Altar de la Terraza Circular con el Altar para las Rogativas por las Buenas Cosechas. El camino, de 360 metros de largo y 29,4 metros de ancho, se llama Danbiqiao, que literalmente quiere decir "Puente de la Escalinata Roja". El camino se eleva gradualmente de sur a norte, para significar el largo camino que hay que recorrer para llegar al cielo. Se divide en tres tramos. El central, llamado "Camino Divino", estaba reservado para las deidades, el tramo oriental, o "Camino Imperial" era para uso exclusivo del emperador, y el tramo occidental, o "Camino de los Señores" era el que utilizaban los nobles y funcionarios de la corte.

Al final del camino se halla el Altar para las Rogativas por las Buenas Cosechas. La Sala Qinian, que significa Sala para Rezar por Cosechas Ubérrimas, es la construcción más bella del Templo del Cielo. Se encuentra sobre una plataforma circular de piedra que consta de tres pisos, cada uno de los cuales tiene balaustradas esculpidas en mármol blanco. La construcción tiene 38 metros de altura y triple tejado de cerámica vidriada de color azul oscuro. Tanto su interior como su exterior están delicadamente decorados. Se considera una obra maestra de la arquitectura tradicional china de estructuras de madera.

Además, el Templo del Cielo cuenta con varios edificios auxiliares. Entre otros se encuentra la Sala de Ayuno. En ella, los emperadores ayunaban antes de la ceremonia de sacrificios al cielo. También están el lugar para los animales sacrificiales y un salón para la representación de la música divina.

¿Cómo lograron los arquitectos diseñar el templo de modo que fuera un lugar de oración que a la vez sirviera de ara para ceremonias sacrificiales?

233

Primero, las formas circular y cuadrada se aplicaron ampliamente, porque, como expresamos anteriormente, los chinos antiguos creían que el cielo era redondo, y la tierra, cuadrada. Las murallas de la parte norte del templo, que tienen una forma curva, representan la bóveda celeste. Las del extremo sur tienen ángulos rectos, y representan la tierra cuadrada bajo el cielo. Las tres construcciones principales - el Altar de la Terraza Circular, la Bóveda Imperial del Cielo y la Sala para Rezar por Cosechas Ubérrimas- tienen formas circular.

Los números con alto sentido simbólico desempeñaron un importante papel en la construcción del templo. Nuestros antepasados creían que todas las cosas bajo el sol se dividían en dos categorías básicas: el *yin* y el *yang*, o sea, el negativo y el positivo. El cielo, el emperador y los números impares representan el *yang,* cuyo número más alto era el 9. Los chinos antiguos solían usar la frase "el noveno cielo" para significar el lugar más alto del firmamento, donde vivía el Emperador del Cielo, gobernante supremo del universo. Por todo lo anterior, el número 9 se utilizó mucho en la construcción de este templo.

En el centro del piso superior del Altar de la Terraza Circular, por ejemplo, hay una piedra redonda, y a su alrededor, otras nueve. El primer círculo se compone de 9 losas y el círculo inmediatamente detrás de él, de 18 (9 multiplicado por 2), y así sucesivamente hasta el último círculo, que tiene 81. Es decir, son nueve círculos concéntricos. Las escaleras de piedra que conducen a cada uno de los tres pisos tienen todas 9 escalones. La Sala para Rezar por las Cosechas Ubérrimas tiene funciones diferentes a las del Altar de la Terraza Circular. Los números están relacionados, en su mayoría, con la agricultura y las estaciones. Las 28 columnas de madera *nanmu* de la sala están repartidas en tres círculos. Las 12 columnas que apoyan el primer techo simbolizan las horas del día según el calendario chino (en la China antigua, el día estaba dividido en doce horas). Las 12 columnas en el círculo central que apoyan el techo central simbolizan los doce meses del año. El número de columnas de los círculos exterior y central suman 24, que simbolizan los veinticuatro períodos solares del calendario lunar chino. Las 4 columnas en el círculo interior representan las cuatro estaciones del año.

En cuanto a los colores de las construcciones, el color amarillo representa la tierra, y el azul, el cielo. Por consiguiente, el color azul se utilizó abundantemente en las construcciones del templo. Los techos de la Bóveda Imperial del Cielo y de la Sala para Rezar por Cosechas Ubérrimas, por ejemplo, están cubiertos de tejas vidriadas azules. Lo mismo ocurre con las cubiertas de algunas murallas y salas laterales. En el templo hay 60.000 cipreses, de los cuales más de 4.000 tienen por lo menos cien años de antigüedad. Los árboles de hojas perennes, los escalones, terrazas y balaustradas de mármol blanco, los techos azules y el cielo azul se combinan para crear una atmósfera solemne, sagrada y noble.

En 1998, el Templo del Cielo fue incluido en la lista de la UNESCO como Patrimonio Cultural Mundial. La UNESCO destacó el valor del templo en tres aspectos. Primero: es una obra maestra tanto por su diseño arquitectónico como por su paisaje. Además, el templo refleja modesta y claramente algunos conceptos muy importantes del universo, que produjeron un gran impacto en el desarrollo de una de las civilizaciones más grandes del mundo. Segundo: desde hace muchos siglos el diseño y la disposición singulares del Templo del Cielo han influido grandemente en los terrenos de la arquitectura y la planificación en el Lejano Oriente. Tercero: simboliza la "legitimidad" de la monarquía china que gobernó este país oriental durante más de dos mil años.

233 Sala para Rezar por Cosechas Ubérrimas después de la lluvia. La sala es una construcción simbólica del Templo del Cielo.

234 Vista a vuelo de pájaro de la Sala para Rezar por Cosechas Ubérrimas, una estructura de 31 metros de altura que se encuentra en una plataforma de tres pisos.

234

235

235 Las construcciones principales del Templo del Cielo están dispuestas en orden simétrico sobre la línea axial norte-sur. En el extremo sur de la línea axial está el Altar de la Terraza Circular donde los emperadores celebraron ceremonias para ofrecer sacrificios al Cielo.

236 En el extremo norte de la línea axial, está el Altar para las Rogativas por las Buenas Cosechas. Merecen la especial atención la muralla que rodea el Altar y la Sala para Rezar por Cosechas Ubérrimas. La muralla es cuadrada y la sala, redonda, lo que expresa el concepto del universo de los antiguos chinos en el sentido de que "el Cielo es redondo y la Tierra, cuadrada".

237 El Puente de la Escalinata Roja, que liga el Altar de la Terraza Circular y el Altar para las Rogativas por las Buenas Cosechas, tiene 360 metros de largo y cerca de 30 metros de ancho. El puente se divide en tres tramos. El tramo central llamado "Camino Divino" servía para las deidades, el tramo oriental llamado "Camino Imperial" estaba reservado para el emperador, y el tramo occidental llamado "Camino de Señores" era para los nobles y funcionarios de la corte.

238 En el Templo del Cielo, hay 60. 000 cipreses, de los cuales 4.000 tienen por lo menos 100 años de antigüedad. Estos árboles ayudan a crear una atmósfera solemne y sagrada para la oración y ofrenda de sacrificios al Cielo.

236

237

238

239

240

241

239 Sala de Ayuno para los emperadores antes de celebrar ceremonias para ofrecer sacrificios al Cielo.

240 Sobre la terraza de piedra en la Sala para las Rogativas por las Buenas Cosechas, está colocada la Tableta Imperial dedicada al Cielo. Las cuatro columnas de la sala simbolizan las cuatro estaciones del año.

241 La Bóveda Imperial del Cielo es rodeada por una muralla baja. Cuando una persona susurra en un extremo, otra, ubicada en el extremo opuesto, puede captar claramente el susurro. Es conocida popularmente como Muro del Eco.

242 En la Sala para las Rogativas por las Buenas Cosechas, hay 28 columnas que forman tres círculos. Merece nuestra especial atención el techo artesanado de la sala.

242 ▶

Monte Wuyi

En el norte de la provincia de Fujian, en el sudeste de China, se encuentra el Monte Wuyi, a 650 metros sobre el nivel del mar. Este monte no es tan imponente, pero es famoso por su bello paisaje, su larga historia y su gloriosa cultura.

Si compararámos la naturaleza con la obra de un pintor, el Monte Wuyi podría considerarse como la obra maestra en acuarela de este pintor. El artista necesitó, por decirlo de alguna manera, varios cientos de millones de años para reproducir y pintar como fondo su topografía, donde predomina la arenisca roja, acomodar los 36 picos en diferentes posiciones, cubrirlos luego de árboles y pastos, y después transportarlos por el aire para unirlos, como si fuera una cinta de jade. Cuando las nubes se desvanecen y la neblina se disipa entre las verdes aguas y las montañas de arenisca roja, cuando las aves raras revolotean y las mariposas danzan sobre los cultivos de té bajo los rayos del sol, y cuando se escucha el chirrido de insectos con una historia de cientos de millones de años, este cuadro cobra vida y le presenta al mundo un milagro de la naturaleza.

Tanto los turistas como los ermitaños, que visitan hoy el Monte Wuyi como lo hicieron los miembros de la etnia *min* varios miles de años atrás o como lo hizo el famoso geógrafo y viajero Xu Xiake hace cientos de años, navegan corriente abajo por el "Río de las Nueve Curvas" hacia la bella pintura del paisaje, para adentrarse en lo que los taoístas consideran la morada de los inmortales.

Al navegar por las turbulentas aguas, la balsa zigzaguea por entre los coloridos picos montañosos, algo que pone de manifiesto lo sinuoso de este valle junto al monte. Cada una de las nueve curvas tiene su propio paisaje. En algunas, las aguas son turbulentas y rápidas y en otras, son tan poco profundas que se pueden vadear.

Si miramos hacia arriba, podemos ver, de tiempo en tiempo, algunos sepulcros en lo alto de las cuevas y grietas de los riscos, a ambos lados de la correntada. Son tumbas de los miembros de los antiguos grupos de la etnia *min*, que vivieron en el período neolítico. Estos ataúdes tienen forma de bote, y algunos, hasta tienen remos. Uno de ellos tiene casi 4.000 años de antigüedad y es el más antiguo que se conserva hasta nuestros días.

¿Por qué los ataúdes tenían forma de bote? Cuenta la leyenda que estos ataúdes con forma de bote podían ser utilizados por los dioses para transportar las almas de los muertos al paraíso, y que el Dios del Monte Wuyi, cuando invitaba a sus vecinos del monte a la fiesta del cielo, utilizaba los tablones conocidos como "puente de tablones del arco iris", para tender un puente al paraíso, a fin de que pudieran subir. Los arqueólogos creen que esta costumbre sepulcral refleja parte de los hábitos de vida de los miembros de la antigua etnia *min* que vivían cerca de los ríos.

¿Cómo pudieron los *min* subir los ataúdes hasta una altura de 40 metros y colocarlos en cuevas o grietas? No se han podido encontrar las respuestas en los botes ni en los tablones, que permanecen allí como mudos testigos de una antigua civilización perdida. No muy lejos de las montañas están las ruinas de una antigua ciudad construida en el siglo primero, ejemplo del esplendor de la civilización del grupo étnico *minyue*, descendiente de la antigua etnia *min*. Aunque los palacios, torres y pabellones, así como también las residencias de los reyes y de sus aristócratas desaparecieron hace mucho tiempo, aún podemos encontrar señales de las pasadas glorias de esta ciudad.

El Monte Wuyi y sus aguas son milagrosos. La introducción del taoísmo en el siglo VIII envolvió a las montañas y sus ríos en una atmósfera de tierra encantada. El monte es visto y respetado por el taoísmo como la morada de los inmortales. En consecuencia, muchos lugares del

243

monte llevan en su nombre la palabra *xian*, que significa inmortal, entre los que se encuentran Xianyiting (Pabellón donde los inmortales juegan al ajedrez), Yanxiantan (Lugar de los Festejos de los Inmortales) Xianyouyan (Roca visitada una vez por los Inmortales) y Xianrenchuang (Cama de los Inmortales).

El monte también tiene una larga historia budista. El budismo fue introducido aquí en el siglo VIII, y comenzó a disfrutar de un largo período de creciente popularidad después del siglo XI. El Templo Tianxin Yongle, o Templo de la Felicidad Eterna, tiene una historia de casi 1.000 años y todavía hoy atrae a muchos creyentes.

El Monte Wuyi es también la cuna de lo que se conoce en Occidente como neo-confucianismo, desarrollado sobre la base del confucianismo tradicional. Esta escuela de confucianismo, o de confucianismo filosófico, fue la escuela filosófica ortodoxa autorizada por la corte imperial de las dinastías que reinaron desde el siglo XIII hasta el siglo XX. Esto tuvo un gran impacto de todos los aspectos de la vida social de los chinos. Su influencia también llegó al Este de Asia y al Sudeste Asiático, y fue reconocida como representativa de la civilización del Este de Asia. Zhu Xi (1130-1200), fundador de dicha filosofía, vino a estudiar al Monte Wuyi a los 14 años de edad. Permaneció allí por más de 50 años, escribiendo libros y fundando su propia escuela de pensamiento, y dedicando parte de su tiempo a la enseñanza. Fundó la Academia de Enseñanza Clásica de Ziyan y la Academia de Enseñanza Clásica de Kaoting. Muchos de sus alumnos se convirtieron en renombrados maestros, quienes diseminaron y desarrollaron la escuela del idealismo filosófico confuciano. Parte de la fama del Monte Wuyi se debe a su escuela filosófica.

Los maestros del confucianismo, monjes budistas y taoístas convivieron pacíficamente en este monte. Podríamos imaginar la escena de una noche en la que, bajo la misma luna, un monje taoísta fabrica las píldoras para la inmortalidad en su estufa mientras un monje budista recita sutras, o escrituras sagradas del budismo, y al mismo tiempo un maestro confuciano camina por los senderos del monte, mientras medita acerca de alguna complicada problemática de la vida.

La mayor parte de los lugares del planeta que se hallan a lo largo de la línea de los 27 grados de latitud norte son desiertos, con muy poca vegetación. El Monte Wuyi es el único sitio en la misma latitud que posee una franja forestal virgen, bien conservada. Así, se ha convertido en un refugio natural para la vida salvaje. En el monte viven un total de 3. 728 especies vegetales y 5.110 especies animales, incluyendo la rara especie conocida como el tigre del Sur de China, leopardos, venados de copete y tragopanes de vientre amarillo. Este monte también es muy rico en insectos, pues posee un total de 4.635 especies, entre ellas 200 de mariposas. Una de las mariposas más valiosas del mundo es la bella *teinopalpus aereus*. Actualmente, existen solamente 12 especies en todo el planeta, once de las cuales están en el Monte Wuyi.

De todas las plantas, la del té yancha de Wuyi es la más famosa. Ya en la dinastía Song (960-1.279), el té yancha de Wuyi se había convertido en un artículo que se ofrecía como tributo a la corte imperial, la cual había establecido una plantación en el propio monte para supervisar su producción. A partir del siglo XVII, el té yancha de Wuyi comenzó a venderse a Europa y América.

El mejor té yancha se llama Dahongpao (Toga Grande y Roja). A principios de la primavera, los árboles de té se cubren de rojo cuando florecen. Al mirarlos de lejos parece que estuvieran vestidos con una gran toga roja, de ahí su nombre. Los únicos tres árboles de esta especie que aún viven tienen más de 300 años de edad, y su producción muy limitada. Como resultado, este tipo de té es muy preciado.

A lo largo de los últimos mil años, se ha establecido una única ceremonia del té. La población local ha desarrollado 27 diferentes rituales para beberlo, lo cual encarna el gusto estético de la China antigua.

Hasta la fecha, se desconoce cuando comenzó a plantarse el té yancha en el Monte Wuyi. Pero eso no importa. Tal como lo hizo el famoso poeta Fan Zhongyan de la dinastía Tang, podemos creer que los primeros árboles de té fueron plantados allí por las hadas.

El Monte Wuyi fue incluido en la lista de la UNESCO como Patrimonio Cultural y Natural Mundial en diciembre de 1999.

244

243 La Roca Shaibu, "shaibu" que significa "secando la tela al sol". Se llama así porque la erosión por el agua llovediza hace su vista asemejarse a piezas de tela que se secan al sol.

244 Vista a vuelo de pájaro del Monte Wuyi. El monte, con una altura de 650 metros sobre el nivel del mar y situado en el norte de la provincia de Fujian, se caracteriza por la topografía de aguas verdes y montañas de arenisca roja.

245 Pico del Monte Wuyi en nubes. El pico, llamado "Dengtianyou" que significa "ascensión al Cielo para una visita", es el mejor lugar para contemplar el paisaje del Monte Wuyi.

246 Cumbre de la Doncella de Jade a la orilla de la segunda curva del río Nueve Curvas. La cumbre corta en dos el Monte Wuyi.

247 Esta mariposa llamada *teinopalpus aureus* pertenece a una especie extremadamente rara. Mariposas vivas de este especie son raramente vistas.

248 El ave que muestra la foto se llama Faisán Plateado. El Monte Wuyi es conocido como "paraíso de pájaros, mundo de insectos y reino de serpientes".

249 El río "Nueve Curvas" mide 9,5 kilómetros.

250 Encontrándose a 2.158 metros sobre el nivel de mar, la Montaña Huanggang es la cumbre más elevada del Monte Wuyi. La Montaña Huanggang cuenta casi con el ecosistema más completo y mejor conservado de las zonas forestales subtropicales.

249

247

248

250

251

252

251 Templo Taoísta Tianyou en el Monte Wuyi. El Monte Wuyi había sido el santuario del taoísmo en el Sur de China.

252 El Palacio Wuyi construido en el siglo VIII, que contaba con 300 construcciones en su época de esplendor, es uno de los seis más importantes monasterios taoístas de China.

253

254

255

256

253 Más de 4.000 reliquias se han desenterrado en las ruinas del complejo palaciego del Reino Minyue. La foto muestra una teja terminal de aquel período. Los dos caracteres significan "una larga vida".

254 Ruinas del complejo palaciego del Reino Minyue. El complejo data de 2.355 años.

255 Academia de Enseñanza Clásica de Wuyi fundada por Zhu Xi (1130-1279), fundador de lo que es conocido en el Occidente como "neo-confucianismo". Aquí Zhu Xi dedicó diez años a la enseñanza.

256 El Monte Wuyi es famoso por el té yancha, que era un artículo de tributo a la corte imperial. La foto muestra una antigua plantación imperial de té.

Esculturas Rupestres de Dazu

El arte rupestre del Norte de China se expandió por un largo tiempo en la antigüedad. Las Grutas de Mogao en la provincia de Gansu, en el Noroeste, las Grutas de Yungang en la provincia de Hebei, en el Norte, y las Grutas de Longmen en la provincia de Henan, en la parte central de China, se encuentran incluidas en la lista de la UNESCO como Patrimonio Cultural Mundial. No obstante, desde mediados del siglo VIII, los pobladores del Norte de China dejaron de tallar cavernas para adorar a Buda. Casi simultáneamente, la población de una localidad del Sudoeste del país comenzó a labrar imágenes budistas en los precipicios. Con el paso del tiempo, estas imágenes se conocieron como "las esculturas en los precipicios de Dazu", que llevaron al arte rupestre a su punto más alto.

Dazu, que significa "buena cosecha y gran abundancia", es un distrito bajo la jurisdicción de lo que hoy es el municipio de Chongqing. Por su importancia cultural, en esta "tierra de esculturas en los precipicios", hay 75 lugares bajo protección estatal. Se encuentran allí más de 50.000 estatuas, la mayoría de las cuales se labraron en el período de las Cinco Dinastías (907-960) y la dinastía Song (960-1279). De ellas, más del 70% pertenecen a la dinastía Song. Las estatuas más representativas y magníficas están labradas en los riscos de las Montañas Beisan, Baoding, Nanshan, Shizhuan y Shimen.

El arte rupestre llegó a China desde la India en el siglo III. Las estatuas en las primeras grutas, de las cuales las de Yungang son las más representativas, presentan rasgos de las minorías étnicas del Norte y tienen cierta similitud con las estatuas de la India. Poco a poco, años después, comenzó a observarse una integración de las culturas china e hindú en el arte rupestre de las grutas, siendo las de Longmen su mejor exponente. En contraste, los riscos labrados de Dazu pertenecen puramente al estilo artístico chino. Las imágenes de Buda labradas en los riscos tienen aquí los mismos rasgos y llevan las mismas ropas que los peregrinos chinos. Al mismo tiempo que se muestran lo suficientemente "divinas" como para inspirar reverencia, sus rostros reflejan dulzura.

Veamos cómo se representa a Avalokitesvara, la Diosa Budista de la Misericordia, en las esculturas de los riscos de Dazu. Aunque los más antiguos sutras budistas describen a Avalokitesvara como hermafrodita, en China es una diosa. En los riscos labrados de Dazu, en particular, se la presenta como una dama de apariencia muy amable, de gran corazón, poseedora de gracia y belleza. Una de las estatuas la muestra como una tímida y delicada joven, como "la diosa del candor". Otra escultura tiene dos acompañantes, un hombre apuesto y una joven hermosa -una "pareja ideal" a los ojos de cualquier persona.

Aquí, todos los dioses y diosas budistas reflejan paz y amabilidad. Sólo unos pocos tienen sus cuerpos expuestos y muchos llevan finas ropas interiores para cubrir sus partes íntimas, lo que hace pensar a los observadores en las concepciones estéticas y valores éticos de etapas anteriores de la historia de China.

Las enseñanzas budistas, en su concepción original, fueron con mucha frecuencia más allá de la comprensión de la mayoría de los creyentes. En los riscos labrados de Dazu encontramos una forma exclusiva de difundir estas enseñanzas. Varias de las esculturas que allí se encuentran se pueden comparar con un conjunto pictórico: senderos sinuosos de montañas, bosques y, además, un hombre que azota un búfalo, al que luego hace caminar, y finalmente toca la flauta y se echa una siesta sobre su espalda. El búfalo es rebelde al principio, pero, gradualmente, se vuelve sumiso. De hecho, la serie pictórica de 27 metros de largo relata la esencia de la enseñanza budista. La doma del búfalo está relacionada con el cultivo del mundo interior de la persona.

257

El hombre encuentra dificultades en su propio desarrollo, avanza poco a poco en el camino, y finalmente descubre la esencia del budismo y alcanza la superación de Buda. Este es un ejemplo típico de cómo las esculturas de los riscos de Dazu cuentan la historia del budismo, por medio de escenas de la vida diaria – se pueden ver criando pollos, tomando vino, divirtiéndose, cantando y bailando.

El budismo enfatiza la salvación del alma. Aboga por la igualdad entre los hombres y está en contra de las distinciones entre gobernantes y gobernados, amos y esclavos, padres e hijos. No obstante, la sumisión a los padres es la esencia de la ética tradicional china, lo que inicialmente fue un desafío al budismo cuando este se introdujo en China. Para poder hacerlo, el budismo cedió su lugar a la ética tradicional china y el budismo chino estableció como regla que los seguidores del budismo deben acatar lo que dicen sus padres y que la religión debe respetar al soberano.

Este tema encontró su expresión en muchos de los riscos labrados de Dazu. Las esculturas en la Montaña Baoding muestran en detalle el duro sufrimiento de los padres durante la crianza de sus hijos, y lo que tanto hijos como hijas deben hacer para cumplir sus deberes para con sus padres. Invariablemente, hay palabras inscritas al respecto en todas estatuas, para enseñar a la gente a estar siempre agradecida por la bondad de sus padres. También hay estatuas que muestran lo que una persona es capaz de hacer bajo la influencia del alcohol — el padre a sus hijos, el esposo a su esposa, el hermano a su hermana, al pelear con ellos cuando se embriagan. El fundador del budismo, Sakyamuni, ofrendó a su familia para la salvación de toda la humanidad. Sin embargo, en las esculturas de Dazu se muestra como un hijo sumiso, atendiendo a su padre enfermo y llevando el ataúd de su padre. Para resaltar las enseñanzas del budismo con respecto al amor universal, hay una escultura que muestra a Sakymuni sirviendo de alimento a un tigre hambriento.

¿Qué les sucede a los hijos desobedientes cuando mueren? Las tallas de los riscos de Dazu los muestran en el momento en que son abatidos por un trueno y enviados al infierno, donde serán introducidos en cobre fundido. En todas estas estatuas hay inscripciones en las que se puede leer: "Cada una de las 3.000 leyes y decretos que existen señalan que ser desobediente con los padres es el mayor pecado".

El budismo es el principal tema de los riscos tallados de Dazu, pero también hay esculturas sobre el confucianismo y el taoísmo (religión autóctona de China). En este lugar encontramos imágenes de divinidades taoístas, como el Rey del Infierno, el Dios del Trueno, la Diosa de la Luz, el Dios del Viento, el Dios de la Lluvia, etc. También encontramos estatuas de personas de la vida real, quienes se distinguían a sí mismas promoviendo el budismo en la nación. Aquellos que donaban fondos para las esculturas tuvieron también sus propias imágenes labradas. En Dazu, la diferencia entre lo divino y lo humano es algo difusa. Este fenómeno habla a las claras de las creencias religiosas pluralistas en la cultura folclórica china. Las figuras del budismo, del confucianismo y del taoísmo pueden verse unas al lado de las otras sin una clara distinción de lo que cada una significa, lo cual testimonia la integración de los tres sistemas filosóficos - una característica sobresaliente de la cultura china.

La Montaña Baoding en Dazu era un santuario para la secta esotérica *Mi* del budismo chino, que se caracterizaba por rituales y sesiones de encantamiento para espantar a los malos espíritus. Los registros budistas sugieren que la secta tuvo su auge en la cuenca del río Amarillo a principios del siglo VIII y que logró propagarse al Japón en el siglo IX. De las 51 esculturas que se encuentran en la Montaña Beishan, la mitad están basadas en las enseñanzas de la secta *Mi*. Se construyeron entre los siglos IX y XIII. Esto demuestra que, durante este período, la secta tuvo su apogeo en la provincia de Sichuan, a la vez que declinaba en otras partes de China.

En 1994, un grupo de expertos del Museo de Labras de los Riscos de Dazu dio respuesta a la pregunta de por qué suelen encontrarse figuras humanas conjuntamente con figuras divinas, después de una serie de estudios en la Montaña Beishan. En las postrimerías de la dinastía Tang, concluyeron los expertos, hubo muchas muertes en China, y la gente mandó a labrar en los riscos sagrados las imágenes de sus parientes fallecidos, con la esperanza de que sus almas fueran liberadas del purgatorio. En el período de las Cinco Dinastías, había conflictos sociales en el área de Dazu y la gente tenía sus propias figuras labradas para rogar por la paz y la unión familiar. Durante la dinastía Song, un período de paz relativa para esta parte de China, se construían estatuas a cambio de la bendición divina. Pocas inscripciones indican el deseo de tener un alto puesto público o riqueza en la vida mundana.

Los cinco sitios en Dazu-Beishan, Baoding, Nanshan, Shizhuan y Shimen-se encuentran en la lista de la UNESCO del Patrimonio Cultural Mundial. Sobre Dazu, el Comité del Patrimonio Mundial de la UNESCO hizo los siguientes comentarios: Los escalones de las laderas montañosas del área de Dazu contienen un excepcional conjunto de riscos labrados que datan de los siglos IX al XIII. Se destacan por su calidad estética, su rica diversidad de temas, tanto seculares como religiosos, y por la luz que ellos arrojan sobre los aspectos de la vida cotidiana en China durante este período. Proporcionan una evidencia excepcional de la convivencia armoniosa del budismo, el taoísmo y el confucianismo en el país oriental.

258

259

257 La estatua de Avalokitesvara, que sostiene un sello divino en la mano, se encuentra en la Cueva No. 136 en la Montaña Beishan. Las cuentas "incrustadas" en su corona permanecen intactas a pesar de que la estatua ya tiene más de 800 años de antigüedad.

258 Vista panorámica del acantilado Dazu. En su faz que se extiende por 500 metros, vemos varias mil estatuas hechas durante 70 años antes y después de 1174.

259 Estas estatuas en la Cueva No. 136 de la Montaña Beishan se muestran elegantes y tienen notables características chinas. Constituyen las mejores obras talladas durante la dinastía Song.

260

261

262

260 La estatua de Avalokitesvara en la Cueva No.136 de la Montaña Beishan lleva una perla preciosa en sus manos. Es también considerada como una pieza maestra artística de la dinastía Song.

261 Estatua de Bodhisattva de la Cueva No.29 de la Montaña Baoding. Merece la atención el fondo que manifiesta la belleza de la simplicidad.

262 Sakyamuni, fundador del budismo, en el momento de Nirvana, rodeado por un grupo de seguidores. Este grupo de esculturas está en el Nicho No.11 de la Montaña Baoding.

263 Esta estatua de Avalokitesvara en el Nicho No.8 de la Montaña Baoding, tiene 1.007 brazos, y cada mano está labrada con un ojo y un objeto religioso.

264 Este grupo de esculturas, perteneciente al Nicho No.20 de la Montaña Baoding, describe las terribles torturas en el infierno a las que se somete a aquellos que cometieron pecados en vida.

263

264

265

265 Una mujer que cría pollos en el Nicho No.20 de la Montaña Baoding.

266 Las esculturas en rocas en la Montaña Shizhuan sirven como evidencia de la integración del budismo, taoísmo y confucianismo en la antigua China. Aquí vemos a Confucio con algunos de sus discípulos en la Cueva No.6 de la Montaña Shizhuan.

267 Esculturas en la Montaña Shimen revelan la coexistencia del budismo y taoísmo en la China antigua. La foto muestra la divinidad taoísta en la Cueva No.10 de la Montaña Shimen.

268 Esta estatua de Avalokitesvara está en la Cueva No.136 de la Montaña Beishan. Merecen la atención el sol y la luna en sus manos levantadas.

266

267

Monte Qingcheng y Sistema de Control de Aguas de Dujiangyan

En el año 256 a.n.e., el rey Zhao del Estado Qin nombró a Li Bing gobernador de la prefectura de Xishu, o Sichuan Occidental, ubicada en el Suroeste de China. La designación en sí no tuvo ninguna trascendencia. Sin embargo, este gobernador dirigiría la construcción de un sistema para controlar las aguas que ha pasado a la historia. Este sistema, conocido como Dujiangyan, evitó que la Llanura Chengdu se inundara para siempre y convirtió la zona en lo que en China se conoce como "el reino celestial", una tierra de abundancia y prosperidad.

Antes del nombramiento de Li Bing, las inundaciones y sequías en la Llanura Chengdu eran muy frecuentes. En el verano, el río Minjiang, el segundo mayor tributario del Yangtsé, a menudo abría brechas en los diques en el distrito Guanxian, hoy ciudad de Dujiangyan, inundando amplias zonas en ambas riberas. El azote iba de mal en peor, y la arena y el lodo que llevaban las aguas se asentaban y elevaban el lecho del río. Además, la Montaña Yulei, ubicada en la parte sudoeste de Guanxian, lo bloqueaba, evitando que corriera hacia el este. Por esta razón, las zonas al este del distrito Guanxian sufrían sequías, mientras que las del oeste sufrían inundaciones.

Poco después de tomar posesión de su cargo como gobernador, Li Bing decidió utilizar el río, para lo cual contó con la ayuda de su hijo y de los residentes locales. En lugar de construir una presa para evitar las inundaciones, aprovecharon las favorables condiciones topográficas del lugar y construyeron un dique para dividir el río por el centro, en dos canales. El canal occidental del dique en forma de pez, conocido como Río Exterior, es en realidad la corriente principal del río Minjiang y fue diseñado para desviar el agua de las inundaciones, y el canal que se halla al este del dique, o Río Interior, para desviar el agua para la irrigación. La construcción del extremo del dique, llamado "Boca de Pez", fue tan ingeniosa que desde el mismo momento en que éste entró en funcionamiento comenzó a dividir las aguas en proporciones adecuadas. En la primavera, cuando la corriente de agua es reducida y las tierras de labranza necesitan el preciado líquido, el 60 por ciento del agua del río Minjiang desemboca en el Río Interior y sólo el 40 por ciento lo hace en el Río Exterior. En época de crecidas, la proporción se invierte: el 60 por ciento del agua del río Minjiang desemboca en el Río Exterior y el 40 por ciento en el Río Interior, a fin de evitar que las tierras de labranza se inunden.

Unos 1.000 metros río abajo, el Río Interior llega a Baopingkou, la entrada de un túnel de 20 metros de ancho excavado en la Montaña Yulei. No fue una tarea fácil excavar un túnel en la montaña antes de que existiera la pólvora. No obstante, ello no desalentó a Li Bing. A una orden suya, los trabajadores aplicaron fuego a las rocas para que se calentaran y se dilataran, y cuando ya estaban bien calientes, les echaron agua fría para que se contrajeran y se agrietaran. La entrada del túnel ajusta automáticamente el volumen del agua del Río Interior y desvía el exceso de agua hacia el sistema de riego.

Al desviar las aguas de las inundaciones en el verano, el dique cóncavo, que se halla entre Cabeza de Pez y Baopingkou, arrastra la arena del Río Interior hacia el Río Exterior, razón por la cual se llama "Feishayan" (Dique de la Arena que Pasa de Prisa). Cuando el agua del Río Interior

269

sobrepasa sus límites, el exceso de agua se desvía del Dique de la Arena que Pasa de Prisa hacia el Río Exterior, llevando consigo el barro y la arena que de otro modo se asentarían para encenagar el Río Interior y los canales de Baopingkou. En caso de producirse una inundación devastadora, el Dique de la Arena que Pasa de Prisa se derrumbaría automáticamente, para permitir que la corriente de agua del Río Interior fluya de nuevo hacia uno de los principales tributarios del Río Minjiang.

El principio de construcción del Proyecto Dujiangyan es bastante simple, pero la sabiduría que representa le ha granjeado la admiración de los expertos 2.000 años después de haberse construido. En los trabajos se emplearon materiales de la localidad. Se usaron tiras de bambú – planta que abunda en Dujiangyan- para hacer jaulas para cargar guijarros, que luego se utilizaron como materiales de construcción. Numerosos sistemas de irrigación se construyeron en otros países milenios atrás, como por ejemplo el Canal Nur-Mammurabi en el río Eufrates, (en Babilonia, una de las ciudades más importantes de la antigüedad), y los canales de la Roma de aquel entonces. Sin embargo, fueron abandonados hace mucho tiempo. En contraste, el Sistema de Control de Aguas de Dujiangyan todavía se utiliza, para beneficio de millones de personas.

El Monte Qingcheng, que se halla a 15 kilómetros al sur de Dujiangyan, ha sido un santuario del taoísmo, la religión autóctona de China, durante más de 1.800 años. Pinos, cipreses, *nanmu*, arces y cauchos chinos en diferentes tonos de verde cubren este "mundo verde", nombre con el que se conoce este monte. En esos densos bosques, en esos precipicios y en esos valles, no se escucha otra cosa que el silbido del viento, el sonido de las corrientes de agua y el canto de los pájaros, razón por la cual el Monte Qingcheng tiene fama de ser "la montaña de la tranquilidad".

Posiblemente por esta razón el Monte Qingcheng se convirtió en la cuna del taoísmo. En el año 143, un hombre llamado Zhang Daoling llegó al monte. Allí construyó con sus propias manos una sencilla choza. Luego, comenzó a propagar sus doctrinas, que más tarde se transformarían en la religión taoísta. Los que profesan el taoísmo llaman "Maestro Celestial" a Zhang Daoling, y por lo tanto se hace referencia al Monte Qingcheng como "el Monte del Maestro Celestial". El origen de muchas sectas de esta religión se atribuye al Monte Qingcheng, donde sus fundadores cultivaron su mundo interior. Con el apoyo de la corte imperial de la dinastía Tang (618-907), el taoísmo prosperó, y por consiguiente, el Monte Quingcheng se convirtió en el centro nacional de esa religión. Durante su apogeo, existieron allí más de 70 templos taoístas, de los cuales más o menos la mitad aún se conservan en buen estado.

En la Montaña Wudang, otro santuario taoísta, los palacios y templos son, en cuanto a grandiosidad y magnificencia, bastante similares a las construcciones de los palacios imperiales. En cambio, las construcciones taoístas en el Monte Qingcheng son sencillas y comunes, es decir, están en consonancia con las doctrinas taoístas. Según se dice, el taoísmo tuvo su origen en las enseñanzas de Lao Zi, un filósofo chino que vivió hace unos 2.500 años. Lao Zi abogaba por una existencia libre de asuntos mundanos, por una vida de paz y tranquilidad en armonía con la naturaleza.

El Palacio del Cielo Supremo en el pico más alto del Monte Qingcheng se conoce no sólo por haber sido el santuario de Lao Zi sino también por las sencillas y hermosas construcciones que allí se encuentran. La puerta principal, los pasadizos abovedados y las balaustradas, todos de piedra, y el salón principal, de madera, producen un impacto visual lo suficientemente fuerte como para recordar a los visitantes que en aquellos tiempos remotos había que utilizar en las construcciones los materiales disponibles en la localidad. En las noches del verano, al mirar hacia abajo desde el templo, se pueden ver puntos esporádicos de luz en la montaña. Por momentos sólo centellean unos cuantos, mientras que a veces titilan cientos o miles, como si contempláramos un cielo tachonado de estrellas. Se dice que estas luces son "linternas" encendidas por el Dios del Monte Qingcheng. En realidad, no son más que luces fosforescentes.

El Monte Qingcheng y el Sistema de Irrigación de Dujiangyan fueron incluidos por la UNESCO en la lista del Patrimonio Cultural Mundial en noviembre del año 2000.

270

271

269 Torre de entrada al pie del Monte Qingcheng, cuyo estilo arquitectónico se caracteriza por la cultura taoísta de China y la folclore de Sichuan Occidental.

270 Vista del sistema de control de aguas de Dujiangyan. En el centro del río, se construyó un dique que regula el volumen de agua para la irrigación y la prevención de inundaciones.

271 Baopinkou, entrada de un túnel excavado en la Montaña Yulei, ajusta automáticamente el volumen de agua del río Minjiang y desvía el agua en exceso hacia el sistema de riego.

272

273

272 Templo Conmemorativo en honor de Li Bing y su hijo.

273 Los caracteres chinos labrados en esta pared de piedra significan "excavar profundamente el lecho del río y limitar la altura del dique", que es la valiosa experiencia de Li Bing en la construcción del sistema de control de aguas. Esta pared forma parte importante del Templo Conmemorativo de Li Bing y su Hijo.

274 El Templo del Dragón Domado en Dujiangyan es un santuario taoísta construido en honor de Li Bing. Cuenta la leyenda que al domar al demonio del dragón que había causado daños e inundaciones a esta zona, Li Bing completó el proyecto.

275 Vista aérea del Puente Colgante Anlan. En el puente, uno puede tener una vista completa de Dujiangyan.

276 Un puente sobre una vía antigua en la colina desde donde se ve Dujiangyan.

274

275

276

277

278

277 El Monte Qingcheng, cuna del taoísmo, es conocido como la "montaña de la tranquilidad". La mayoría de sus construcciones se hallan en bosques en armonía con la naturaleza.

278 Las construcciones antiguas en el Monte Qingcheng son en su mayoría templos taoístas. La foto muestra el Palacio del Cielo Supremo. En la sala principal de este palacio, se encuentra la estatua de Lao Zi, maestro supremo del taoísmo.

279

279 En la Sala de los Tres Cielos Supremos, están los dioses taoístas del más alto rango.

Grutas de Longmen

Las Grutas de Longmen se construyeron en los acantilados de dos montañas que se hallan una frente a otra, separadas por el río Yishui, a 13 kilómetros al sur de la ciudad de Luoyang, en la provincia de Henan.

Luoyang fue capital de nueve dinastías en la China antigua. En el año 493, Wei del Norte (386-534), un régimen político instituido por una minoría étnica del Norte del país, trasladó su capital a Luoyang. La familia imperial de la dinastía Wei del Norte ya había labrado grutas para adorar a Buda cerca de su antigua capital, la actual ciudad de Datong, en la provincia de Hebei, en el Norte de China. La construcción de grutas en Luoyang se reanudó con esta dinastía y continuó durante varias de las siguientes.

En los acantilados, hay 2.345 cuevas con más de 100. 000 estatuas. La construcción a gran escala duró más de 150 años desde Wei del Norte hasta la dinastía Tang (618-907). Alrededor del 30 por ciento de las cuevas se terminaron durante Wei del Norte; el 60 por ciento, durante la dinastía Tang, y el restante 10 por ciento durante algunas de las dinastías que les sucedieron.

Durante los 40 años en que Luoyang fue la capital de la dinastía Wei del Norte, se labraron doce cuevas, de las cuales la Guyang y la Binyang son las más conocidas.

La Gruta Guyang fue la primera, y en ella se encuentran tres estatuas de Buda. La del Buda principal, de 6,12 metros de altura, se halla en el centro, delante de la pared que da al sur, flanqueada por las otras dos. Según registros históricos, los trabajos de labra se realizaron con los fondos donados por la familia imperial y por funcionarios de la corte de la dinastía Wei del Norte. El Buda principal parece algo delgado, pero no por ello deja de tener una apariencia elegante.

Esta estatua es bien diferente a las otras estatuas de Buda esculpidas en el mismo período. Algunos estudiosos estiman que, en este caso, quizás se haya tomado como modelo la imagen del emperador Xiaowen de la dinastía Wei del Norte.

Las tres estatuas de la Gruta Guyang se muestran excepcionalmente imponentes, en comparación con otras estatuas de la cueva. Esto se debe a que cuando se labró el techo de la cueva con imágenes budistas, los trabajadores excavaron el suelo hasta llegar a varios metros de profundidad, y labraron más de diez nichos grandes en las capas central e inferior. Estos nichos, de diferentes tamaños, tienen bellas formas. La parte superior de los nichos y las imágenes de Buda fueron delicadamente talladas con variados motivos decorativos. Allí se encuentra una serie de pequeñas estatuas que relatan la historia de Sakyamuni, desde su nacimiento hasta su conversión en Buda. Estas estatuas han sido reconocidas como obras maestras, representativas del punto culminante del arte escultural de la dinastía Wei del Norte. Inmediatamente después del labrado de la Gruta Guyang, se iniciaron los trabajos en la Binyang. La construcción comenzó en el año 500 y duró 24 años. El plan incluía tres cuevas, pero se completó sólo una en el centro, debido a las luchas internas de la corte. Las otras dos se esculpieron, en las partes norte y sur de ésta, durante las dinastías posteriores. La cueva central es, en realidad, un gran palacio o templo budista. Los tenues colores de sus estatuas no sólo las hacen lucir espléndidas, sino que también le confieren elegancia a la cueva.

Esta cueva tiene gran importancia cultural, pues muestra que ya en ese momento el arte en las grutas había dejado de tener un estilo completamente hindú para tener un estilo parcialmente chino. Además, en esta cueva, la ropa y la apariencia de las estatuas que habían asimilado las de las del Sur de China tomaron forma definitivamente. Las características de la ropa de las estatuas en las Grutas Yungang aún pueden hallar su expresión en la estatua de

Sakyamuni, situada en la capa superior de la cueva de Guyang. El tipo de ropa y la forma de las estatuas en la segunda capa son bien diferentes y pertenecen a un estilo del Sur de China llamado "xiugu qingxiang", que significa "huesos elegantes y rostro delicado". Ejemplo de ello es la estatua del Buda principal en la Cueva Binyang. La estatua, vestida con la túnica suelta de la etnia *han*, se ve elegante. Las comisuras de sus labios están ligeramente levantadas, esbozando una sonrisa. La estatua da la impresión de acortar la distancia que separa a un santo de un ser humano. Sin embargo, las estatuas labradas anteriormente en las Grutas Yungang tienen expresiones solemnes y cuerpos grandes y fuertes, lo que refleja el carácter vivo y bravo de las etnias del Norte.

Este cambio de estilo en el arte de las grutas es una manifestación del desarrollo de la sociedad de aquel tiempo. El emperador Xiaowen trasladó la capital a Luoyang porque quería aprender de la avanzada cultura de la etnia *han*. Bajo su reinado se reestructuró el sistema político de la dinastía, tomando como modelo el sistema político de esa etnia. Se estimuló empleo de la lengua *han*, el uso de sus ropas y el estudio del confucianismo. Estos cambios en la política se reflejan en la apariencia de las estatuas de las Grutas de Longmen.

El feudalismo tuvo su auge durante la dinastía Tang. La prosperidad de que disfrutó el país en aquel tiempo elevó la cultura y el arte antiguos de China a un nuevo escalón y añadió esplendor a las Grutas de Longmen.

El emperador Gaozong estuvo en el poder desde el año 650 hasta el año 704. Tras su muerte, su esposa Wu Zetian le sucedió en el trono. Ambos fueron fieles devotos del budismo. El emperador vino a Luoyang por primera vez en el año 657 e hizo de Luoyang la capital oriental del imperio Tang. Wu Zetian, la única mujer que se convirtió en monarca en la historia china, permaneció en Luoyang 49 años. Bajo su reinado, la ciudad fue el centro político del país. Naturalmente, Longmen se convirtió en un lugar donde la familia imperial y los nobles le rendían tributo a Buda.

Treinta y cinco grandes grutas de Longmen datan de la época de la dinastía Tang, incluyendo siete que fueron renovadas sobre la base de las esculpidas en dinastías anteriores más un buen número de pequeñas cuevas, algunas de las cuales estaban alineadas por grupos. Muchos ofrecieron dinero para tener sus propias cuevas labradas y luego mandar a construir en ella una estatua del dios o diosa que adoraban.

La estatua de Vairocana, que traducida del sánscrito

280

quiere decir "Dios de la Luz", es la más majestuosa de todas las que se hicieron durante la dinastía Tang. Fue esculpida en el año 675, en un templo de la gruta llamado Fengxian. El Dios de la Luz, de 17,14 metros de altura, está sentado en el centro de un nicho en compañía de otros nueve dioses budistas, cada uno de los cuales alcanza los diez metros de altura. Este Buda gigante tiene la frente amplia y los ojos hermosos. Sus labios esbozan una leve y afectada sonrisa y su cabeza está algo inclinada hacia abajo. Su sonrisa le da la apariencia de un hombre sagaz y apacible, lo suficientemente carismático como para inspirar temor y respeto a la vez. Los críticos describen esta estatua como una perfecta combinación de la apariencia física del hombre con su mundo interior. Algunos estudiosos consideran que la estatua se labró tomando como modelo a la emperatriz Wu Zetian y, por lo tanto, puede considerarse como su encarnación. Varios argumentos justifican esta aserción. La emperatriz Wu Zetian proporcionó una gran suma de dinero de su presupuesto privado para financiar la construcción de este templo y de esta estatua. Además, asistió al acto que se celebró con motivo de la inauguración del templo.

Entre las obras más representativas del arte en las grutas durante la dinastía Tang, se destacan las estatuas de la Cueva Wanfo y de los Templos Qianxi y Kanjing.

En la Cueva Wanfo, hay más de 15.000 estatuas budistas, muchas de las cuales tienen sólo unos centímetros de altura. En las paredes de la cueva se pueden ver relieves de músicos de la corte. La estatua del Buda principal en el Templo Qianxi es considerada como una de las más hermosas obras artísticas dejadas por la dinastía Tang en Longmen. La mayor atracción del Templo Kanjing son sus 29 relieves sobre temas budistas.

En la construcción de las Grutas de Longmen y de estas majestuosas figuras tomaron parte la familia imperial, nobles, comerciantes e incluso gente sencilla. Entre los donantes también hubo fieles budistas extranjeros. En la década del 50 del siglo XX, muchos diseñadores y artistas dedicados a la construcción del Monumento a los Héroes del Pueblo en el centro de la Plaza Tiananmen de Beijing, visitaron las Grutas de Longmen. Esto es uno de los numerosos hechos que testimonian el valor artístico de las obras antiguas de esas grutas.

Además de las estatuas y de los relieves, encontramos en estas cuevas 2.800 inscripciones que registran los nombres de los que financiaron las obras, y la fecha del comienzo y término de las mismas. Muchas de ellas son excelentes trabajos de caligrafía china. De ellas, 20 se consideran como las más valiosas piezas dejadas por la dinastía Wei del Norte, 19 de las cuales se encuentran en la Cueva Guyang.

Además de la importancia artística de la cultura budista, las estatuas y otras obras de las Grutas de Longmen reflejan la vida política, económica y social de China de más de mil años atrás. En realidad, constituyen un museo donde se exhiben muchos materiales que ofrecen detalles sobre China, en cuanto las creencias religiosas, arquitectura, caligrafía, música, prendas y medicina de China.

Las Grutas de Longmen fueron incluidas en la lista de la UNESCO como Patrimonio Cultural Mundial en el año 2000.

281

282

280 El labrado de la Gruta Binyang comenzó en el año 500. El Buda principal de la Gruta, vestido en la túnica suelta de la etnia *han*, tiene una sonrisa en su rostro. En el estilo artístico, las estatuas de la gruta ya están grandemente libres de la influencia del arte hindú.

281 Vista a vuelo de pájaro de las Grutas de Longmen. En los acantilados de un kilómetro de largo de dos montañas que se miran frente a frente separadas por el río Yishui, hay 2.345 cuevas con más de 10.000 estatuas. La construcción se inició aproximadamente en el año 493.

282 El labrado de la Cueva del Loto comenzó en el año 526. La cueva muestra una flor de loto grande y hermosa, logotipo budista, tallada en el techo de la cueva.

283 Las inscripciones esculpidas en piedra en Longmen han registrado los nombres de los que patrocinaron el labrado de las grutas, la fecha y el porqué del labrado. Muchas de ellas son excelentes trabajos de caligrafía.

284 Apsara Volante en el Templo Kanjing. Esta cueva data del siglo VIII.

283

284

◀ 285

286

287

288

289

290

291

285 El Templo Fengixan es el mayor nicho budista en Longmen al aire libre. La construcción se completó en el año 675. El Buda principal tiene 17,14 metros de altura y constituye una obra maestra del arte rupestre de las grutas de China.

286 Estas estatuas de Arhats o guardias budistas, 29 en total, están en el Templo Kanjing construido durante la dinastía Tang. Las estatuas tienen una altura media de 1,8 metros.

287 Buda con discípulos suyos y Bodhisattvas en el Templo Fengxian.

288 Una emperatriz rinde tributo a Buda. Varios relieves en el Templo Shiku describen la adoración de Buda por emperadores y sus esposas.

289 La Cueva Guyang fue la primera labrada en Longmen y tiene la mayor colección de trabajos del arte antiguo. En realidad es el mayor tesoro de esculturas hechas por emperadores y nobles durante la dinastía Wei del Norte.

290 Buda con dos Bodhisattvas en la Cueva Central Binyang es una obra representativa del estilo estético propio del Sur de China de aquel entonces.

291 La Cueva Jinan fue tallada a finales del siglo VII. Aunque incompleta, la estatua del Coloso se destaca entre las mejores obras de la dinastía Tang.

Aldeas Antiguas del Sur de Anhui – Xidi y Hongcun

Desde los años 20 del siglo pasado, es cada vez mayor el número de personas que visitan estas dos aldeas de la provincia de Anhui, en el este de China.

Del siglo XVI al siglo XX, cuando China se encontraba bajo la dominación de las dinastías Ming y Qing, por estos caminos antiguos de la actual ciudad de Huizhou, iban y venían los residentes locales por asuntos de negocios, de estudios o en busca de puestos públicos. En este largo período, numerosos comerciantes de Huizhou salieron de su pueblo natal cuando aún eran muy jóvenes, para no regresar hasta que no se hicieran ricos.

Finalmente, regresaron con dinero suficiente para construir sus propias viviendas a orillas de los ríos claros y al pie de las verdes colinas. Lo más importante era dar lustre a sus antepasados. Con el paso del tiempo, las aldeas donde habitaron se hicieron famosas por sus viviendas. Las aldeas más representativas son Xidi y Hongcun en el distrito Yixian, que se encontraba bajo la jurisdicción de la ciudad de Huizhou.

En la China antigua, las personas que pertenecían a un mismo tronco familiar solían vivir en comunidades. La aldea Xidi es el lugar donde habita el clan llamado Hu. La aldea tiene más de 900 años de antigüedad y data del tiempo en que sus antepasados llegaron allí para establecerse. Dos arroyos que burbujean todo el año atraviesan la aldea. Las viviendas, con fachadas blancas y tejas negras, se conectan unas con otras. El detalle más llamativo son sus fachadas, que son más altas que los techos, las cuales tienen el propósito de evitar que las llamas se propaguen a los patios vecinos en caso de incendio. También están destinadas a prevenir los robos y proteger el patio de los fuertes vientos. Estas altas fachadas semejan caballos que levantan sus cabezas, por lo que se llaman "muros en forma de cabeza de caballo".

A ambos lados de un camino pavimentado con losas de piedra se ven senderos o calles estrechas con remates escalonados o muros en forma de cabeza de caballo, que bloquean la visibilidad de los forasteros. La mayoría de las viviendas tienen ventanas pequeñas. Cuentan que aquí los comerciantes no querían mostrar su riqueza. El complejo tiene una apariencia uniforme, modesta y sencilla. Como resultado, a los forasteros les resultaba difícil diferenciar las familias ricas de las pobres. En el interior de las casas se observa otra escena. Tres de los cuatro lados de cada casa, hechos de ladrillos y madera, cercan un patio abierto que asegura la ventilación y la iluminación, en el que convergen las aguas de todas las cámaras. Un antiguo proverbio reza, con mucha razón: No debemos permitir que el agua rica abone terrenos ajenos. Esto simboliza la determinación de la familia de conservar su riqueza. Por lo general, la parte frontal contiene tres piezas. La central es la mayor y está mejor amueblada. En otros tiempos, servía de sala de estar para los principales miembros masculinos de la familia y también para recibir a invitados importantes. Las casas son, por lo regular, de dos pisos. Este tipo de diseño se ajusta a una tradición, según la cual las distintas generaciones de una misma familia vivían bajo un mismo techo. Las casas de las familias ricas pueden tener tres e incluso cuatro patios, que están invariablemente conectados.

Muchos de los patios de Huizhou son patios ajardinados, con estanques de peces dorados, plantas y colinas artificiales. El terreno está pavimentado con losas de piedra o guijarros, de tal manera que forman diseños y motivos de buen agüero. Se ven tallas por todas partes, en las puertas, ventanas, vigas, pilares y aleros. El contenido y la magnitud de estas

292

decoraciones varían de acuerdo con las posibilidades económicas y la posición política de las familias.

La Sala del Clan Hu, o Sala Ancestral del Clan Hu, es la más alta y más grande de las construcciones de la aldea. En otros tiempos, era donde los miembros del clan se congregaban para rendir culto a sus antepasados y celebraban reuniones para decidir asuntos importantes. También era donde se dirimían las disputas entre los miembros del clan y se castigaba a los que habían violado los reglamentos. En la China feudal, las salas ancestrales eran símbolos de la influencia, la riqueza y la gloria del clan. Cada rama de un clan podía tener su propia sala ancestral, las cuales debían ser más pequeñas que las salas de todo el clan.

El clan Hu tuvo su apogeo entre los siglos XVII y XIX. Durante este período, un hombre llamado Hu Guansan se hizo rico, ocupando el sexto puesto en las zonas al sur del río Yangtsé. Su hijo estaba casado con una de las hijas del primer ministro. Para celebrar este acontecimiento, mandó construir una alta torre. También se edificó una sala para recibir a los funcionarios que venían a felicitarlos. La aldea Xidi cuenta hoy con una población de más de 1.000 habitantes y 124 construcciones bien conservadas. En su etapa de mayor esplendor, poseía más de 600 viviendas, 34 salas ancestrales, 99 calles y senderos y una población de 10.000 habitantes.

Esas viviendas no son sólo símbolos de riqueza. Los comerciantes de Huizhou tenían fama de educar bien a sus hijos. Un viejo proverbio señala: "Todos los oficios son inferiores. Sólo la cultura es superior". En la China antigua, los funcionarios se seleccionaban entre los estudiantes, por medio de exámenes estatales. Los comerciantes ricos de Huizhou tenían suficiente dinero para establecer escuelas e invitar a los mejores maestros para que enseñaran a sus hijos. En total, 115 miembros del clan desempeñaron cargos públicos durante las dinastías Ming y Qing, lo que añadió lustre al clan y a sus familias.

Los estudiantes soñaban con ser funcionarios, a fin de trabajar en bien del país. Había también gente que, aunque rica, prefería vivir una vida ociosa, apartada de la política. La aldea Xidi también contaba con familias intelectuales. La casa denominada Lufutang, o Mansión de la Experiencia Feliz, pertenecía a una familia de intelectuales. Esta casa aún permanece allí, aislada y elegante como sus viejos propietarios, quienes se pasaban la vida leyendo, escribiendo poemas, pintando y coleccionando reliquias.

Los versos pareados que dejaron testimonian los valores que apreciaban. "La benevolencia es lo que persigue una familia por siglos; leer es lo mejor con lo que se puede soñar en el mundo."

A una docena de kilómetros de Xidi se encuentra la aldea Hongcun que, por su belleza, es un paisaje recurrente en la pintura tradicional china.

Con 800 años de antigüedad, la aldea perteneció al clan Wang, un clan muy influyente de la zona. Una vista a vuelo de pájaro demuestra que la disposición de la aldea semeja un búfalo durmiendo al pie de una colina. La colina es su cabeza; los árboles, los cuernos del animal, y el complejo de casas, su cuerpo.

Una vez en la aldea, quedamos maravillados con los zigzagueantes arroyos que pasan por delante de cada vivienda, que llegan desde un manantial lejano. Todos convergen en un estanque en forma de media luna que hay en el centro de la aldea. Luego, se extienden hasta entrar en un lago que se halla fuera de ésta. Los arroyos son considerados "los intestinos del búfalo" y el lago, "su barriga". Los aldeanos hacen llegar el agua a sus casas para beber, lavar la ropa, regar las plantas y criar peces dorados.

La aldea aún conserva más de 100 construcciones antiguas, que incluyen viviendas, escuelas y salas ancestrales. La mayoría de ellas se hicieron durante el período comprendido entre los siglos XIV y XIX. La Mansión Chengzhi, levantada por un comerciante en sal en 1855, es la mayor y mejor decorada. La residencia tiene nuevos patios, siete edificios de varios pisos, 136 columnas, 60 puertas, 60 ventanas y un lugar para pescar. Lo más exquisito y elegante son sus esculturas de madera, hechas por 20 artesanos durante cuatro años. Cuentan que se emplearon 3.000 gramos de oro para decorar las tallas.

Las aldeas Xidi y Hongcu se incluyeron en el año 2000 en la lista de la UNESCO como Patrimonio Cultural Mundial.

293

294

292 Vista desde fuera de la aldea Xidi de 900 años de antigüedad. En el período de esplendor, había más de 600 viviendas y ahora más de 120 viviendas están en buen estado.

293 Vista a vuelo de pájaro de la aldea Hongcun. La disposición de la aldea semeja un búfalo durmiendo al pie de una colina, con la colina como la cabeza; los árboles, como los cuernos, el complejo de las casas, como el cuerpo, y los puentes, como las patas del animal.

294 Las calles de las aldeas Xidi y Hongcun son estrechas como ésta. Están revestidas invariablemente de losas.

295 Vista exterior de una casa de la zona.

295

296

297

296 Las viviendas en Hongcun se hallan a la orilla del estanque en forma de luna media en el centro de la aldea.

297 Vista interior de un patio de la aldea Xidi.

298 El lago añade belleza a la aldea Hongcun. Hongcun es considerado como aldea en la pintura tradicional china. La foto muestra el paisaje del Lago Nanhu.

298

福
創業難守成難知難不難
便宜多自吃虧來
快樂每從辛苦得

299

300

301

299 La Mansión Chengzhi en Hongcun tiene nueve patios y sesenta puertas. Lo más exquisito y elegante son las esculturas de madera que fueron hechas por 20 artesanos durante 4 años.

300 Comerciantes de la prefectura de Huizhou (la aldea Hongcun está bajo su jurisdicción) tenían la fama por su buena educación de hijos. Vista interior de una antigua escuela en Hongcun.

301 El Jardín Biyuan pertenece a una vivienda de la aldea Hongcun. Ocupa sólo una superficie de 270 metros cuadrados, pero consta de una piscina de peces, colinas artificiales de rocas, pabellones y otras construcciones.

Tumbas Imperiales de las Dinastías Ming y Qing

Desde el año 221 a.n.e., cuando el primer emperador chino subió al trono, hasta 1911, cuando fue destronado el último emperador, los emperadores de las diversas dinastías gustaban de los entierros lujosos, a fin de mostrar el cumplimiento de sus deberes filiales para con los difuntos. Consideraban sus propios mausoleos como los palacios que utilizarían después de su fallecimiento, razón por la cual los mausoleos imperiales conservados hasta la fecha son, sin excepción, imponentes y de gran magnitud.

En el año 2000, la Tumba Xianling de la dinastía Ming (1368-1644) y los Mausoleos de las Tumbas Imperiales del Este y Oeste de la dinastía Qing (1644-1911) fueron incluidos en la lista de la UNESCO como Patrimonio Cultural Mundial.

En su conjunto, el mausoleo imperial se divide en dos partes, una superficial y una subterránea. La parte subterránea, o sea, el palacio subterráneo, se construyó con piedras y ladrillos, a fin de acomodar los restos del emperador y los objetos funerarios. Las estructuras de la superficie incluyen el camino de la santidad que conduce a la tumba, la puerta del mausoleo, salas, un pabellón que alberga la lápida de piedra dedicada al emperador difunto, y una serie de estatuas de seres humanos y animales de piedra, que supuestamente servían como guardia de honor del emperador fallecido. La grandeza y la magnificencia de estos mausoleos encarnan el concepto de la supremacía del poder imperial.

En la China antigua, se daba mucha importancia al "feng shui" o geomancia. Se creía que la situación de una casa o de una tumba y su entorno natural influían en la fortuna de una familia y en el futuro de las generaciones posteriores. Estas ideas se ponen de manifiesto en los lugares que guardan las tumbas imperiales de las dinastías Ming y Qing. La geomancia es ciertamente una superstición, pero expresa el concepto tradicional de la armonía entre el hombre y la naturaleza, del cual todavía sacan provecho los arquitectos y diseñadores para su trabajo.

La Tumba Xianling está situada en las afueras de la ciudad de Zhongxiang, en la provincia de Hubei, en la parte central de China. Los padres del emperador Jiajing de la dinastía Ming están enterrados en esta tumba, que tiene verdes montañas detrás y por delante de la cual pasa un río. Es realmente un lugar que sigue los conceptos geománticos. Las estructuras del mausoleo están dispuestas ordenadamente a diferentes alturas en la ladera de una colina, en perfecta armonía con las montañas y ríos de la zona. La dimensión y las decoraciones de esta tumba son las mismas que las de cualquier mausoleo imperial de la dinastía, aunque el ocupante nunca hubiera sido emperador.

En 1521, Xuzong, el décimo emperador de la dinastía Ming, falleció sin descendencia. Uno de sus sobrinos fue escogido para sucederle en el trono. El difunto padre del nuevo emperador era un príncipe y, por lo tanto, no tenía derecho a una tumba tan grande y lujosa como la de un emperador. A despecho de la oposición de los funcionarios de la corte, el emperador Jiajing honró a su padre como un emperador difunto e hizo renovar su tumba según las normas para las tumbas imperiales. La dimensión, la decoración y la disposición son las mismas que las de una tumba imperial, aunque el camino de la santidad delante de ella es sinuoso como el dragón chino, y la muralla que la rodea se diseñó en forma de calabaza. En este aspecto, Xianling se diferencia de las tumbas imperiales.

La dinastía Qing (1644-1911) fue la última dinastía feudal de China. Tiene dos sitios de tumbas imperiales, ubicados a cien kilómetros al este y a cien al oeste de la capital, Beijing, respectivamente.

Los emperadores de la dinastía Qing hicieron hincapié en la selección de los sitios para sus mausoleos. Llevaron a cabo minuciosas investigaciones y estudios acerca de las condiciones naturales del lugar-las geológicas, hidrológicas, climáticas. etc. Hicieron grandes esfuerzos para asegurar que las estructuras de las tumbas estuvieran en perfecta armonía con las montañas y los ríos circundantes. Bajo las reglas de la dinastía Qing, si la emperatriz moría antes que el emperador, sería enterrada junto con su esposo en la misma tumba imperial. Si el emperador moría antes que su esposa, ésta podría tener una tumba propia cerca de la de su esposo, aunque, desde luego, su tamaño tenía que ser menor.

El Mausoleo Imperial del Este, situado en el distrito Zunhua, en la provincia de Hebei, en el Norte de China, alberga las tumbas de cinco emperadores, cuatro emperatrices, cinco concubinas imperiales y una princesa. Las 15 tumbas están distribuidas en estricta concordancia con el sistema jerárquico. La tumba de cada emperador está situada en el centro, la de la emperatriz, cerca de él, y un poco más alejadas, las de las concubinas.

El emperador Shunzhi (1638-1661) fue el segundo emperador de la dinastía Qing y el primero en dominar China después de la caída de la dinastía Ming, en 1644. Su tumba se encuentra a horcajadas sobre la línea axial de la zona del Mausoleo Imperial del Este, con las tumbas de otros cuatro emperadores dispuestas en forma de abanico, según el orden generacional de la familia imperial. Lo anterior se hizo para indicar que los emperadores menores cumplían los deberes filiales para con sus padres o abuelos. Las vías de la santidad delante de las tumbas de las emperatrices están conectadas con las que están delante de las tumbas de sus esposos. Además, las vías de la santidad correspondientes a los cuatro emperadores que le sucedieron al emperador Shunzhi están conectadas con la que lleva a la tumba de este último. El sistema de las vías de la santidad tenía la intención de mostrar que la familia imperial reinaría para siempre, generación tras generación.

Otras tumbas importantes del Mausoleo Imperial del Este, pertenecientes al período de la dinastía Qing, son las siguientes:

La Tumba Jingling del emperador Kangxi (1654-1722), hijo del emperador Shunzhi, quien dominó el país durante 61 años, el período de dominación más largo de esta dinastía. La sociedad feudal de China vivió su última etapa de prosperidad bajo el reinado de este emperador.

En la Tumba Yuling se hallan los restos mortales del emperador Qianlong (1711-1799), el nieto del emperador Kangxi, quien dominó China durante 60 años. Qianlong abdicó en favor de su hijo y siguió manteniendo el título honorario de "emperador supremo" durante tres años, hasta

302

su muerte a los 89 años de edad. La prosperidad nacional continuó bajo su reinado. En el palacio subterráneo se pueden apreciar muchos relieves sobre temas budistas.

La Tumba Dingling pertenece al emperador Xianfeng (1831-1861), quien estuvo en el trono justamente once años. Durante su reinado, China se vio plagada de desórdenes y de invasiones extranjeras. Exhausto el erario, hubo que utilizar gran cantidad de materiales viejos para construir su tumba. Como resultado, su calidad es inferior, comparada con la de las tumbas de los emperadores que le antecedieron.

La Tumba Hailing pertenece al emperador Tongzhi (1856-1874). Este emperador fue el único hijo de la emperatriz viuda Cixi (1835-1908). Murió a los 19 años de edad y fue el emperador de más corta vida de la dinastía Qing. En aquel tiempo, China se encontraba en dificultades financieras y, además, la construcción de su tumba se completó con mucha precipitación. Como consecuencia, la estructura de madera del palacio subterráneo se derrumbó a los 21 años y tuvo que desmantelarla y reconstruirla.

La Tumba Zhaoxiling pertenece a la emperatriz viuda Xiaozhuang, madre del emperador Shunzhi y abuela del emperador Kangxi. Ella ayudó a los dos emperadores que les sucedieron a gobernar el país, cuando aún eran muy jóvenes. Los historiadores la describen como una destacada estadista de la etapa inicial de la dinastía Qing.

La emperatriz viuda Cixi (1835-1908), soberana *de facto* de China por 48 años, está enterrada en la zona del Mausoleo Imperial del Este. Su tumba lleva el nombre de Dingdon. Originalmente, Cixi fue una de las concubinas del emperador Xianfeng. Tras la muerte de éste, tomó el poder supremo del país mediante un golpe de Estado. No se sintió satisfecha con el palacio subterráneo para su tumba, construido cuando aún estaba viva, y ordenó su reconstrucción, para lo cual se utilizaron los mejores materiales. Su terminación es tan refinada que el palacio se destaca entre todas las tumbas de las dinastías Ming y Qing, debido a la delicadeza y originalidad de su diseño interior y al elevado nivel tecnológico empleado.

Las reglas funerarias establecen que un hijo debe enterrarse al lado de su padre. Sin embargo, el emperador Yongzeng, quien sucedió al emperador Kangxi, consideró que el lugar donde se hallaban las Tumbas Imperiales del Este no era suficientemente bueno en lo tocante al "feng shui" y decidió buscar un lugar para sí mismo, que más tarde se convirtió en la zona del Mausoleo Imperial del Oeste, ubicado en el distrito Yixian, en la provincia de Hebei. Su hijo, el emperador Qianlong, debía tener su tumba en el mismo lugar, sin embargo, Qianlong creía que si los emperadores posteriores a él iban a estar enterrados en el Mausoleo Imperial del Oeste, la zona del Mausoleo Imperial del Este quedaría abandonada. Por tal motivo, decidió tener una tumba para él en el Mausoleo Imperial del Este. Además, estableció una regla a seguir para los emperadores posteriores: si el padre estaba enterrado en la zona del Mausoleo Imperial del Este, el hijo debía enterrarse en la zona del oeste.

Las tumbas en la zona del oeste son casi iguales a las del este, en lo que a disposición se refiere. Entre otras, se destacan:

La Tumba Tailing, que pertenece al emperador Yongzheng, construida en 1730. Al ser la primera tumba en la zona del oeste, su disposición, tamaño y forma cumplían todos los requisitos de la geomancia. Es la mayor tumba imperial en la zona del oeste.

La Tumba Changling la ocupa el emperador Jiaqing, hijo del emperador Qianlong. Es similar a la Tailing en cuanto a su tamaño.

El emperador Daoguang es el ocupante de la Tumba Muling, que se construyó en 1831. Entonces, el país afrontaba dificultades económicas. Para abogar por la práctica de un régimen de economía, el emperador Daoguang canceló la construcción de algunas estructuras de su tumba.

La Tumba Chongling pertenece al emperador Guangxu. Se completó en 1909, y es la última tumba imperial que se construyó en China.

302 La foto muestra una columna ornamental erigida ante una tumba imperial. La torre detrás de la columna alberga una lápida dedicada al emperador fallecido.

303 Vista a vuelo de pájaro del Mausoleo Imperial del Este de la dinastía Qing (1644-1911). En este sitio están enterrados cinco emperadores, cuatro emperatrices, cinco concubinas imperiales y una princesa.

303

304

305

304 La Tumba del emperador Shunzhi (1638-1661) se encuentra a horcajadas sobre la línea axial del Mausoleo Imperial del Este de la dinastía Qing. Shunzhi es el segundo emperador de la dinastía Qing y el primero para dominar el país desde Beijing después de la caída de la dinastía Ming.

305 La Tumba Xianling pertenece a los padres del emperador Jiajing de la dinastía Ming. El ocupante de la tumba no fue emperador. A pesar de esto, fue enterrado de manera imperial, ya que su hijo había sucedido el trono.

306 La foto muestra una pequeña parte de un mausoleo imperial, pero su extravagancia es suficiente para explicar por qué se necesitó años e incluso décadas para construir un mausoleo imperial.

307 El dragón fue el logotipo del emperador y la ave fénix, de la emperatriz. Por eso el dragón apareado por la ave fénix es el tema de la mayoría de las esculturas de piedra en los mausoleos imperiales.

308 La vía de la santidad de la Tumba Xiaoling, que mide unos seis kilómetros, conduce a la tumba del emperador Shunzhi. La vía está flanqueada por 36 figuras humanas y animales.

306

307

308

309

310

311

309 Tumba de la emperatriz viuda Cixi (1835-1908). La emperatriz viuda fue la soberana *de facto* de China por 48 años, y su tumba es la más lujosa y más refinada de las dinastías Qing y Ming.

310 La sala principal de la Tumba del emperador Qianlong (1711-1799) de la dinastía Qing.

311 La Tumba del emperador Yongzheng. Esta es la más grande y más imponente tumba imperial en la zona del Mausoleo Imperial del Oeste de la dinastía Qing.

312 El emperador Qianlong fue un fiel devoto del budismo. Por su orden, el palacio subterráneo donde iba a estar después de su fallecimiento fue construido como un nicho subterráneo para venerar a Buda. La foto muestra un relieve de piedra de la Diosa Budista de la Misericordia en su palacio subterráneo.

313 Palacio Subterráneo del emperador Qianlong. Dispone de tres cámaras y cuatro puertas.

312

313

314

315

314 Vista de la Tumba de Zhu Di (1360-1424), el tercer emperador de la dinastía Ming, y su esposa llamada Xu. Es la primera y también la más grande de las 13 Tumbas de la dinastía Ming construidas en las afueras de Beijing.

315 Palacio subterráneo ocupado por Zhu Yijun (1563-1620), el décimotercer emperador de la dinastía Ming y sus dos emperatrices.

316 "Guardia de honor imperial" de la vía de la santidad que conduce a la tumba ocupada por Zhu Yuanzhang (1328-1398), el fundador de la dinastía Ming y su esposa llamada Ma.

317 Vista interior de la sala principal del Mausoleo del emperador Zhu Di, que ocupa una superficie de 1.956 metros cuadrados. Merecen la atención estas grandes columnas que son en realidad troncos enteros del precioso árbol *nanmu*.

316

317

Grutas de Yungang

Las Grutas de Yungang se hallan a 16 kilómetros al oeste de la ciudad de Datong, en la provincia de Shanxi, en el Norte de China, otrora capital de la dinastía Wei del Norte (385-534), un régimen político establecido por una minoría étnica. La dinastía gobernó las zonas que se encuentran al norte del río Amarillo, durante el Período de las Dinastías del Norte y el Sur, cuando China estaba dividida.

Por orden del emperador Wencheng, para venerar a Buda, se comenzó a trabajar en 460 cuevas. El emperador, un fiel devoto del budismo, aceptó la propuesta de un proyecto que le hizo un eminente monje, llamado Tan Yao. Hacía ya más de 400 años que el budismo había entrado en China, por lo que en ese momento la veneración a Buda ya era popular en todo el país.

Más de 40.000 trabajadores y artesanos, incluyendo budistas del Reino de los Leones, territorio que ahora se conoce como Sri Lanka, tomaron parte en su construcción hasta el año 493, cuando la dinastía Wei del Norte trasladó su capital a Luoyang, en la parte central de China. Para entonces, la ladera de la Colina Yungang se había convertido en una especie de panal de grutas de un kilómetro de largo. De ellas, 53 se conservan hasta nuestros días, en las cuales se pueden contar 1.200 nichos y 51.000 estatuas budistas.

El terreno divide las grutas de la colina en tres grupos naturales, pero muy ordenados: el este, el central y el oeste. Las cuevas en la zona este albergan principalmente pagodas, y por ende se conocen como "cuevas-pagoda". La mayoría de las cuevas en la zona central tienen cámaras delanteras y traseras, con la estatua del Buda principal en el centro y relieves en las paredes y techos. Las cuevas de la zona oeste son más pequeñas, y hay nichos en algunas de ellas.

Las cinco grutas construidas bajo la supervisión del monje Tan Yao se encuentran en la zona central. Estas grutas, numeradas del 16 al 20, se construyeron en la primera fase del proyecto, el cual se completó en cinco años. Cada gruta alberga una imponente e impresionante estatua de Buda, la más alta de las cuales mide 16,8 metros de alto y la más pequeña, 13,5. En realidad, las cinco estatuas de Buda están inspiradas en las imágenes de los primeros cinco emperadores de la dinastía Wei del Norte. Especial mención merece la estatua de Buda en la Gruta No. 20, que es la imagen del emperador Wencheng, partidario incondicional del monje Tan Yao. La cueva que una vez abrigó la estatua ya no existe, debido a la erosión causada por el viento y la lluvia a lo largo de los siglos. La estatua, ahora al aire libre, tiene una expresión de misericordia y serenidad en el rostro, razón por la cual llaman a este Buda "el embajador de buena voluntad" de Yungang.

Aunque las caras de las estatuas que se encuentran en las cinco cuevas se parecen a las de los emperadores, la forma de vestir, los rodetes de sus cabellos y los adornos de sus ropas muestran influencias de culturas foráneas. Estas estatuas, para ser más exactas, se parecen muchísimo a las encontradas en Asia Central y en la India.

La construcción de grutas continuó a una escala aún mayor después de la muerte del monje Tan Yao, ya que la dinastía se hallaba en un período de auge económico. Las grutas que se construyeron durante este período son las más espléndidas de Yungang, la mayoría de las cuales tienen pisos cuadrados y cámaras delanteras y traseras. En algunas cuevas hay pagodas cuadradas, y las labras poseen mayor diversidad en cuanto a temáticas, si se compara con las de las talladas anteriormente. Además, sus estatuas tienen rasgos chinos y seculares, hecho que según los investigadores marca un hito

318

en el desarrollo del arte de las grutas de China.

Casi todas las grutas en la zona este se construyeron en parejas, debido a lo que los historiadores llaman "razones políticas". El emperador Xiaowen, coronado en el año 471, era conocido por su éxito al reestructurar el sistema político de la dinastía, tomando el de los *han* como modelo. Su reforma fue tan meticulosa que incluso se adoptó el estilo de vida de esta etnia. No obstante, durante los primeros 20 años de su reinado, fue su abuela, la emperatriz viuda Feng, la que gobernó entre bambalinas. Como la construcción de las grutas era ordenada y en su mayoría financiada por el emperador, era natural que la familia imperial mandara cavar cuevas dobles, una para representar al emperador y la otra para representar a la emperatriz viuda.

De las cuevas cavadas en este período, se destaca una construida en una ladera de 25 metros de alto y 50 metros de ancho que es la de mayor tamaño y a la vez la que menos estatuas posee. En ella también se encuentran una estatua de sólo dos centímetros de alto, más pequeña que cualquier otra estatua en Yungang, y una inscripción grabada con 366 caracteres chinos. La inscripción, hecha el 30 de agosto del año 483, cuenta cómo un grupo de 54 budistas reunieron fondos para mandar a labrar estatuas budistas. Este es el registro más antiguo que existe sobre la construcción de las Grutas de Yungang y también el más extenso con respecto al número de caracteres. Además, los caracteres han sido considerados como trabajos caligráficos de alto nivel.

Sin embargo, las cuevas números 5 y 6 son las más espléndidas y típicas de las Grutas de Yungang. Frente a las cuevas se yergue una torre de madera de cuatro pisos, construida hace 340 años. Con los pasamanos pintados de rojo y las tejas verdes, la torre tiene cinco cámaras en cuatro pisos. Si nos paramos en el último piso de la torre, experimentamos la sensación de estar en la tierra de Buda.

La mayor estatua de Buda en Yungang, de 17 metros de alto, se halla en la Cueva No. 5. En sus rodillas caben 120 personas paradas una al lado de la otra, y 12 en cada pie. La Cueva No. 6 tiene mayor valor artístico. Atesora obras artísticas budistas: esculturas, estatuas y murales de dioses y diosas budistas, pájaros y animales auspiciosos, bellas flores y plantas exóticas, e imágenes de los que financiaron la construcción de la gruta. Se encuentra lo mismo en el piso que en el techo.

En las cuevas que conforman la zona este de Yungang hay dos importantes tipos de imágenes artísticas. Las imágenes de los dos guardianes más importantes de los dioses del budismo, Vishnu y Mahevara, pertenecen al primer tipo. El primero, con cinco cabezas y seis brazos, se representa montado en un pavo real, y el último, con tres cabezas y ocho brazos, montado en un toro. El pavo real simboliza la sabiduría, y el toro, las buenas cosechas. En cuanto a su estilo artístico, las estatuas se consideran únicas, por constituir una prueba de la influencia de las culturas extranjeras y de la cultura china.

Al segundo tipo pertenecen las diosas en vuelo, que se encontraron en las cuevas números 9 y 10. Las diosas bailan graciosamente mientras vuelan en el cielo, y son tan bellas como las encontradas en las Grutas de Dunhuang.

La Cueva No. 12 muestra músicos y bailarines que celebran la conversión en Buda de Sakyamuni, fundador del budismo. Los "artistas", por así decirlo, llevan vestidos de las minorías étnicas del Norte de China, y sus instrumentos musicales son en su mayoría extranjeros. Juntos, crean una escena que no puede ser más espectacular.

Las grutas cavadas después de que el emperador Xiaowen mudó la capital de su dinastía para Luoyang dejaron de ser santuarios imperiales. Las cuevas construidas con donaciones de aristócratas y monjes budistas en la vieja capital son más pequeñas que las construidas anteriormente. La mayoría de las estatuas que se encuentran en ellas son más bien de estilo chino, lo cual es considerado por los investigadores como el preludio del tipo de creación artística que caracteriza a las Grutas de Longmen.

Las Grutas de Yungang poseen la mayor colección de obras de arte en cuevas de toda China. El sitio fue inscrito por la UNESCO en la lista del Patrimonio Cultural Mundial en el año 2001.

319

318 El labrado de las Cuevas enumeradas del 16 al 20 se inició en el año 460 con el apoyo directo del emperador de la dinastía Wei del Norte. La foto muestra la cabeza de Buda en la Cueva No.16.

319 Esta estatua de Buda en la Cueva No.20 tiene 13 metros de altura y es una obra representativa del arte de las Grutas de Yungang.

320

320 Cuando Buda predicaba las doctrinas, las Apsaras Volantes bailaban en el cielo y esparcían flores. El relieve en el techo de la Cueva No.10 muestra a las Apsaras Volantes esparciendo flores desde el cielo.

321

322

321 Mahevara, dios guardián budista, en la Cueva No.8, con tres cabezas y ocho brazos, se representa montado en un toro blanco.

322 Estatuas de Bohisattvas y algunos discípulos en la Cueva No.18. Estos relieves son obras maestras creadas en la primera fase de la construcción de las Grutas de Yungang.

323

324

323 Las esculturas en la Cueva No.12 describen la representación artística en celebración de la conversión en Buda de Sakyamuni. Por consiguiente la cueva es conocida como la "cueva de música".

324 Las Grutas enumeradas del 9 al 13 se labraron a fines del siglo V y fueron pintadas más tarde en 1891. La foto muestra la Cueva No.9, que se divide en dos cámaras. Aquí se encuentra la estatua de Buda de dos centímetros de altura, la más pequeña en Yungang.

325

326

325 La estatua de Maitreya con piernas cruzadas en la Cueva No.13 tiene 13 metros de altura. Debajo de su brazo, se ve una estatua del Hombre Hercúleo que sirve para apoyar la estatua mientras produce un efecto decorativo.

326 Una serie de 33 "dibujos" en la Cueva No.6 relata la historia de Sakyamuni desde su nacimiento hasta su conversión en Buda.

327 En la Cueva No.11, hay siete estatuas de Buda que llevan los mismos "vestidos" de los nobles del Sur de China en aquel período, lo que indica que el arte de las grutas tiene ya rasgos chinos y seculares.

327 ►

Tres Ríos Paralelos de las Areas Protegidas de Yunnan

En 1985, un funcionario de la UNESCO se quedó asombrado cuando, al examinar un mapa obtenido con la técnica de sensor remoto por satélite, encontró tres poderosos ríos que corrían uno al lado del otro, en un punto del Sudoeste de China comprendido entre los 25° 30' y 29° de latitud N y los 98° y los 100° 30' de longitud E. El funcionario, una persona experimentada y de amplios conocimientos, se percató de inmediato de que la zona era una maravilla de la naturaleza, de gran valor científico.

Poco después de haber sido notificado, el Gobierno chino envió expertos al lugar para realizar trabajos sobre el terreno. En 1998, la zona de Sanjiang (tres ríos), de 34.000 kilómetros cuadrados, donde se alinean los ríos Nujiang, Lancang y Jinsha del oeste al este, fue declarada sitio pintoresco bajo protección estatal. Más tarde, el día 2 de julio del 2003, su zona central, de 17.000 kilómetros cuadrados, fue inscrita en la lista de los sitios declarados Patrimonio Natural Mundial por la UNESCO.

La zona de Sanjiang abarca parte de la prefectura de Lijiang, de la prefectura autónoma tibetana de Diqing y de la prefectura autónoma *lili* de Nujiang, en la provincia de Yunnan. Los tres ríos, el Nujiang, el Lancang y el Jinsha, que tienen su origen en las montañas Tanggula en la Meseta Qinghai-Tibet, conocida como "el techo del mundo", discurren por entre las imponentes cadenas montañosas, mientras corren hacia el sur, casi paralelamente, a lo largo de unos 170 kilómetros. La distancia en línea recta entre los cursos más cercanos de los ríos Nujiang y Lancang es de sólo 18,6 kilómetros, y la que existe entre los cursos más cercanos de los ríos Lancang y Jinsha, es de 66,3.

Al mirar la zona de Sanjiang desde un avión en vuelo, no podemos menos que maravillarnos con su pintoresco paisaje, que los científicos atribuyen al movimiento de formación del Himalaya que ocurrió hace unos 60 millones de años. Un regalo para nuestros ojos son sus cordilleras que serpentean, sus picos cubiertos de nieve, sus lozanos bosques, sus pantanales de resplandecientes colores y los lagos de la altiplanicie que brillan bajo el sol. Los ríos se abren paso por entre las cuatro cadenas montañosas y se adentran entre 2.000 y 4.000 metros en los valles. De igual manera, las cadenas montañosas Gaoligong, Nushan (conocida también como Biluo) y Yunling, así como las Montañas Nevadas Mayor y Menor serpentean en paralelo del oeste al este.

A medida en que corre hacia el este, el río Jinsha, donde los ríos Yalong, Dadu y Jialing vierten sus aguas, se expande hacia el curso superior del Yangtsé, el mayor río de China y el cuarto más largo del mundo. Hace un giro en el poblado Shigu de la prefectura de Lijiang y después llega hasta la costa este del Pacífico. El Cañón del Tigre Saltarín, que se encuentra entre las montañas nevadas de Yulong y Haba, ruge a medida que el río corre y produce un sonido que puede escucharse a varios kilómetros de distancia. El cañón tiene 16 kilómetros de largo, y su curso más estrecho tiene sólo 30 metros de ancho, mientras que el valle tiene 3.000 metros de profundidad.

El río Nujiang cae virtualmente por entre las empinadas Montañas Gaoligong y Biluo. La pendiente por la que desciende es tan pronunciada que se forman peligrosos rápidos a lo largo de todo su curso. Los precipicios que flanquean el río son tan escarpados –casi verticales, para ser más exactos- que, como dice un refrán local "ni las cabras salvajes ni los monos pueden subir". Este río, una vía fluvial internacional, es el curso superior del río Thanlwinn de Myanmar, que vierte sus aguas en el Océano Índico.

El Lancang, el quinto río más largo de China, es el curso superior del río Mekong que serpentea por Myanmar, Laos, Tailandia, Camboya y Vietnam, antes de desembocar en el

Mar de la China Meridional. El curso del río entre las montañas nevadas de Yunling y Biluo forma un terreno relativamente llano, aún cuando el valle tiene una profundidad que oscila entre los 2.000 y los 3.000 metros, donde se pueden ver hermosas aldeas aquí y allá.

Imponentes montañas nevadas, densos bosques, impresionantes valles y cañones de hasta 4.000 metros de profundidad – éstas son algunas de las características más notables de la zona de Sanjiang, con cuatro cadenas montañosas que se yerguen una al lado de la otra y tres ríos poderosos que corren paralelamente. Los científicos estiman que esta zona es el resultado de un choque entre la placa hindú y la placa euroasiática, que aconteció hace 40 millones de años - una secuela del movimiento de formación del Himalaya. La fuerza generada por este choque tectónico está más allá de lo que se pudiera imaginar, y prueba de ello son las rocas típicas de las profundidades del mar encontradas en la cima de las montañas, que se elevan a 4.000 metros sobre el nivel del mar. La zona de Sanjiang posee la mayor diversidad geológica del mundo, ya que muestra todos los paisajes naturales del Hemisferio Norte, excepto desiertos y océanos.

En total, la zona tiene 118 picos cubiertos de nieve, que se elevan a más de 5.000 metros sobre el nivel del mar. Entre ellos se destaca el Monte Meili, al que los tibetanos consideran sagrado y los mortales no tienen acceso. Un glaciar, de más de 4.000 metros de largo, serpentea cuesta abajo hasta llegar a los bosques que se hallan a 2.650 metros sobre el nivel del mar. En realidad, es el glaciar que se encuentra a menor altura de todos los del hemisferio norte. El pico del Monte Meili, conocido como Monte Kawagebo, se yergue a 6.740 metros sobre el nivel del mar y es el más alto en la zona de Sanjiang. Aunque tiene 2.100 metros menos de altura que el Monte Qomolangma, "el pico de la tierra", el Monte Kawagebo ha permanecido virgen, olvidado por el alpinismo, ya que está cubierto de nieve y sumido en densa niebla y abundantes nubes todo el año, y ocurren allí frecuentes vendavales. En enero de 1991, todos los integrantes de un equipo formado por 17 escaladores chinos y japoneses perecieron al tratar de conquistarlo.

En la zona de Sanjiang existe otra maravilla geológica, conocida como "tierra de piedras rojas" – precipicios color rojo púrpura que se formaron como resultado de la erosión de estratos de roca arcillosa durante millones de años. Estos precipicios son maravillas pintorescas bajo el cielo azul, sobre un fondo de montañas cubiertas de nieve y densos bosques. La tierra de piedras rojas en Liming está catalogada como la

328

mayor y mejor desarrollada de su tipo en el mundo, y también la que se encuentra a mayor altura. Liming está enclavada en el Monte Laojun, a 140 kilómetros de Lijiang. La ciudad antigua de Lijiang, dicho sea de paso, es uno de los sitios incluidos en la lista de la UNESCO del Patrimonio Cultural Mundial.

La diversidad de formaciones terrestres de la zona de Sanjiang es producto de su diversidad meteorológica. Si subimos desde el Valle Nujiang hasta el Monte Kawaboge, el pico de ese lugar, que se halla a una altura de no más de 6. 000 metros, pasamos, una a una, por la zona subtropical del sur, la subtropical central, la subtropical del norte, la templada moderada, la templada, la templada fría y la glacial. La naturaleza ha dotado a la zona de la mayor biodiversidad del mundo. La zona representa sólo el 0,4 por ciento de la masa terrestre de China, pero en ella crecen con fuerza más de 6. 000 especies de plantas superiores, el 20 por ciento del total de las identificadas hasta el momento en el país. La zona también cuenta con la cuarta parte de las especies animales de China. Entre ellas figuran algunas que quedaron del período cuaternario, de hace un millón de años, conocidas por su valor científico. Además, es el hábitat más importante del mono de pelo dorado de Yunnan, un "tesoro nacional" tan raro y precioso como el panda gigante. La zona de Sanjiang, donde se identifican más de 200 variedades de azaleas, se convierte en un "mar de flores" cuando llega la primavera. Por todas estas razones, la Academia de Ciencias de China la ha colocado en el primer lugar de la lista de 17 zonas claves protegidas en el país por su biodiversidad. Por otra parte, la zona es conocida como "la mayor fuente de genes biológicos del mundo".

En el año 1883 llegaron a la zona varios misioneros franceses para recoger especímenes de plantas y animales. En 1904, sobre la base de sus hallazgos, el profesor Balfour, del Royal Botanical Conservatory de Edimburgo, en el Reino Unido, llegó a la conclusión de que las plantas que crecen en las montañas en el noroeste de la provincia china de Yunnan eran demasiado prometedoras como para cultivarlas en jardines británicos. Entonces, a solicitud del profesor, llegaron los científicos del Reino Unido. Al hacer la valoración técnica de la zona para su registro en la lista de la UNESCO del Patrimonio Natural Mundial, los expertos de la Unión Internacional para la Conservación de la Naturaleza dijeron que difícilmente se podría encontrar una zona que se igualara a Sanjiang en lo que respecta a su diversidad ecológica y a sus formaciones terrestres.

En la zona de Sanjiang, residen 14 de las 56 etnias de China con una población aborigen de 800.000 habitantes, quienes hablan diferentes lenguas, poseen diferentes creencias religiosas y tienen distintas culturas. Sin embargo, sus identidades étnicas se han conservado en buena medida. Aunque apartadas del resto del mundo por lo adverso del terreno, han ejercido cierto magnetismo sobre los científicos, aventureros y visitantes desde hace mucho tiempo. Joseph Locke, un viajero estadounidense que escribía para la revista *National Geographic*, vivió en el noroeste de Yunnan durante más de 20 años a principios del siglo XX.

En 1933, la palabra "Shangai-La" apareció por primera vez en la novela británica *Dissappearing Horizon.* Es un mundo de ensueño que pertenece tanto a los seres humanos como a las deidades, donde las personas viven en perfecta armonía con la naturaleza. Las investigaciones textuales y los estudios sobre el terreno han llevado a la conclusión de que la inspiración del autor, James Milton, vino de zonas de Yunnan habitadas por tibetanos, incluyendo lo que es hoy la prefectura autónoma tibetana de Diqing.

328 La foto muestra el Glaciar Mingyong, de unos 4.000 metros de largo, que se extiende hasta la aldea Mingyong a 2.650 metros sobre el nivel del mar, se encuentra a menor altura de todos los glaciares del Hemisferio Norte.

329 La "primera curva" del río Yangtsé. El río Jinsha corre hacia el sur, hace un giro de más de 180 grados en el poblado Shigu de la prefectura de Lijiang y luego se dirige hacia el nordeste.

329

330 Vista de la Montaña Miancimu, pico de la Montaña Meili, y aldeas étnicas tibetanas situadas al pie de la montaña. "Miancimu" significa en la lengua tibetana "hija del Dios de los Mares", por lo tanto es también conocida como "montaña de la beldad".

331 Vista de la Reserva Natural Baimang Xueshan en la zona de Sanjiang, que es considerada como una zona rica en ruinas geológicas y diversas formaciones terrestres.

332 La primera curva del río Nujiang en el poblado Bingzhongluo, en el distrito autónomo de la etnia *dulong* de Gongshan.

333 En la zona de Sanjiang, hay 118 picos cubiertos de nieve, que se elevan a más de 5.000 metros sobre el nivel del mar, y se ven glaciares sin cuento.

332

333

334

335

334 Cable aéreo en el Cañón del río Nujiang.

335 Cañón del río Lancang.

336 Vista del pico del Monte Meili, conocido como Monte Kawagebo, se yergue a 6.740 metros sobre el nivel del mar y es el más alto pico en la zona de Sanjiang. El Monte Kawagebo aún permanece virgen, "inaccesible" para los alpinistas.

337 Una escena típica en Liming de la prefectura de Lijiang con formaciones terrestres de piedras rojas.

336

337

338

339

338 El Monasterio Songzanlin en Diqing, el mayor santuario de la escuela tibetana del budismo en la provincia de Yunnan. Fue construido en 1679.

339 El Lago Napa, que significa en la lengua tibetana "lago al lado del bosque", se convierte en su mayor parte en pantanales o terrenos bajos y herbosos en la época de sequía.

340 Abetos y flores de azalea en la Reserva Natural del Monte Qianhu.

341 Prímula (*Prímula malacoides*).

342 Flores de *meconopsis*. En el mundo se han identificado en total 49 variedades de la familia de *meconopsis*. China tiene más variedades que cualquier otro país en el mundo. Las flores de *meconopsis* se abren principalmente en lugares a más de 3. 000 metros sobre el nivel del mar en el noroeste de la provincia de Yunnan. Constituye una de las ocho famosas flores de Yunnan.

343 Terreno bajo y herboso de la meseta.

344 El mono de pelo dorado, primate propio de China y "tesoro nacional" tan raro y precioso como el panda gigante, vive principalmente en la zona de Sanjiang, provincia de Yunnan.

340

341

342

343

344

Capitales y tumbas del antiguo reino de Koguryo

El 1 de julio del 2004, las Capitales y tumbas del antiguo reino de Koguryo fue inscrita en la Lista del Patrimonio Mundial. Se distribuye principalmente en el territorio de la ciudad Ji'an de la provincia Jilin y en el condado Huanren de la provincia Liaoning, incluyendo la ciudad del Monte Wunv, la ciudad de Guonei, la ciudad del Monte Wandu, 12 tumbas reales, 26 tumbas de nobles, la estela de Gwanggaeto y el el túmulo acompañante N º 1 de la tumba del General.

Koguryo es un antiguo reino de la minoría china del noreste de China. Se fundó en el año 37 A.C y cayó en 668 D.C. En total duró 700 años.

La ciudad del Monte Wunv es la fortaleza de la guarnición de la primera capital del reino Koguryo y fue fundada en el año 37 A.C. La ciudad ocupa principalmente cinco plataformas de la cumbre del pico principal y la vertiente oriental del Monte Wunv. Al oeste, norte, y sur se encuentran acantilados de unos cien a doscientos metros. Es un terreno que facilita la defensa y difícil de conquistar. A la mitad de las laderas relativamente planas del este y el sureste se alzan murallas de piedra. El plano de la ciudad tiene más o menos la forma de bota. Mide unos 1.500 metros de norte a sur y de 300 a 500 metros de ancho de este a oeste. Está dividida en la parte superior e inferior del monte. Actualmente se conservan las murallas, la puerta de la ciudad, puertas, carreteras de caballos, bases de grandes edificios, sitios de edificios residenciales, estanques, miradores, puestos de guardia, etc. La ciudad dispone de tres puertas.

En los últimos años, los arqueólogos excavaron aquí muchas reliquias del reino Koguryo, tales como la base N º 1 de gran construcción, edificio de seis habitaciones de 13,5 metros de largo y 5 metros de ancho; cerámica y artefactos típicos de la etapa temprana del reino Koguryo. Según la escala y el nivel de la construcción se deduce que son ruinas del palacio. El bloque de edificios residenciales está compuesto por más de 20 sitios de vivienda densamente distribuidos. Son edificios semi –subterráneos de forma cuadrada o rectangular, en que se establce el kang calentado en forma de reglas plegables. Las reliquias desenterradas son en la mayoría flechas de hierro o pedazos de armadura, por eso se deduce que son ruinas de cuarteles.

El mirador alto y erguido es el punto más elevado de la ciudad del Monte Wunv. Desde este punto alto se obtiene una vista amplia del alrededor, de ahí es comúnmente conocido como "el punto de revisión del ejército"

Los expertos creen que debido a la ubicación geográfica difícil, la incomodidad del transporte y las malas condiciones de vida, y considerando el espacio de la parte superior del monte, las condiciones de vida y los sitios arquitectónicos, en el monte sólo se pueden vivir normalmente decenas de personas, y como máximo un centenar de personas. Por lo tanto, era casi imposible que la nobleza del reino Koguryo vivieran aquí diariamente, sino que lo tomaban como un refugio en las guerras.

En el año 3 D.C, el segundo rey de Koguryo trasladó la capital del país a la ciudad de Guonei, mientras construyó la ciudad de Weinayan, que recibió después el nombre de la ciudad del Monte Wandu. La ciudad de Guonei y la ciudad del Monte Wandu son las capitales del reino Koguryo que funcionaron durante el tiempo continuo más largo, y se encuentran respectivamente en las llanuras y las montañas cercanas, formando una pareja de capitales anexas. Los reyes de Koguryo vivían normalmente en la ciudad en las llanuras, pero luego se retiraban a la ciudad de defensa en las montañas en caso de peligro.

La ciudad de Guonei se encuentra en la llanura de

345

Tonggou a la orilla derecha del curso medio del río Yalu. Históricamente ha sido un lugar de "montes altos y aguas profundas donde se encuentran tierras fértiles de cereales, animales y peces". La Ciudad tiene una forma cuadrada. La muralla este es de unos 550 metros de largo y las murallas oeste, sur y norte son de más de unos 700 metros. Debido al tiempo remoto, ya no quedan conservados los edificios del periodo del reino Koguryo y la mayor parte de las murallas ya no se aprecia su estado original. Sólo la Muralla norte está bien conservada. Esta parte tiene 7-10 metros de ancho y 3-4 metros de altura.

La ciudad del Monte Wandu se sitúa a 2,5 km al norte de la ciudad de Guonei. Construida en las montañas, se había aprovechado de la tendencia natural del pico para construir murallas en las crestas. La muralla está al lado de los acantilados cerca del río. En la parte interior se hallan pendientes relativamente suaves y toda la ciudad tiene forma de un recogedor. La muralla mide 6951 metros y en ella se han encontrado 7 puertas.

La ciudad del Monte Wandu tiene las montañas como una barrera natural y toman las bocas del valle como puertas de la ciudad. Es fuerte para la defensa, mientras que el interior de la ciudad es bastante amplio y de un ambiente hermoso. Combinando hábilmente la función militar, la fabricación y la función residencial en un sitio, esta ciudad es la ciudad de monte más típica de la era de Koguryo.

Según los registros históricos, siendo la ciudad de la guarnición militar de Koguryo, la ciudad del Monte Wandu había sido dos veces capital temporal, una vez de tres años y otra vez de 13 años. Analizando la disposición general de la montaña, los edificios de la ciudad se encuentran principalmente alrededor del palacio y de las puertas importantes, y en otras zonas no se encuentran bloques grandes de edificios. Esto quiere decir que por un lado, aunque la ciudad del Monte Wandu ha sido usada dos veces como la capital del reino, pero su función principal sigue siendo la defensa militar; y por otro lado, el sitio del palacio de la ciudad debe tener una doble función, tanto del palacio como de la Delegación del Gobierno.

Fuera de la ciudad de Guonei y la ciudad del Monte Wandu, en las llanuras rodeadas por las montañas, se conservan una las 7.000 tumbas de la era Koguryo, que merece el nombre del bloque más grande de tumbas del noreste de Asia. Dentro de estas, una decena de tumbas grandes representadas por la tumba del General y la tumba de Taiwang y numerosos murales de la nobleza son microcosmos del alto alcance de la técnica arquitectónica y el logro artístico.

La tumba del General está ubicada en el barranco al pie del Monte Longshan, a cuatro kilómetros al noreste de la ciudad de Ji´an de la provincia de Jilin. Está construida por más de 1.100 bloques de granito. Tiene una altura de unos 12 metros y la parte inferior es de unos 31 metros. El cuerpo de la tumba tiene forma de cono cuadrado y tiene un total de siete escaleras, la cual se asemeja a la forma de la tumba del antiguo faraón egipcio. En el medio del altar de la quinta escalera de la tumba hay una rampa que conduce a la cámara de la tumba. En la cámara hay dos ataúdes situadas del este al oeste. La tumba del General tenía originalmente cinco túmulos acompañantes, pero hoy en día sólo se conserva uno. Este tiene forma diferente que la tumba del General y es de menor escala. Según la investigación, esta tumba debe ser del vigésimo rey de Goguryo- el rey Jangsu.

No muy lejos de la Tumba del General se encuentra la Estela de Gwanggaeto de seis metros de altura, construida por el rey Jangsu para conmemorar las hazañas de su padre.

El rey Gwanggaeto subió al trono a la edad de 18 años en el año 391 y murió a los 39 años. Su reinado de 22 años fue un periodo de prosperidad sin precedentes en el desarrollo de la historia de Koguryo. En los cuatro lados de la estela hay inscripciones de caracteres oficiales del chino. El texto original tenía 1.775 caracteres. Eliminando los perdidos y descascarillados por las grietas y desgastes, actualmente se conservan 1.590 palabras. La inscripción describe los orígenes de Koguryo y los mitos y leyendas de la fundación del reino, y registra también las hazañas de las conquistas en las guerras del rey Gwanggaeto, así como el sistema de la vigilancia de la tumba. Actualmente hay muy pocos artefactos y textos conocidos sobre la historia de Koguryo, y la Estela de Gwanggaeto es un documento textual más largo entre ellos.

Los murales de tumbas de las familias reales y nobles de Goguryo son de alrededor de la mitad del siglo IV D.C. Los primeros murales representaban en la mayoría situaciones de la vida real como fiestas en casa, viajes, bailes, la acrobacia, la caza, la guerra, la capitulación de cautivos, etc. Más tarde, sobre todo en la etapa final, la mayoría de ellos presentan los mitos y leyendas y contenidos religiosos. En unas tumbas el tema principal era los cuatro símbolos: el pájaro bermellón, la tortuga negra, el dragón azul y el tigre blanco. Además, también hay figuras muy características de la cultura de las Planicies Centrales, tales como Fuxi y Nvwa, el Emperador Amarillo Shen Nong, hadas, monjes, sacerdotes taoístas, etc., representando una rica cultura del confucianismo, el budismo y el taoísmo. Estos hermosos murales, aunque después del paso de milenios, aún son coloridos y de gran valor artístico, pero lo más importante es que reflejan diferentes aspectos del desarrollo histórico de Koguryo.

Según la conclusión del estudio de evaluación encargado por el Comité del Patrimonio Mundial y realizado por el Consejo Internacional de Monumentos, este sitio es una obra maestra de la manifestación de la creatividad y la sabiduría humana. Las ciudades y tumbas construidas en la historia temprana y estilo único de arte mural de las tumbas reflejan la influencia de la dinastía Han en las culturas étnicas de otras naciones y representan la civilización Koguryo desaparecida. Las capitales contruidas por la dinastía Koguryo utilizando piedras, tierra y otros materiales han dejado huellas en el periodo posterior de la historia, y demuestra la combinación perfecta de la creación humana y la naturaleza.

345 Dibujo de la equitación y puntería en los murales de la cámara de tumba

346 La ciudad del Monte Wunv

346

347

348

347 Las ruinas del palacio de la ciudad del Monte Wandu

348 La ruina de la puerta 1 de la ciudad del Monte Wandu

349 Dibujo del pájaro bermellón en los murales de la cámara de tumba

350 Murales de las rampas

349

350

351

352

353

354

355

351 La tumba del General

352 La zona de tumbas de la aristocracia a pie de la ciudad del Monte Wandu

353 copia clacada de la Estela del rey Gwanggaeto

354 Las figuras de Fuxi y Nvwa en los murales de la cámara de la tumba Wukui

355 Los murales de la tumba de Danza

Centro histórico de Macao

El centro histórico de Macao es un barrio núcleo del casco antiguo de esta ciudad. Está formado por plazas y calles conectadas entre sí, incluyendo más de veinte edificios históricos y varias plazas, que están distribuidos principalmente en un territorio estrecho y largo que va desde el centro hasta el lado suroeste de la península de Macao. Esta zona es el corazón del caso antiguo donde vivían los extranjeros, sobre todo los portugueses.

En el siglo XV, disponiendo de la nueva tecnología marítima, Portugal tenía el deseo de ampliar las fronteras, encontrar riquezas y tierras y difundir al mismo tiempo el poder católico romano. Desde el año 1557, los extranjeros, sobre todo los portugueses, comenzaban a establecerse en Macao. Desde entonces, Macao se ha convertido poco a poco en un importante puerto comercial de China para los comerciantes extranjeros, quienes construyeron aquí casas, iglesias, carreteras, cementerios, etc. Con la presencia de cada vez más extranjeros se introdujeron diferentes pensamientos culturales, habilidades profesionales y costumbres, lo cual ha puesto Macao en la vanguardia del contacto entre China y la cultura occidental.

Debido a la potencia del papel dominante de la Iglesia, los primeros edificios públicos construidos fueron las iglesias. Poco a poco se empezaron a elevar alrededor de la iglesia edificios residenciales de los portugueses que irradiaban hacia fuera, formando el esquema más antigua de Macao. Después del siglo XVII, los portugueses construyeron fuertes y murallas de varios tamaños para defenderse del ataque de los Países Bajos, Francia, Gran Bretaña y otras potencias. Durante la Guerra del Opio, ellos demolieron estas murallas para expandir hacia el exterior.

Hoy en día, un gran número de edificios históricos en Macao se conserva en perfecto estado, los cuales muestran las características típicas de la ciudad portuaria y de los asentamientos sino-portugués tradicionales. Entre ello, los más llamativos son los edificios de estilo occidental, que son los más antiguos, más concentrados y mejor conservados de la arquitectura occidental en la China actual.

Paseando por el barrio antiguo, se observa vivamente la historia de Macao y las huellas de la vida de los antiguos portugueses.

El Templo de Matsu, dedicado a la diosa china del mar Matsu, es uno de los templos más antiguos de Macao. Hoy en día todavía reciben muchos peregrinos y ha sido el testigo de la transformación de Macao durante siglos de un pueblo de pescadores a una ciudad. La plaza del Templo de Matsu fue el lugar donde los portugueses aterrizaron y pisaron la tierra de Macao. A poca distancia del templo hay una iglesia de San Lorenzo, el templo del dios del mar de los portugueses. Los chinos lo llaman "Iglesia de los signos del viento." En el tiempo antiguo, las navegaciones de los portugueses estaban dependiendo los signos del viento, por lo tanto ello solían rezar aquí.

En la colina de la Fortaleza de Guía de Macao hay un faro construido en el año 1864, que irradiaban durante unos cien años a 25 millas marinas alrededor de Macao para guiar las navegaciones para innumerables marineros. Este faro más antiguo de China todavía está en uso.

356

La plaza de Lilau trata de una de las regiones habitadas más antiguas de los portugueses, y quizá el lugar donde se encuentran más testigos del estilo de vida antigua.

La plaza de San Agustín es el principal lugar de diversión de los portugueses. Construido en 1860, el Teatro de Don Pedro V es el primer teatro de estilo occidental de China, y también el sitio para importantes actividades de la comunidad portuguesa. Se conoce entre los portugueses como "el gran salón".

La Plaza del Senado ha sido siempre el corazón de Macao y el lugar de celebración de ceremonias y reuniones. Los pasados gobernadores nuevos asignados revisaban aquí la policía del ejército y de la marina. Hoy en día, aunque este sitio ya deja de ser el centro del poder político, sigue siendo el centro de la ciudad y un buen lugar para ir de compras y entretenimiento, así como el lugar de encuentro y de fiestas.

Alrededor de las tres plazas se encuentran unos edificios de características arquitectónicas del sur de Europa que reflejan el arraigo del arte arquitectónico occidental en Macao. Además, da la sensación de desenvolverse entre las calles portuguesas y permite sentir el ambiente relajado de Portugal.

Paseando a lo largo del bloque histórico de Macao, se presente delante de la vista una ruta del desarrollo de la Iglesia católica en Macao.

Durante la historia, un gran número de misioneros católicos se establecieron en Macao para participar activamente en el trabajo misionero en el Lejano Oriente. Bajo los esfuerzos de diferentes órdenes religiosas se creó una gran cantidad de las primeras iglesias de China dejando un testimonio en la historia.

El arco de San Pablo ha sido la fachada de la catedral de la universidad de San Pablo. Esta universidad es la primera universidad de China de estilo occidental. Fundada en 1594 cerrada en 1762, la universidad había formado a un gran número de profesionales para la difusión de la Iglesia Católica en el Lejano Oriente y en China. En 1835, la universidad y su catedral fueron destruidas por un incendio, dejando sólo la parte frontal de la fachada de la iglesia, la mayoría de la base y los escalones de piedra en frente de la iglesia. Debido a que las ruinas después del incendio parecen al arco de la arquitectura china, los nativos le ha dado el nombre de Arco de San Pablo. Ahora qse ha convertido en un símbolo de Macao.

La Santa Casa de la Misericordia, la primera organización benéfica de Macao, fue fundada en 1569. Disponía de instituciones como Hospital San Rafael, guardería, hospital de lepra, hogares de ancianos, orfanatos, etc. el Hospital San Rafael es el primer hospital de estilo occidental en la historia de China, y ha sido testigo de la importancia del papel de Macao en el intercambio cultural entre la cultura oriental y occidental en aquel entonces. Ahora, el Consulado General de Portugal en Macao construido en el sitio original del hospital supone el inicio de otra página en la historia de Macao.

La Iglesia de Rosario fue fundada por Santo Domingo (dominicos) en 1587, y fue la primera iglesia de este en China. Como la iglesia era dedicada al Santo Rosario, recibió el nombre de "Iglesia de Rosario". Los dominicanos publicaron en 1822 el primer periódico portugués en China, "La abeja de China" (A Abelha da China). Desde 1929, la iglesia se convirtió en un lugar importante del culto a la Virgen de Fátima de Portugal. El 13 de mayo de cada año se celebran desfiles de la figura de Nuestra Señora de Fátima, una de las fiestas locales importantes de la Iglesia Católica.

La parroquia (Catedral) es donde se encuentra el órgano supremo de la sede de la Iglesia católica en Macao. Además de encargarse de los trabajos principales de la zona, cuando los antiguos gobernadores asumieron el cargo en Macao, tenían la costumbre de venir a este lugar para poner el bastón al lado de la figura de Nuestra Señora para simbolizar lo divino del poder.

Caminando en el distrito histórico de Macao se siente la coexistencia armoniosa de culturas oriental y occidental. Esta es un espacio en que coexisten diversas creencias y costumbres: a poca distancia del Templo de Matsu, la diosa del mar de China, se encuentra la Iglesia de San Lorenzo, el dios del mar occidental; junto a las imponentes ruinas de San Pablo está de pie en silencio el Templo de Na Tcha, templo lleno de encanto de la cultura china; en la Iglesia de Nuestra Señora de las Nieves de la Fortaleza de Guía se contemplan murales en que se combinan contenidos occidentales y dibujos chinos ...... los edificios vecinos de diferentes estilos de la arquitectura china y occidental se influyen y se mezclan. Hasta hoy, los vecinos de diferentes creencias y costumbres de este distrito histórico aún mantienen sus tradiciones. Con los festivales ricos y diversos se conserva la fusión de la cultura china y occidental de Macao.

El julio de 2005, el Centro Histórico de Macao fue declarado como Patrimonio de la Humanidad.

357

358

356 La Fortaleza de Guía fue construida en 1622 y disponía de una iglesia pequeña y un faro, que fue el primer faro moderno de la costa china.

357 La Iglesia de Santo Rosario (dominicos) fue creada por Santo Domingo en 1587, y fue la primera iglesia en China de esta orden relgiosa. Recibió este nombre porque la iglesia estaba dedicada al Santo Rosario.

358 La Santa Casa de Misericordia fue construida en la segunda mitad del siglo XVIII y era de estilo arquitectónico neoclásico.

359 El Arco de San Pablo fue originalmente la fachada de la catedral de la Universidad de San Pablo. Los nativos lo llaman así debido a que tiene la forma de arco chino tradicional.

359

360

361

360 La Iglesia de San Lorenzo fue fundada a la mitad del siglo de XVI y es una de las tres iglesias más antiguas de Macao. Los antiguos marineros portugueses solían rezar antes de empezar las navegaciones.

361 La parroquia (Catedral) es donde se encuentra el órgano supremo de la sede de la Iglesia católica en Macao.

362

362 La Iglesia de San Antonio es una de las tres iglesias más antiguas de Macao. Los portugueses solían celebrar aquí las bodas.

363 Ubicada en la Plaza del Senado, el edificio de Asuntos Cívicos y Municipales fue construido en 1784 y tiene significativas características arquitectónicas del sur de Europa.

364 La Plaza del Senado recibe el nombre porque está al lado del Cenado (el antiguo ayuntamiento de Macao), y siempre ha sido el centro de la ciudad. Aquí se celebran muchas actividades festivas.

363

364

365

366

367

368

369

365 Construido en el año 1860, el Teatro de Don Pedro fue el primer teatro de estilo occidental de China, y también el sitio para importantes actividades de la comunidad portuguesa.

366 El Monasterio de San José fue fundado por los jesuitas en 1728 y ha formado a muchos profesionales. La foto trata de la capilla de estilo barroco.

367 La Mansión de la familia Lu es la antigua casa del famoso comerciante de Macao Lu Huashao, y trata de una típica mansión chino.

368 El Templo de Na Tsha está dedicado a Na Tsha, figura de la mitología china. Esta creencia local es muy típica de Macao.

369 El Templo de Matsu está dedicado a la diosa del mar Matsu, y hoy en día todavía sigue siendo un lugar donde acuden los creedores a dar culto a Matsu.

Santuarios del panda gigante de Sichuan

Los pandas gigantes, que se han distribuido durante la historia en muchos países y regiones en el mundo, ahora sólo se pueden encontrar en los bosques profundos de algunas zonas de Sichuan, Shaanxi y Gansu de China. Dentro de estos sitios, Sichuan es el principal hábitat del panda gigante.

Los Santuarios del panda gigante de Sichuan incluyen el Monte Wolong, el Monte Siguniang y las cadenas montañosas Jiajin. Mide 180 km de largo de norte a sur, de 40 a 70 km de ancho de este a oeste y tiene una superficie de 9.245 kilómetros cuadrados que cubren 12 condados de cuatro ciudades: Chengdu, Aba, Ya'an y Ganzi. Aquí viven más de 30% de los pandas salvajes del mundo, y es el hábitat más grande y completo de los pandas gigantes del mundo. Las valles escarpadas, los ríos rápidos y claros, los lagos de aguas cristalinas, los extensos prados alpinos, los bosques salvajes rodeados de nubes, el magnífico paisaje de glaciar...... todo ello constituye un hermoso entorno ecológico y paisaje natural.

La Reserva Natural de Wolong está ubicada en el condado de Wenchuan del Estado autónomo de Tibetana y Qiang de Aba y está a unos 130 kilómetros de la ciudad de Chengdu, la capital provincial de Sichuan. Aquí se ven montañas continuas, valles verdes, ofreciendo un paisaje hermoso. Viendo desde lo alto, parece un dragón verde tumbado sobre la colina, por lo tanto recibe el nombre Wolong. La Reserva Natural de Wolong trata de un área de aproximadamente 200,000 hectáreas, y es una Reserva Natural Nacional Integrada de la protección de los ecosistemas de montaña y del oso panda gigante, el mono dorado, la davidia y otras especies raras. Fue incluida en la "Red de Reserva del Hombre y la Biosfera" del UNESCO. En la región viven más de 140 pandas gigantes, aproximadamente el 10% del número total nacional. En el bosque primario de Wolong se dispone de centro de investigación de pandas gigantes y estación de observación de vida silvestre.

El monte Siguniang, situado al noroeste del Monte Wolong, está ubicado en el borde entre el condado de Xiaojin y el condado de Wenchuan. Compuesto por cuatro picos adyacentes cubiertos por nieve durante todo el año, el monte parece como cuatro hermosas hadas blancas entre las montañas, por lo tanto se obtuvo este nombre. El Monte Siguniang está compuesto principalmente por "un monte y tres barrancos". Los barrancos van de norte a sur con una profundidad desde unos diez hasta unas decenas de kilómetros. La ubicación geográfica especial, las condiciones climáticas y la altura vertical significativa le han proporcionado a todo tipo de animales y plantas un ambiente de vida ideal.

Las cadenas montañosas Jiajin están al lado del Monte Siguniang y están conectadas al este a la Reserva Natural de Wolong. Es la zona de población de pandas gigantes y actualmente cuenta con más de 240 pandas gigantes silvestres. En 1869, un misionero francés, el naturalista David (Armand Pere David) descubrió un panda gigante en el barranco Dengchi del Condado Ya´an baoxing en las montañas de Jiajin. Lo convirtió en el primer espécimen de panda gigante del mundo y lo envió a París para la exposición. Desde la primera presentación al mundo del panda gigante por David, en el mundo occidental empezó por un tiempo la "fiebre de la panda" y los pandas se pusieron famosos poco a poco.

Los pandas gigantes son tal vez los con características más distintivas entre las especies de animales de protección del mundo. Con el rostro enigmático pero aún infantil, el cuerpo redondeado y los movimientos torpes pero a veces hábiles, los pandas han cogido el cariño de

370

todo el mundo.

Los pandas adultos tienen una longitud corporal de 160 cm -180 cm, y pesan alrededor de 80 kg -130 kg. Ellos tiene sólo dos colores: el blanco y el negro, por lo tanto tiene una apariencia simple y elegante. Su "ropa de pelo" tiene buen efecto de conservación de calor y aislamiento de humedad. Los pandas son resistentes al frío y la humedad, por eso nunca hibernan. Incluso en pleno invierno cuando todo esté cubierto de nieve, aún van paseando descansados en el bosque de bambú.

Generalmente los pandas gigantes habitan al lado sombreado de los montes de una altitud de 1500 -3.000 metros, y además su migración depende de los cambios de estación. Les encanta atenerse a sus propias casas. Tienen un carácter insociable y excéntrico y parece inofensiva, por tanto recibe el nombre del "ermitaño del bosque de bambú". Los pandas tienen el sentido auditivo más sensible que el visual. Una vez oído algún sonido anormal huyen enseguida para esconderse, por eso es difícil ver su presencia en la naturaleza.

Los pandas tienen el sistema digestivo de carnívoro, pero raramente se han adaptado a la dieta vegetariana y tiene su comida a base de bambú. Como el bambú casi no tiene nutrición, ellos tienen que "comer y excrementar rápidamente" para satisfacer sus necesidades y mantenerse. Un panda gigante que pesa 100kg puede comer diariamente unos cuarenta o cincuenta kilos de brotes de bambú frescos, mientras que casi excretan la misma cantidad de excremento.

En diferentes cadenas montañosas existen tipos distintos de bambú. Los pandas gigantes comen distintas especies y partes de bambú según los cambios de estación, y su comida favorita es los brotes de bambú. Para comer el bambú de varias especies de diferentes altitudes, los pandas migraran de la altura media a lo alto de las montañas. Las pandas en el periodo de antes y después del parto a veces romper el hábito de comer bambú y muestra un gran interés por la carroña y los huesos. Alrededor de los años 1974 y 1983, las dos veces de floración y muerte de una gran área de bambú cobraron la vida de muchos pandas.

Con el fin de reducir el consumo de energía lo más posible, el panda psasan sus horas del día principalmente comiendo y descansando. Comparándose con otros carnívoros del mismo tamaño físico, ellos tiene un menor alcance de actividades: cada uno requiere unos 4-7 kilómetros cuadrados, y los pandas en el periodo de reproducción necesitan por lo menos 30 kilómetros cuadrados de zona activa.

Los pandas gigantes que viven en estado salvaje tienen la esperanza de vida media de unos 15 años de edad. Cada primavera, después de entrar en el periodo de celo, los pandas que han estado solo por un largo tiempo empiezan a romper las fronteras regionales y se ponen en contacto entre sí. Las pandas hembras no tienen su primer ciclo de celo hasta los 6,5 años de edad, y los pandas machos empieza el periodo un poco más tarde, con un retraso de 1-2 años como máximo que las hembras. El periodo de embarazo de las pandas gigantes es de 3-5 meses. El embarazo es en la primavera y el otoño es el tiempo de parto. Los pandas recién nacidos sólo tienen un peso medio de unos 100 gramos. Tiene la piel suave y sin pelo, como un ratoncito sordo y ciego. La mayoría de las pandas da luz a cachorro único, incluso en el caso del nacimiento de gemelos sólo pueden criar a uno de ellos. Los cachorros son muy frágiles y mueren fácilmente debido a la falta de nutrición, las enfermedades, el mal tiempo y el ataque de los enemigos naturales. A un año y medio, el cachorro de panda ya pesa más de 50 kg y desde este momento empieza a vivir solo.

Los pandas siempre caminan lentamente y sin prisa. Esto no sólo es una adaptación al denso bosque de bambú, sino también les ayuda a gastar menos energía. En realidad los pandas no son tan torpes. Sus articulaciones son muy flexibles y pueden hacer una variedad de movimientos como un contorsionista. Ellos también son expertos en subir al árbol y les encanta jugar. Normalmente suben a los árboles cuando para expresar el comportamiento de cortejo, para escapar de peligro o para evitar el conflicto con los pandas fuertes al encontrarse con estos.

En circunstancias normales, el panda gigante siempre tiene un carácter muy dócil, y rara vez toma la iniciativa para atacar a otros animales o seres humanos. A pesar del ello, en sus áreas de hábitat aún existen algunos enemigos, tales como el gato dorado, el leopardo, el chacal, el lobo, la marta de garganta amarilla, etc. No obstante, estos atacan principalmente a los cachorros de panda gigante, los enfermos y los de edad avanzada, ya que los pandas jóvenes y fuertes todavía heredan el carácter feroz de sus antepasados carnívoros, y van a defenderse valientemente al ser enfurecidos.

El panda gigante no sólo es un tesoro nacional de China, sino también el símbolo y la especie "bandera" de la reserva natural mundial. Los santuarios del panda gigante de Sichuan es una zona típica de la historia de la Tierra y de las investigaciones de las características geológicas, es una región típica de los ecosistemas terrestres y marinos y de la evolución de los animales y plantas, es un área concentrada del paisaje natural y estético, y además, es el representante típico global de los santuarios de diversidad biológica y el hábitat de especies endémicas.

El julio de 2006, los Santuarios del panda gigante de Sichuan fueron incluidos en la "Lista del Patrimonio Mundial" como Patrimonio Mundial Natural.

370 A los pandas les encanta atenerse a sus propias casas. Tienen un carácter insociable y excéntrico y parece inofensiva, por tanto recibe el nombre del "ermitaño del bosque de bambú".

371 Un panda gigante que pesa 100 kg Japón puede comer diariamente unos cuarenta o cincuenta kilos de brotes de bambú frescos,

372 El Barranco Bipeng se sitúa en el Condado Li del estado autónomo Aba de Tibetana y Qiang de Sichuan. Al este se conecta con la Reserva Natural de Wolong y al sur, al Monte Siguniang, y en conjunto constituyen el Corredor del Patrimonio Mundial de Panda Gigante.

373 Los pandas adultos tienen una longitud corporal de 160 cm -180 cm, y pesan alrededor de 80 kg -130 kg.

371

372

374

375

374 Los pandas también son expertos en subir el árbol. Normalmente suben a los árboles cuando para expresar el comportamiento de cortejo, para escapar de peligro o para evitar el conflicto con los pandas fuertes al encontrarse con estos.

375 El Monte Siguniang está situado en el Condado Xiaojin en el noroeste de la provincia de Sichuan. Su elevación máxima es de 6.250 metros y es el segundo pico más alto de Sichuan.

376 A los pandas les encantan beber, por eso siempre se asientan cerca de los arroyos y ríos.

377 Wolong es una Reserva Natural Nacional Integrada de la protección de los ecosistemas de montaña y el oso panda gigante, el mono dorado, la davidia y otras especies raras.

376

377

378

379

378 El periodo de embarazo de las pandas gigantes es de 3-5 meses. El embarazo es en la primavera y el otoño es el tiempo de parto. Los pandas recién nacidos sólo tienen un peso medio de unos 100 gramos.

379 Comparándose con otros carnívoros del mismo tamaño físico, ellos tiene un menor alcance de actividades: cada uno requiere unos 4-7 kilómetros cuadrados

380 Los pandas son resistentes al frío y la humedad, por eso nunca necesita hibernan. Incluso en pleno invierno cuando todo esté cubierto de nieve, aún van paseando descansados en el bosque de bambú.

381 El Centro de Investigación e Protección de Pandas Gigantes Wolong de China es el santuario de panda más grande de este país.

380

381

Yin Xu de Anyang

Yin Xu trata de las ruinas de la capital tardía de la Dinastía Shang (1600 A.C.- 1046 A.C.). Se encuentra en el área del pueblo Xiaotun, situado en el noroeste de la ciudad Anyang de la provincia Henan, y cuenta con 3300 años de historia. Yin Xu ocupa una superficie de unos 24 kilómetros cuadrados, en la que se conservan varias ruinas, tales como zona de palacios y templos ancestrales, zona de tumbas reales, lugares de asentamiento de numerosos grupos étnicos, cementerios familiares, cuevas de caparazones de tortuga, ruinas de fundición de bronce, talleres de jade, talleres de hueso, etc.

La escritura Jiaguwen, los utensilios de bronce y las ruinas de la capital son reconocidos como "los tres tesoros de Yin Xu".

En 1899, el académico Wang Yirong encontró inscrito en una medicina china "hueso del dragón" un tipo de texto antiguo. Tras las investigaciones, descubrió que el llamado "hueso del dragón" eran caparazones de tortugas o omóplatos de bueyes. Más tarde, a estas escrituras talladas en caparazones de tortuga o en huesos de animales les dieron el nombre de Jiaguwen. La gente de la Dinastía Shang adoraba a los diosos del cielo y a los espíritus, por lo tanto a menudo recurrían a la adivinación en caso de tanto asuntos importantes como las guerras, los sacrificios, las peticiones de la lluvia como cosas pequeñas como el embarazo y el sueño. Jiaguwen era entonces la escritura inscrita para registrar las necesidades especiales de las adivinaciones y los ritos.

Actualmente en Yin Xu se han excavado unas 150,000 de piezas de caparazones de tortugas. Algunas de ellas son completas, y algunas son solamente piezas sin registros escritos. Según las estadísticas, en esos huesos se hallan en total unos 4.000 caracteres, entre los cuales unos 1.000 caracteres ya tienen interpretación unánime de los investigadores. Los demás son inexplicables o reciben explicaciones muy desiguales. Sin embargo, a través de estas 1.000 palabras ya se puede conocer a grandes rasgos los aspectos políticos, económicos y culturales de la Dinastía Shang.

Jiaguwen se presenta como una secuencia madura y sistemática de caracteres en que se observa ya la apariencia de los principios de creación de los caracteres chinos. Trata de los primeros caracteres chinos sistemáticos conocidos. Durante unos 3000 años, a pesar de que Jiaguwen ha evolucionado y ha sufrido cambios de formas, ha dejado huellas e influencias en los trazos y la estrucutra de los caracteres chinos. Y con el paso de tiempo este se ha convertido finalmente en los caracteres usados actualmente por la quinta parte de la población mundial.

Debido al descubrimiento de Jiaguwen, los investigadores chinos comenzaron la excavación científica de Yin Xu en 1928. Durante los 70 años, con la excavación realizada en este sitio se ha revelado gradualmente el contorno de la capital del periodo tardío de Shang .

En el periodo temprano de la Dinastía Shang, debido a las condiciones políticas, económicas y otros factores, hubo varios traslados de la capital. Hacia 1300 A.C, Pangeng, el vigésimo emperador de la dinastía Shang trasladó la capital a Yin (actualmente el pueblo Xiaotun de Anyang, Henan). Desde entonces, durante 255 años aquí reinaron doce emperadores de ocho generaciones.

Las capitales de la sociedad primitiva de la China antigua contaban con diferentes características y ricas connotaciones culturales, pero debido a las restricciones de las condiciones históricas, existen diferentes opiniones sobre sus etapas exactas y nombres. Siendo la primera capital antigua documentada y confirmada luego por la escritura Jiaguwen y las excavaciones arqueológicas, Yin

382

Xu dispone de periodo y nombre claro y monumentos ricos, por tanto se ha convertido en una base importante para explorar los orígenes de la civilización china. Como capital del periodo tardío de la dinastía Shang, Yin Xu tenía la herencia de la construcción de las capitales iniciales y había tenido un gran desarrollo con base a esta. El gran tamaño de las ruinas, la gran cantidad de población, la larga duración, la rica connotación cultural y la orden clara del desarrollo cultural de Yin Xu le ha convertido en la capital incomparable por otras capitales tempranas, y había alcanzado al nivel más alto de la construcción de las antiguas capitales de China.

Yin Xu tiene como el centro la zona de palacios y templos ancestrales, y la distribución global es de diseño en forma de anillo con capas múltiples radiales. Esto había cambiado el diseño de la distribución de bloques masivos de las ciudades primitivas, y se adaptaba mejor a las necesidades de la construcción de la capital. Ahora podemos saber que Yin Xu tiene una extensión de 5 kilómetros de este a oeste, y de casi 5 km de norte a sur. En estas ruinas de extensión amplia se han revelado uno y otro testimonios de la civilización Shang - las ruinas y reliquias. Al sur del Río Huanshui y del pueblo Xiaotun de hoy se encuentra el antiguo palacio y el templo ancestral de la Dinastía Yin, que era la zona central de la capital. Aquí se han descubierto 54 bases de grandes edificios, las cuales ocupan una superficie total de 700.000 metros cuadrados. Entre ellos, "el bloque A de ruinas" era la zona residencial de los emperadores de Shang. "El bloque B de ruinas", según la deducción de los arqueólogos, era la zona del templo ancestral y de las actividades administrativas. "El bloque C de ruinas" tiene la forma de altar, por lo tanto puede ser el lugar de ofrenda a dios.

En las Ruinas Yin se encontraron unas 8000 tumbas, incluyendo las tumbas reales y un montón de tumbas de familiares. En cuanto a los tipos, hay grandes tumbas con rampas, tumbas rectangulares verticales, tumbas masivas, tumbas de ofrenda, etc. Estas tumbas tiene estrictas órdenes jerárquicas, y el tamaño, la forma, la combinación y la cantidad de los utensilios rituales representan los diferentes grados e identidades de los dueños. Las tumbas reales grandes de Yin Xu tienen gran escala y llevan numerosos sacrificios humanos y utensilios rituales exquisitos. La famosa tumba de Fu Hao de la zona del palacio y templo ancestral de las ruinas Yin es uno de los más importantes descubrimientos arqueológicos de la región. Fu Hao era la mujer del emperador Wuding de la dinastía Shang, y también una famosa general femenina. Dirigió más de 13.000 soldados en la guerra y volvió triunfando. Finalmente murió por exceso de trabajo. En la fosa de unos 20 metros cuadrados se encontraron objetos funerarios muy ricos: tres magníficas tazas de marfil, tres espejos de bronce, 468 utensilios de bronce, 130 armas, más de 750 piezas de jade y más de 6000 piezas de monedas de concha. De particular interés, la tumba de Fu Hao es actualmente la única tumba de los miembros de las familias reales de la Dinastía Shang que tiene contacto con Jiaguwen y de la que se puede confirmar la etapa y la identidad del dueño.

En las zonas excavadas de Yin Xu de Anyang se encontró un taller grande de fundición de bronce. Aquí fueron desenterrados unos diez miles de bronces. Entre estos, la famosa gran vasija cuadrada Simuwu tienen un peso de 832.84 kg y es el bronce más grande de la Edad del Bronce. Los bronces pueden dividirse en bronces rituales, armas y herramientas de bronce, elementos de bronce de los carros o de los utensilios de madera y bronce enterrado como objetos funerarios. En la colección actual los bronces rituales ocupan el mayor porcentaje. La mayoría de los bronces tienen dibujos decorativos de profundo significado histórico y social. El proceso especial de fabricación, el arte de las artes plásticas y la decoración de los bronces de Yin Xu simbolizan la prosperidad y la gloria de la edad de bronce de la China antigua.

En los carros de la Dinastía Shang desenterrados en Yin Xu se ve el uso de una gran cantidad de componentes de bronce: tiene una estructura delicada compleja de vara única y dobles juegos de ruedas, lo cual refleja las excelentes tecnologías complejas mecánicas y de fundición de bronce. Las excavaciones arqueológicas indican que la técnica artesanal de Yin Xu ya tenía un gran desarrollo. No sólo tenía una amplia gama, sino también un alto nivel artesanal. Además de la metalurgia del bronce, algunos otros sectores de la producción artesanal importantes, como el jade, la cerámica, el hueso, el carro, el textil, etc. también llegó a una escala considerable.

Las ciencias naturales y la tecnología del periodo de Yin Xu también tenían un nivel muy alto en muchas áreas. Según los registros de Jiaguwen, los comerciantes habían sido capaces de registrar con precisión los eclipses y la astrología, y tenían ya conocimientos sobre las supernovas y otros fenómenos astronómicos. En cuanto a las matemáticas, los comerciantes ya tenían los conceptos de números como diez, cien, mil, diez mil y otros conceptos digitales y utilizaban ya el sistema decimal. En lo que se refiere a la medicina, al final de la Sinastía Shang la gente ya era capaz de reconocer más de 10 tipos de enfermedades humanas, y además del uso de la medicación, también sabía aplicar métodos como acupuntura, masajes y otros tratamientos.

El descubrimiento de Yin Xu convirtió la historia de la Dinastía Shang documentada en una historia verdadera y confirmó la presencia de esta dinastía de China. En julio de 2006, Yin Xu de Anyang fue declarado como Patrimonio de la Humanidad.

384 La zona de palacios y templos ancestrales. El primer es una réplica de trípode Simuwu, y el otro, réplica de edificios palaciales de la Dinastía Yin.

385 Sitio donde se descubrió la escritura Jiaguwen, situado en la zona de ruinas de palacios y templos ancestrales de Yin Xu.

383

382 Las ruinas de las tumbas reales de YinXu. Mide unos 450 metros de este a oeste, y unos 250 metros de norte a sur.

383 Vasija de bronce con boca redonda de tres pies en forma de fénix, que sirve para contener vino y los ritos.

司母戊

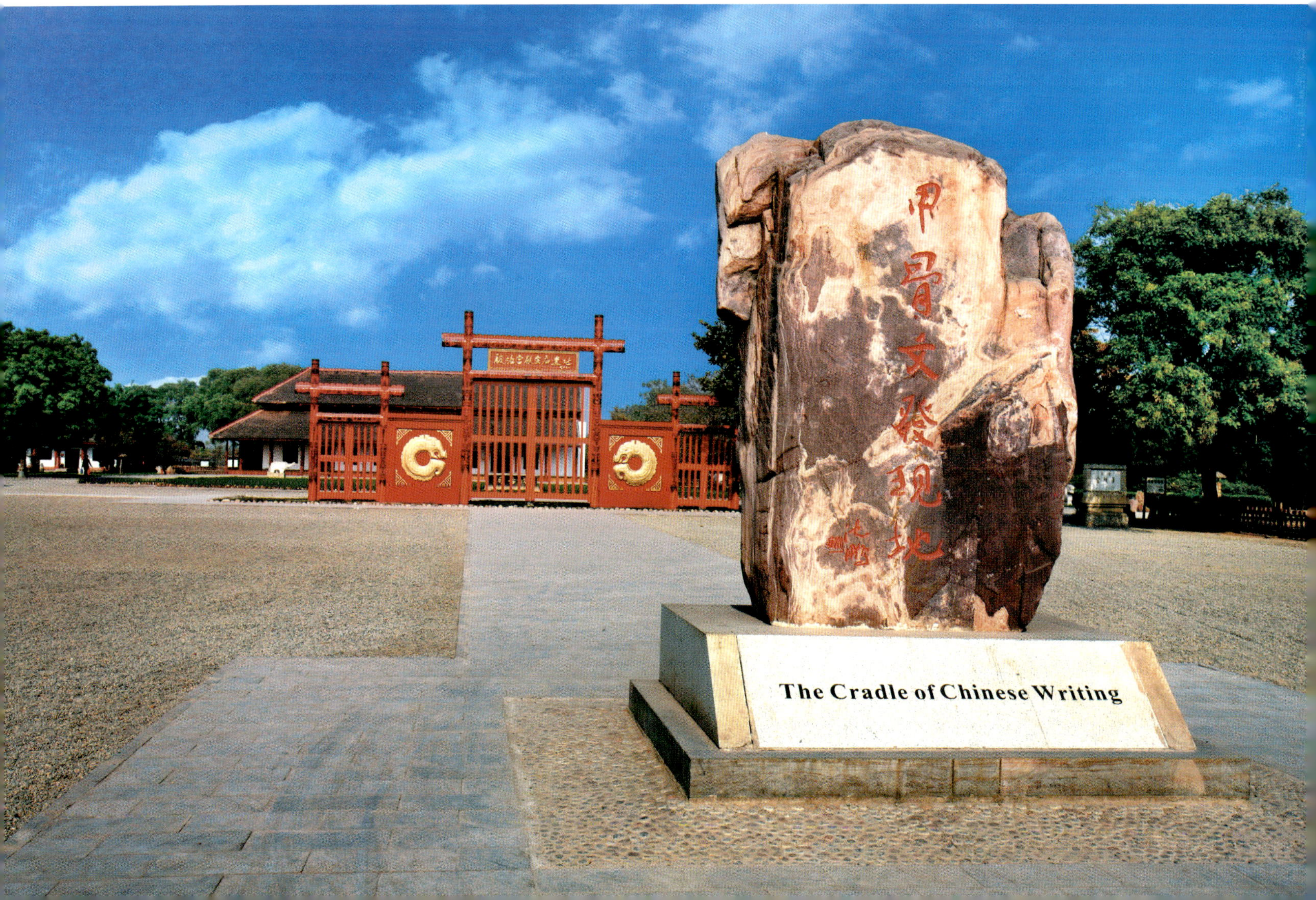
甲骨文發現地
The Cradle of Chinese Writing

386 Restauración de la tumba de Fuhao. Mide 4 metros de este a oeste, y 5.6 metros de norte a sur. La profundidad es de 7 metros. En la tumba se han excavado 1928 piezas de reliquias históricas.

387 6 fosas de carros y caballos exhibidas de la zona de ruinas de palacios y templos ancestrales de Yin Xu. En cada fosa está enterrado un carro. En 5 de ellas se han enterrado con el carro dos caballos, y en 4 de ellas se ha enterrado 1 persona.

386

388

388 Máscara de bronce, que mide en total 25.4 centímetros de alto, excavada en la tumba número 1400 de la zona de tumbas reales.

389 Vasija cuadrada Simuwu. Mide en total 133 centímetros de alto. La boca tiene una longitud de 116 centímetros y anchura de 79 centímetros. Pesa 875 kilos.

390 Olla de cocina de tres partes conectadas. El soporte mide 103.7 centímetros de largo. En total tiene 68 centímetros de altura. Pesa en total 138.2 kilos. Excavada en la Tumba de Fuhao.

387

389

390

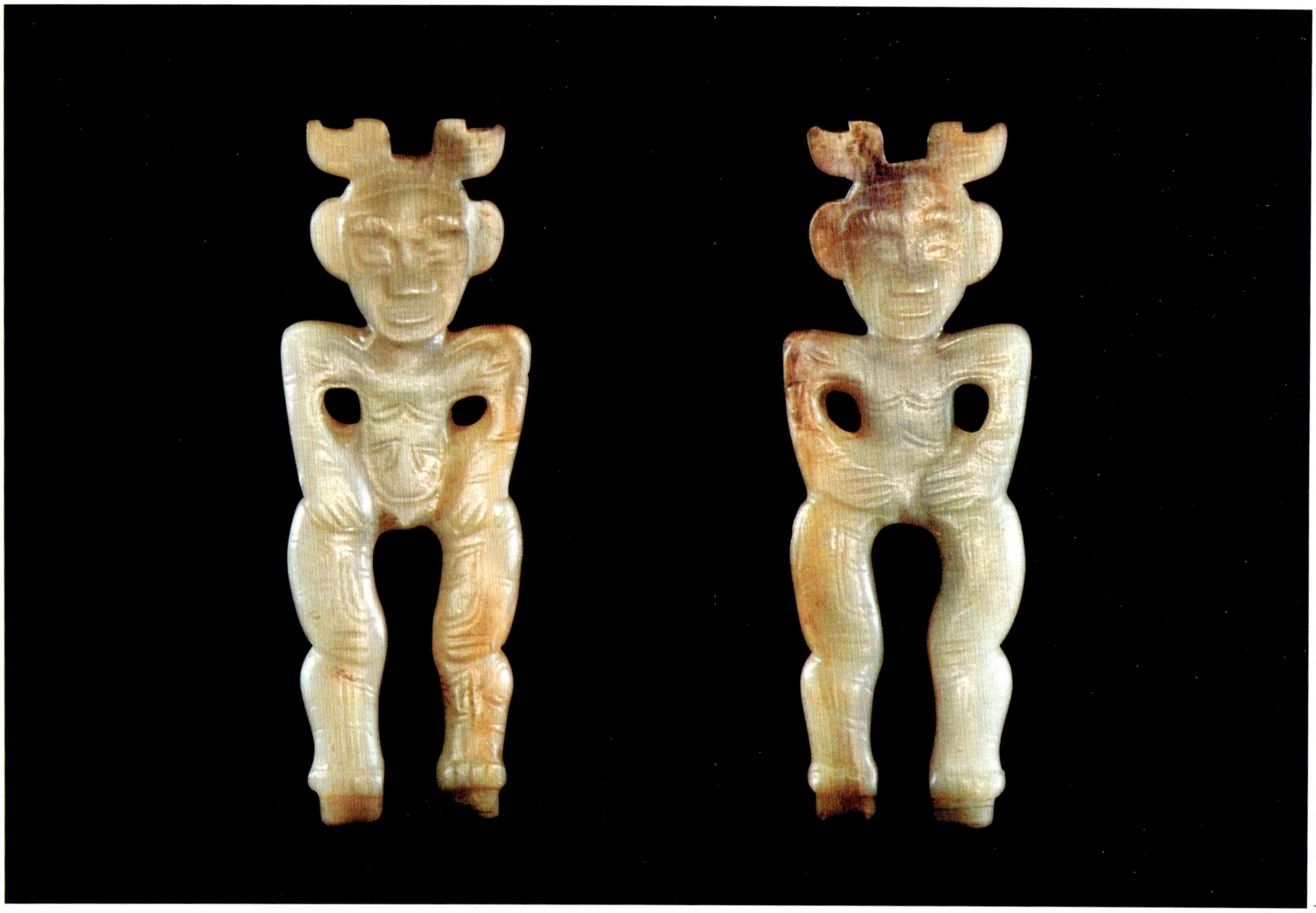

391

392

393

391 Figura Yinyang de jade, con una cara de figura de hombre y otra de mujer. Tiene una altura de12.5 centímetros y espesor de 1 centímetro. Excavada en la Tumba de Fuhao.

392 Fénix de jade de 13.6 centímetros de largo. Excavada en la Tumba de Fuhao.

393 Copa de marfil de 39.3 centímetros de alto. Excavada en la Tumba de Fuhao.

394 Cueva de caparazones de tortuga YH127, donde se colocan unos diez miles de caparazones. Es conocido como "el archivo más antiguo de la escritura Jiaguwen de China".

395 Omóplato de buey con inscrpciones de caracteres.

396 Caparazón de tortuga con inscripciones de caracteres.

394

395

396

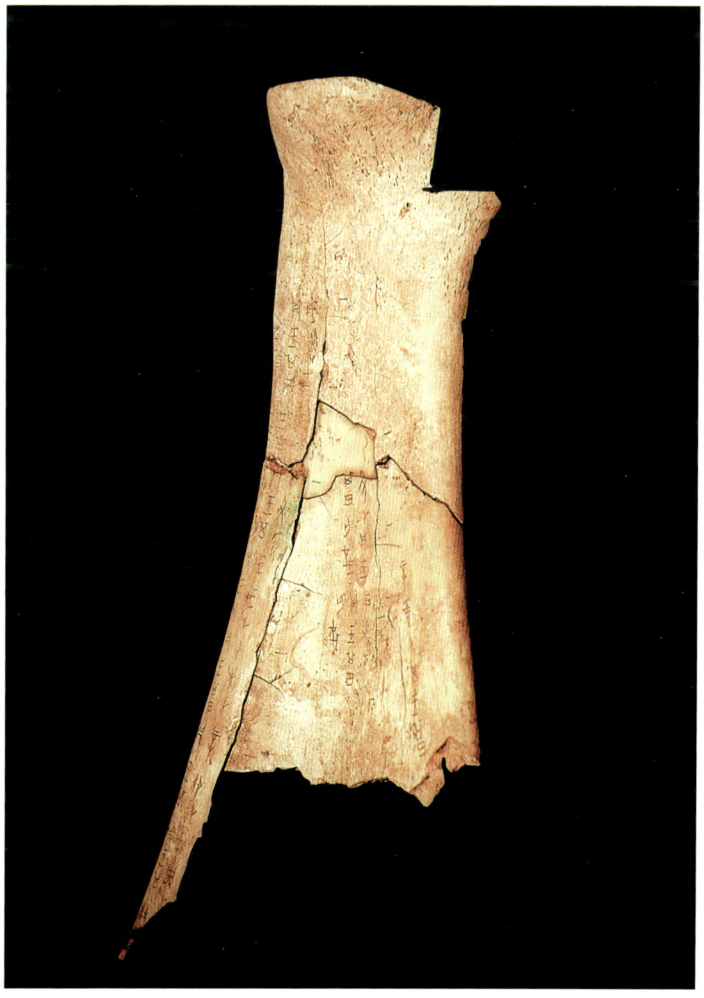

Diaolou y aldeas de Kaiping

En junio de 2007, los Diaolou y aldeas de Kaiping fueron incluidos en la lista de patrimonios de la humanidad.

La ciudad de Kaiping está situada en la provincia de Guangdong del sur de China, y es conocida como "el pueblo de los Diaolou de China". En el campo y las aldeas se encuentran numerosos diaolou. Algunas aldeas tienen hasta unos diez diaolou, y en otras se hallan por lo menos dos o tres. En total hay 1.833 de diaolou bien conservados.

Kaiping tiene una elevación baja y una red fluvial densa. El mal estado de conservación del agua en el pasado traía a menudo inundaciones. Además, como su territorio de jurisdicción está situado en el cruce de las áreas remotas de cuatro condados, siempre ha sido un lugar "descuidado por los cuatro condados", y el orden social era bastante caótico. Por lo tanto, hace cuatrocientos años que había aldeanos que construían torres para protegerse de la inundación y de los bandidos. Hasta el final del siglo XIX, una gran cantidad de aldeanos de Kaiping viajaban al extranjero para ganarse la vida y conseguían poco a poco algunas propiedades, por lo tanto los emigrantes que volvieron a China y sus familiares tenían una vida relativamente superior. En ese momento de agitación social, el bandidaje era particularmente un problema grave, por eso mucha gente comenzó a construir diaolou para protegerse a sí mismos. En el apogeo de los principios a los años cuarenta del siglo XX aquí había hasta 3000 diaolou.

Desde el punto de vista funcional, los diaolou de Kaiping se pueden dividir entre edificios públicos, edificios de residencia y edificios de vigilancia. Los edificios públicos son construidos recaudando fondos de un pueblo entero o de unas familias- Se usan en caso de las emergencias como sitio de refugio, y los mobiliarios son muy sencillos. Los edificios residenciales son construidos por las familias ricas con fondos propios. El cuerpo de este tipo de edificio es más alto que los públicos, las estructuras son más complejas y delicadas y las habitaciones son más amplias. Algunos están equipados con sistemas de agua y sistemas de protección contra incendios. Los edificios residenciales son de altos costos. Son fuertes, seguros y disponen de instalaciones cómodas para la vida cotidiana. Además tienen un diseño arquitectónico precioso. A diferencia de los edificios públicos y residenciales, que son construidos generalmente detrás de las aldeas, los edificios de vigilancia se levantan a la puerta o fuera de los pueblos. Disponen de vistas amplias y de tal modo se facilita la vigilancia y advertencia de peligros.

En cuanto a los materiales de construcción, los dialou de Kaiping están divididos aproximadamente en cuatro tipos: edificios de piedra, edificios de tierra apisonada, edificios de ladrillo y edificios de concreto. Entre ellos, los de mayor cantidad, de distribución máscamplia y mejor conservados son los edificios de concreto. Generalmente tienen más de 4 pisos(normalmente 5-6), y el más alto tiene hasta 9 pisos. Este tipo edificio fue construido en gran parte entre los años veinte y treinta del Siglo XX. Se construye con cemento, arena, grava, acero, etc., y es extremadamente resistente. Sin embargo, debido a que los materiales de construcción de aquel entonces dependían de importaciones extranjeras, el coste era relativamente alto. Con el fin de ahorrar materiales en algunos edificios se usan estructuras de madera para los pisos interiores.

A pesar de las diferencias en los materiales, la construcción y la forma de decoración, los diaolou de Kaiping tienen algunas características comunes tales como puertas y ventanas estrechas de acero. En los cuatro lados del piso superior se establecen agujeros de balas, y la mayoría está equipada con torres de vigilancia. Muchos también tienen establecidos dispositivos de precaución como armas de fuego, cañones, piedras, campana de bronce, alarmas, proyector eléctrico, etc.

Los diaolou de Kaiping son diseñados y construidos por los chinos de ultramar absorbiendo las características arquitectónicas de todos los países del mundo. Kaiping es una famosa ciudad de los chinos de ultramar. Aquí la migración al extranjero comenzó en el siglo XIV, y hasta el final del siglo XIX la gente que había salido de aquí se distribuía por todo el mundo. La población actual de Kaiping es 670,000, mientras que los que viven en Hong Kong, Macao y países extranjeros son más de 740,000. La emigración ha traído el impacto de la cultura extranjera, y las ideas de la gente y los estilos de vida han cambiado. Los chinos de ultramar que volvieron a casa habían traído riqueza del Occidente, y al mismo tiempo también trajo la esencia del arte arquitectónico y la cultura occidental.

En cuanto al diseño general, los componentes de construcción y las técnicas de manifestación de los diaolou, se observa la fusión del arte arquitectónico tradicional de China y los estilos arquitectónicos occidentales. Los estilos occidentales tienen varias formas de presentación: las antiguas columnatas griegas, las columnas, arcos y cúpulas romanas, los arcos apuntados góticos de la Europa medievales europea arcos, los arcos de estilo islámico, los componentes de los castillos europeos, las verandas de la arquitectura portuguesa, los edificios renacentistas y barrocos de la Europa del siglo XVII, etc. Todos estos tienen presencia en Kaiping. Los chinos que vivían en lugares diferentes tenían diferentes concepciones estéticas diferentes, lo cual dio lugar a las formas variadas de los diaolou de Kaiping.

Los miles de edificios no son simplemente la introducción del arte arquitectónico de una determinada región de un país de algún período. La mayor parte de los diaolou tiene tanto el estilo arquitectónico de un país como las características del arte de otro país. Entrando en los diaolou, a menudo se puede ver en los antiguos pórticos de estilo griego y en los arcos de estilo romano decoraciones de dragón chino, fénix, unicornio y otros dibujos de buen agüero, en las vidrieras europeas románticas y puertas el portero chino, en los diferentes rincones tanto flores finas de Europa como dibujos chinos, por ejemplo, urracas, orquídeas de la primavera y crisantemos del otoño.

En cuanto al mobiliario también se ven huellas evidentes de la fusión del estilo chino y occidental. En

397

el diaolou Mingshi, el diaolou mejor conservado y con mobiliario más lujoso del pueblo Zili de Kaiping, se ven colgadas en el centro del primer piso fotos grandes del propietario y sus tres esposas. En el piso superior se dispone de altares en honor de los ancestrales. En el interior, además de los exquisitos muebles de Lingnan, también hay muchos "elementos exóticos": reloj de pie alemán, fonógrafo, reloj de sobremesa americano, perfume francés, máquinas de coser, etc.

Los diaolou de Kaiping refleja el concepto tradicional de la conciencia ambiental y del feng shui de la gente local, y es una hermosa combinación de la planificación y la arquitectura con el entorno natural y la filosofía humanista. Este tipo de edificios de estructura única está principalmente distribuido detrás del pueblo. Junto con los bosques de bambú, el estanque de al frente del pueblo, la higuera a la salida del pueblo, forman un ambiente armónico de seguridad, riqueza y prosperidad cultural. Los diaolou residenciales sueltos y las casas de los aldeanos en bloque se combinan y forman la patrona del pueblo en las llanuras para satisfacer las necesidades de seguridad de los aldeanos. La transición de las casas bajas a los diaolou altos expresan el deseo de "ascender paso a paso".

Con la estabilidad de la sociedad, la gran mayoría de los diaolou ha perdido su función original. Muchos de ellos tienen las puertas cerradas y los propietarios viven generalmente ya en el extranjero, o ya han fallecido.

Entre los diaolou y aldeas de Kaiping, los más típicos son las aldeas de Zili, Jinjiangli, Sanmenli y Maxianglong.

La aldea de Zili tiene relativamente mayor número de dialou. Los edificios delicados de planificación armónica y esparcida son representantes de los diaolou de Kaiping del periodo de esplendor.

En Jinjiangli se halla el diaolou Ruishi, el diaolou

más alto y hermoso del pueblo. Debido a su forma única, tiene la fama de ser "el primer diaolou de Kaiping". Este diaolou tiene una superficie de 92 metros cuadrados. Cuenta con nueve pisos y mide 25 m. La estructura es de hormigón armado y se tardaron tres años en construir. Viendo desde fuera tiene el estilo de castillo occidental, pero el interior parece del estilo tradicional de Lingnan.

Los callejones ordenados, el estanque en frente del pueblo, la higuera antigua a la salida del pueblo constituyen un típico paisaje tradicional del pueblo Sanmenli. El diaolou Yinglong fue construido hace 400 años y es el diaolou más antiguo existente de Kaiping. Este no ha sido afectado por factores externos y es el modo más primitivo de los diaolou de Kaiping.

El conjunto de aldeas de Maxianglong es una obra maestra en que conviven en armonía el hombre y la naturaleza. El pueblo está situado en frente a las montañas y los ríos. Los cinco pueblos se distribuyen de forma esparcida y ordenada en este ambiente, ofreciendo un entorno ecológico muy hermoso. Unos diaolou están escondidos en el bosque de bambú detrás del pueblo y están integrados entre los las zonas residenciales y el entorno natural de los alrededores.

Los diaolou y aldeas de Kaiping contienen una gran cantidad de información histórica de los chinos de ultramar y reflejan la transformación social rural de China en los tiempos modernos. Los expertos creen que el valor de Diaolou consiste en su significado cultural: es la herencia de la cultura confuciana de la China Central, pero también tiene las caracteres tolerantes y abiertos; es la continuación de los miles de años de civilización agrícola del pueblo chino, pero también tiene influencia de la civilización avanzada y las tecnologías productivas del extranjero, registra una amarga historia de la inmigración moderna, pero también es un presagio de la modernización rural de China.

398

397 El diaolou Mingshi, el diaolou más delicado y precioso de la aldea Zili. Cuenta con 6 pisos.

398 En la aldea Zili se conservan actualmente 15 diaolou, que son representantes de la etapa del apogeo de los diaolou de Kaiping.

399 Los bloques de diaolou de la aldea Maxianglong se distribuyen de forma esparcida y ordenada en este ambiente, ofreciendo un entorno ecológico muy hermoso.

399

400 El diaolou de lámpara de Fang construido con el fondo común de la Familia Fang, que se usaba para la vigilancia y advertencia.

401 Hay tres diaolou en la aldea Jinjiangli, de los cuales uno trata del edificio público construido con el fondo común de los habitantes del pueblo.

402 Decoración parcial de un diaolou.

403 Corredor de la parte superior de un diaolou.

402

403

404

405

404 En muchos diaolou se conservan completas instalaciones de vida y cosas diarias.

405 El diaolou Yinglong de la aldea Sanmenli fue construido hace 400 años y es el diaolou más antiguo existente de Kaiping.

406 El diaolou Ruishi de la aldea Jinjiangli tiene 9 pisos y es de estilo arquitectónico delicado. Tiene la fama de ser "el primer diaolou de Kaiping".

406

Karst de China meridional

Karst quiere decir la topografía de Karst. Con un área grande, una topografía diversa y rica y una gran variedad biológica y ecológica, China es uno de los países donde se encuentra la topografía kárstica más desarrollado del mundo. El Karst de la China Meridional ocupa el 55% de toda el área de esta topografía de China. Está compuesto por el conjunto de Karst de Shilin de Yunnan, Libo de Guizhou y Wulong de Chongqing. Su formación se remota a desde hace 500, 000 años hasta hace 300 millones de años, y el área total es de 1.460 kilómetros cuadrados, de los cuales la zona núclea es de 480 kilómetros cuadrados.

Shilin se sitúa en el condado autónomo de la etnia Yi de Shilin en el este de la provincia de Yunnan, y es un "bosque" verdadero compuesto por rocas. Dentro de la gama de cientos de kilómetros cuadrados de agrupaciones montañosas se encuentran grandes y pequeños bosques rocosos distribuidos en las laderas, crestas, valles y depresiones. Entrando en Shilin es como estar en un océano de picos y pilares de piedra. Mirando a los alrededores, se ven en todas partes figuras maravillosas, y si se cambia ligeramente el ángulo, se aprecia una escena muy diferente. Los senderos tortuoso a lo largo de la grieta te lleva de repente a la cima de los picos para contemplar lo lejos, o a lo profundo del barranco para las aventuras.

Comparando con otras topografías kársticas, Shilin tiene más variedades de figuras de espada, columna y torre y los colores son más ricos y sutiles. Los pilares y columnas de piedra cambian de color según el tiempo. Cuando caen chubascos, el bosque de piedra se convierte en un instante de gris y blanco en negro oscuro, como un cuadro de paisaje de salpicaduras de tinta. Después de las tormentas, los innumerables picos ya son de varios colores abigarrados, y finalmente se vuelven a sus colores originales.

En los 260 millones de años de la etapa de la historia geológica, con el desarrollo del paisaje de bosque de piedra y la sustitución de lo viejo por lo nuevo, los viejos bosques de piedra iban desapareciendo y los nuevos iban formándose.

Los brotes de piedra poco expuestos del basalto son bosques de piedra formados hace 250 millones de años. Su cuerpo oscuro nos cuenta la experiencia de ser enterrado durante los 200 millones de años en la lava caliente y bajo la tierra .

Aquellos bosques de piedra que salen de la capa roja se formaron hace unos 60 millones de años. Habían sido inundados y estaban cubiertos de sedimentos del fondo del lago, pero ahora ha podido salirse de la tierra.

Las columnas dispersas distribuidas en las cumbres y crestas también cuentan con miles de años de historia, pero como no ha sido inundado en el lago, ha sufrido la erosión de la tormenta, y ahora son esparcidos e inclinados, mostrando una escena de vejez.

Los brotes y columnas de piedras situados en las tierras bajas e incluso en el agua son las verdaderas de "nueva generación". Son muy densos y agudos, mostrando una vitalidad activa.

La belleza de Shilin no se limita a los picos y rocas singulares, sino también consiste en la belleza de las combinaciones variadas de los bosques de piedra y otras topografías y entornos. Los numerosos bosques de piedras se alzan en el vasto campo, se quedan en las

407

crestas, se esconden en los bosques, se sitúan en los lagos. Encontrados en la tierra de arcilla y bajo el cielo azul, estos ofrecen un paisaje pintoresco.

Siendo el representante típico de los bosques de piedra de la región de Karst de China meridional, en Shilin se concentra la belleza de la topografía, de figuras naturales, de colores y del campo, ofreciendo un valor estético especial de las zonas kársticas, lo cual le ha otorgado un papel especial entre las topografías kasrt del mundo.

El paisaje más llamativo del Karst de Libo de Guizhou es el karst de forma de cono. Los numerosos picos cónicos verdes se colocan lejos y cerca, como innumerables gotas que van de la tierra hacia del cielo. Las diferentes topografías kárstica y accidentes geográficos se combinan con las densas zonas forestales, formando un paisaje de bosque kárstico hermoso y único.

Entrar en Libo es como entrar en un reino verde. Cuando casi todos los demás bosque kárstico de la misma latitud de la zona subtropical se han convierto en regiones de desierto, en Maolan de Libo aún se conserva la mayor selva virgen kárstico del mundo. Dentro de ella hay una zona forestal kárstica rara en el agua, donde miles de árboles están directamente enraizados en las piedras del agua, pero a través de estas piedras están incrustada en el lecho del río. Por lo tanto, se presenta un mundo kárstico fresco en que se combinan el agua y los árboles en la piedra. Viendo desde lejos, estos bosques y piedras parecen estar flotando en el agua.

Maolan es un lugar precioso del karst subtropical de mejor conservación de la biodiversidad, y también una enorme "reserva genética" de recursos biológicos. En la reserva natural de Maolan se crecen 4000 especies de diversas plantas de la selva, animales y hongos grandes. Debido a la topografía kárstico en forma de isla y el pequeño entorno climático, esta zona ha producido muchas nuevas especies especiales. Muchos nombres de plantas llevan a menudo el afijo Libo, por ejemplo, el bambú de Libo, el carpinus de Libo, etc. El entorno especial lleno de calcio le ha dotado a las plantas características de crecer con calcio, y hay más de 150 tipos de plantas a los cuales les gusta absorber calcio.

El Karst de Wulong de Chongqing es famoso por las únicas cuevas, los puentes naturales, los pozos hundidos y las grietas. Tiene tres sistemas kársticos independientes, que son el sistema de la cueva Furong, el de los tres puentes naturales y el de los pozos hundidos de Houping. Aquí, el monte es un puente, y el puente es un monte. Los puentes, los pozos hundidos y los puentes se conectan entre sí.

La cueva Furong está compuesta por un gran número de cuevas, las estalactitas encontradas dentro de la cueva representan la gran mayoría de las especies conocidas en el mundo, y algunas son de tipo muy poco frecuente en el mundo. No sólo es "un museo de la ciencia de las cuevas", sino también ha sido catalogado como una de "las cuevas más hermosas turísticas de China." Las cuevas verticales, representadas por la cueva Qikeng, son el paraíso de los entusiastas de la espeleología y los exploradores. Las cuevas horizontales, representadas por la cueva Furong, son buenos lugares para visitas turísticas.

Los tres puentes naturales son tres puentes naturales kársticos que se encuentran en un rango de 1,5 kilómetros de una misma barranca. Tienen una altura media de 200 metros y miden unos 100 metros de ancho. Los tres puentes estaban distribuidos verticalmente, y van paralelos a través del cañón, de tal modo conectan los dos lados de la montaña. Es muy raro en el mundo que en una distancia tan corta haya tres puentes naturales de piedra tan grandes, y este también es el grupo de puente natural más grande de Asia.

El pozo hundido está compuesto por las zanjas y arroyos, las cuevas de agua, los pozos verticales, los pozos hundidos, las cuevas fósiles, los ríos subterráneos y los manantiales, y trata de un sistema kárstico completo de todas la etapas de desarrollo geológico, de la zona no kárstica a la kárstica, de la superficie de la tierra hasta el subterráneo, de aguas arriba a aguas abajo y del suministro a la excreción y luego al pozo hundido erosionado. El más típico de los pozos hundidos de Houping es el pozo hundido de Qingkou. Tiene la boca elíptica, y la máxima y la mínima profundidad son respectivamente 295.3 metros y 195.3 metros. Los acantilados son precipitados, profundos y extremadamente peligrosos.

En junio de 2007, el Karst de China meridional fue incluido en la Lista del Patrimonio Mundial Natural. Los expertos creen que el Karst de China meridional representa los procesos típicos geológicos y ecológicos de la topografía kárstica de zonas tropicales y subtropicales de la Tierra. Tiene una rica diversidad de topografía kárstica: tiene fenómenos kársticos especiales como torres, conos, espada, etc. Cuenta con una biodiversidad excepcional y tiene muchas especies de plantas y animales en peligro de extinción, raras y endémicas. Además, muestra una belleza natural única y tiene destacada importancia estética.

408

407 Los bosques de pilares de piedras de Yuannan tienen tipos variados que se parecen a figuras humanas y animales.

408 En Shilin se concentra la belleza de la topografía, de figuras naturales, de colores y del campo de las zonas kársticas, por tanto el lugar tiene un valor estético excepcional.

409 El paisaje más llamativo del Karst de Libo de Guizhou son los conos kársticos. Aquí se encuentran por todas partes montañas verdes en forma de cono.

409

410

411

412

413

410 Comparando con otras topografías kársticas, Shilin tiene más variedades de figuras de espada, columna y torre.

411 Los bosques rocosos de Shilin de Yunnan se encuentran distribuidos en las laderas, crestas, valles y tierras bajas.

412 El Bosque de Piedra Naigu de Yunnan, que se eleva en el vasto campo desierto.

413 Bosque de piedra en forma de espada de Yunnan

414

415

414 El karst de Wulong de Chongqing es famoso por las únicas cuevas, los puentes naturales, los pozos hundidos y las grietas.

415 La cueva Furong de Wulong de Chongqing.

416 El paisaje de karst forestal de Libo de Guizhou.

417 La caída de Xiaoqikong Laya del Parque Natural de Zhangjiang de Libo.

Tulou de Fujian

El Tulou de Fujian es un milagro en la historia de la arquitectura china, que sostiene una gran historia de inmigración y los recuerdos de la larga vida de una etnia enorme.

El Tulou de Fujian es una manifestación típica de la arquitectura hakka, cuyo nacimiento y desarrollo están relacionados con el pueblo hakka.

Los hakka eran originalmente gente de la etnia Han que vivían a lo largo del río Amarillo en las planicies centrales de China. Desde el principio del siglo IV, se vieron obligados a trasladarse varias veces al sur durante casi un milenio debido a las guerras y otras causas. En el camino del abandono de sus hogares, la gente del pueblo tuvo que resolver muchas dificultades confiándose y ayudándose entre sí mismos en los viajes largos y en los lugares de residencia totalmente desconocidos. Por lo tanto, al llegar a un nuevo sitio, los que tuvieran el mismo apellido siempre se reunían para vivir juntos. No más tarde que al final de la dinastía Song del Sur (1127-1279), ellos ya habían formado grupos étnicos relativamente estables en las zonas hoy día conocidas como Guangdong, Fujian, Guangxi, Jiangxi, Hunan, etc. Para diferenciarse a los residentes locales aborígenes, se les llama "hakka" (pueblo invitado).

Entre ellos, los hakka que habían ido a Fujian encontraron en las montañas altas del suroeste de Fujian su lugar de asentamiento. Aquí entre las montañas se encontraban tierras fértiles, arroyos claros y bosques densos, los cuales les apartaban de los disturbios del norte. Ellos se aprovecharon de los materiales del sitio y las técnicas de construcción de los antepasados de las planicies centrales para construir una y otra casa nueva. Estas casas son los Tulou a gran escala que ahora todavía se alzan sobre la tierra. Como se indica en el propio nombre, los Tulou tratan de edificios construidos por tierra apisonada. Tras miles de años de viento y lluvia, todavía no han sufrido ningún tipo de daño hasta hoy día.

Hoy en día, la mayoría de los Tulou hakka que vemos están concentrados en la zona oriental de Yongding y la zona occidental de Nanjing de la provincia de Fujian. Estas dos regiones son de extensión reducida con topografía de valles, montañas bajas y colinas. Los montes y colinas son ondulantes y hay poca tierra cultivable, y con aparición frecuente de bandidos en la historia. Por lo tanto, al construir las residencias, los antepasados de hakka que inmigraron a este lugar habían intentado reducir lo más posible la superficie ocupada y aumentar los números de pisos para el cumplimiento de los dos mayores requisitos: el asentamiento y la defensa, hecho que dio lugar a la aparición de los Tulou hakka. En cuanto a las formas, los Tulou hakka se dividen principalmente en edificios redondos y edificios cuadrados. En comparación con los cuadrados, la estructura general y las funciones usuales de los edificios redondos son más razonables. Los expertos de diseño arquitectónico creen que los Tulou hakka redondos han disminuido los problemas de la orientación la vivienda, por lo tanto no tienen las cuatro esquinas de las habitaciones poco iluminadas en comparación con las de los edificios cuadrados, y además, este tipo de edificio redondo también es favorable a la distribución de los pisos, y de allí se evitan los conflictos dentro de la familia.

Los Tulou Hakka de Yongding tiene una larga historia. En el condado de Yongding se conservan ahora más de 23.000 Tulou, entre los cuales unos 8000 son de épocas anteriores de la dinastía Qing (1616-1911), y más de 2.800 de ellos son representativos. El Tulou más antiguo existente, el Tulou Fuxin, fue construido en el año 769 y cuenta con unos 1.200 años de historia. Con la emigración de la población, los Tulou hakka de Yongding se extendieron gradualmente a condados y zonas vecinas, tales como Nanjing, Pinghe, Xinluo, Shanghang, etc. Por ejemplo, todos los habitantes de los bloques de Tulou de Hekeng y Tianluokeng del condado de Nanjing son habitantes cuyos antepasados vivían en Yongding.

Igual que muchos sitios históricos de la civilización humana del mundo, el descubrimiento de los Tulou hakka de Yongding también ha sido por casualidad. Se dice que a mediados de la década de los ochenta, el satélite de Estados Unidos encontró aquí unos 1500 edificios a gran escala en forma de hongo. Los estadounidenses relacionaban tales edificios extraños escondidos en lo profundo de las montañas del suroeste de Fujian con las fuerzas nucleares misteriosas de China. Sin embargo, los resultados del estudio han demostrado que los que se erigen allí sólo son viviendas donde habita el pueblo hakka de generación en generación, las cuales se quedan durante siglos en este valle menos conocido.

El Tulou Chengqi, que recibe el nombre del "Rey de los Tulou" de Yongding, ocupa una superficie total de 5.376 metros cuadrados, con un diámetro de 73 m y un perímetro del pasillo de unos 230 m. El diseño del edificio trata de tres círculos concéntricos: entre ellos, el círculo exterior es un edificio de cuatro pisos con 11,4 metros de altura, y cada piso cuenta con 72 habitaciones; el segundo círculo es un edificio de dos pisos con 40 habitaciones en cada piso; el tercer círculo es un edificio de una sola planta con 32 habitaciones, y en el centro está la sala ancestral dedicado a los espíritus de los antepasados, que también consiste en el lugar público de celebración de bodas y funerales de toda la familia. En el período más animado, en todo el edificio habitaban más de 60 familias, que contaban de alrededor de 400 personas. Además, el edificio también dispone de cuartos de baño, molinos, etc., y también se han excavado dos pozos desde donde se extraen el agua de consumo doméstico y contra incendios.

El Tulou Chengqi empezó a fundarse durante la época del emperador Chongzhen de la Dinastía Ming (1628-1644), y la construcción terminó durante el reinado del emperador Kangxi de la Dinastía Qing (1662-1722), proceso que duró medio siglo. Los murales del Tulou son construidos apisonando los adobes locales. La fundación del mural tiene una anchura de tres metros, mientras que el espesor de la pared inferior es de 1,5 m. Al subirse al edificio, el espesor de la pared va reduciendo, pero incluso el espesor de la pared de la parte superior no es menos de 0,9 m. Este tipo de muro construido con adobe apisonado no lleva nada de hormigón armado, pero es muy fuerte y sólido.

Las numerosas habitaciones de cada piso están divididas por panel de madera a lo largo de la pared redonda, y cada habitación está en el punto de separación de distancia igual de la circunferencia, con una buena condición de ventilación e iluminación. El Tulou Chengqi tiene un total de tres puertas hechas de madera mixta. Cada puerta tiene unos veinte o treinta de centímetros de espesor, con la parte externa cubierta de placa de hierro, y algunas también están equipadas con tanques de agua contra incendios. Esta estructura es muy favorable para defenderse de los ataques de fuego y de enemigos exteriores. En la parte interior,

418

debido a la necesidad de protección contra incendios, también se hizo una distribución especial: el círculo exterior se divide en ocho partes iguales, entre las cuales se han construido paredes de ladrillo contra incendios para que el fuego no se extienda y que el edificio no se queme totalmente en caso de incendios. Las paredes de separación disponen de arcos, y cuando se abren, se comunican todas las partes y todo el edificio se convierte en un conjunto, y cuando se cierran, cada segmento forma un patio separado que no se intervienen. Si entran los ladrones, les pueden coger con las manos en la masa cerrando los arcos.

La ubicación de los dos pozos dentro del edificio también es muy particular: se colocan de forma simétrica en el sur y el norte, representando respectivamente el sol y la luna. Los antepasados de los hakka prestaban mucha atención a la ubicación y construcción del Tulou buscando la perfecta fusión del hombre y la naturaleza. El Tulou está conectado armoniosamente con las montañas, los ríos y los campos cultivos que lo rodean, mostrando la armonía del cielo y la tierra con los seres humanos. Tanto los Tulou independientes como los bloques de Tulou de los pueblos ofrecen su paisaje único y especial.

El Tulou de Zhencheng, otro Tulou de Yongding, es conocido como "el príncipe de los Tulou." Construido en 1912, tiene una superficie de 5.000 metros cuadrados y posee dos círculos, un interior y otro exterior, formando una estructura en que un edificio rodea el otro. El Tulou entero tiene la configuración y diseño según el Bagua (los ocho estados de cambio), lo cual le ha dotado tanto las herencias de la arquitectura y jardinería clásica china como características de la arquitectura occidental. Por ejemplo, su sala ancestral tiene la forma de un escenario, frente de la cual se alzan cuatro pilares redondos de altura de 7 metros. El corredor del segundo piso está equipado con barandillas delicadas de rejas de hierro, que fueron traídas especialmente en aquel momento de la ciudad lejana de Shanghai. Tanto las adornaciones arquitectónicas parciales como lo colores de sus portales, paredes, sala ancestral y paredes de flor ha adoptado de forma audaz el estilo estético arquitectónico occidental, lo cual refleja características notables distintas a otros Tulou antiguos.

Los Tulou hakka son edificios de estructura única, pero de formas enormes. Siendo vivienda para el uso colectivo y residencial, la cavidad de los Tulou es sorprendente. En muchos Tulou convive gente del mismo clan patriarcal de varias generaciones de por lo menos unos cien personas, y por lo máximo puede haber unos tres o cuatro cientos de habitantes. Sin embargo, la convivencia ha sido siempre armónica y agradable, por lo tanto cuando se entra en los Tulou, se siente como integrarse en una pequeña comunidad acogedora.

Además de los Tulou, los hakka tienen muchas más formas de viviendas, incluyendo las residencias Weilong de la zona este de Guangdong. La mayoría de los edificios hakka han sido administrados por los fundadores, y luego distribuidos a los numerosos hijos y nietos. No obstante, sea lo complicado que sea la distribución, la sala ancestral siempre pertenece al público.

Los Tulou hakka, edificios que manifestan el concepto tradicional confuciano del clan, tratan tanto de símbolos de la cultura hakka como del estilo de vida más rural del pueblo chino de miles de años. Estos edificios de estructuras delicadas, escalas grandes, funciones amplias y contenidos ricos, encarnan en sus apariencias rústicas, las estructuras delicadas, las culturas ricas y la tradición de convivencia de los clanes los sueños de hogares ideales de todos los tiempos.

El año 2008, el Tulou de Fujian fue declarado como Patrimonio de la Humanidad.

419

420

418 El conjunto de Tulou de Tianluokeng es el sitio de asentamiento de la familia Huang. En los días de fiesta los miembros de la familia se reúnen para celebrarla juntos con la danza del dragón.

419 Construido en 1842, el Tulou Yanxiang de Yongding es otro típico Tulou redondo con corredor interior. Este tipo de edificio redondo cuenta con pasillos que conectan las habitaciones de cada planta, y dispone de escalera pública para la subida y bajada.

420 El conjunto de Tulou de Tianluikeng de Nanjing, compuesto por un Tulou cuadrado, tres redondos y un ovalado, entre los cuales el Tulou cuadrado de Buyun, cuya construcción se inició en 1796, es el más antiguo.

421 La escena interior del Tulou Chengqi. En la época más animada, aquí vivían en total unas 800 personas de unas 80 familias.

421

422

423

422 El "Rey de los Tulou", el Tulou Chengqi, empezó a fundarse durante la época del emperador Chongzhen de la Dinastía Ming, y la construcción terminó durante el reinado del emperador Kangxi de la Dinastía Qing. Con el trabajo de tres generaciones en unos 80 años, se terminó por fin la construcción de esta ciudad enorme de la tribu.

423 El Tulou de Eryi, situado en el territorio del Condado Hua'an de la Provincia de Fujian, fue construido en 1740. Todo el edificio tiene forma redonda de doble círculo, y está dividido en 16 unidades. Cuenta con un total de 200 habitaciones, y cada unidad tiene su propia entrada, patio interior y escalera para subir arriba y abajo.

424

425

424 La sala ancestral del Tulou Zhencheng tiene la forma de un escenario. Se puede usar como cámara, sala de banquetes o escenario de espectáculos. Tanto las cuatro columnas de granito altas ante el escenario como las barandillas de hierro del corredor del segundo piso reflejan un claro estilo arquitectónico occidental.

425 Construido en el año 1912, el Tulou de Zhencheng tiene una apariencia parecida a las de otros Tulou antiguos. Sin embargo, al entrar en él, se da cuenta de que además de heredar la tradición, también dispone de otras características distintas a las de los demás.

426

427

428

429

426 El Tulou Fuyu de Yongding fue construido en el año 1880, y es el representante de los Tulou de Wufeng de estilo de mansión. Entre los Tulou de Fujian, el Tulou de Wufeng trata de una categoría especial, y se parece más a las casas con patio de la planicie central de China.

427 El muro del Tulou Eryi. La parte inferior está construida de piedras, y la parte superior, de tierra apisonada.

428 Pozo del Tulou Eryi

429 El portal del Tulou Eryi

El Monte Sanqing de Jiangxi

"Esta es un área de extensión relativamente pequeña, pero en ella se reúne una colección de abundantes pilares de granito y picos, que forman junto con una variedad de vegetación colorida paisajes de estilos diferentes, la combinación de los cuales con los espectáculos climáticos emocionantes locales ha creado un efecto estético único y original del mundo presentando una belleza natural espectacular."

Este párrafo trata del comentario del Parque Natural del Monte de Sanqing de Jiangxi. Tal monte está situado en el noreste de Shangrao de Jiangxi, a 120 kilómetros al sur del cual se alza el Monte Wuyi de Fujian, famoso por su accidente geográfico de Danxia. Más de 260 kilómetros al norte se sitúa el Monte Huangshan, conocido como "el monte más maravilloso del mundo". Situado entre los dos montañas tan famosos, ¿qué paisaje especial del Monte Sanqing de Jiangxi le habría ganado tanto elogio?

Los paisajes más atractivos del Monte Sanqing son los picos de granitos de formas singulares. Los geólogos chinos y estadounidenses habían reconocido unánimemente el granito del Monte Sanqing como "el granito más hermoso de la costa del Oeste del Océano Pacífico".

Las características geomorfológicas de los picos de granito de la región del Monte Sanqing es el resultado de más de mil millones de años de evolución geológica, de allí que el sitio se conoce como el museo natural de micro-topografía de granito. Los tipos de paisajes de micro-topografía de picos de granito abarcan nueve tipos: picos murales, picos múltiples, pilares de piedra, picos de pilar, cono de piedra, roca, cañón y roca moldeada. En el rango de un radio de unos 200 kilómetros cuadrados alrededor del Monte Sanqing están distribuidos 48 picos rocosos, y hay unos cientos de rocas moldeadas de formas distintas.

Las rocas moldeadas se pueden considerar como el paisaje más significativo del Monte Sanqing. Son principalmente formados a través de la erosión estructural y tiene un aspecto extraño, como si fueran obras de dioses.

Estos paisajes de rocas moldeadas se concentran principalmente en la zona del parque Nanqing del Monte Sanqing. Paseando a lo largo del camino, se llegan a la vista diversos picos originales y rocas extrañas. Hay rocas de forma vivas de tortuga, calabaza, rinoceronte, grulla blanca, zorro, etc. La más sorprendente debería ser la roca de "la boa saliendo del monte".

Debido a la erosión y el colapso gravitatorio, el antiguo cuerpo enorme del monte de granito se ha convertido en un pilar, con la parte superior plana y el cuello un poco más pequeño, y con sólo seis o siete metros de diámetro de la parte más estrecho, lo cual se ve como una boa grande saliendo del monte y lazándose al cielo. Mirando un poco más de cerca, se dará cuenta de la aparente grieta transversal, pero después de millones de años de viento y lluvia, la roca todavía se mantiene en pie.

Y la magia de la naturaleza no sólo se limite a esto. Normalmente se supone que el paisaje formado por un granito con tanta fuerza debería ser lleno de masculinidad, pero es difícil imaginar que también tenga una cara suave con plena pureza. En frente de "la boa saliendo del monte" está una roca moldeada conocida como "la Diosa Oriental". Viendo desde lejos, como si estuviera delante una chica joven de cabello largo y hermoso y cuerpo regordete sentada con mirada tenue y pacífica, llena de suavidad y hermosura. Había un poeta que había descrito las dos maravillas de tal forma: "Una boa saliendo del monte está lanzándose hacia este paisaje tan original, pero la diosa le ató y le convirtió en piedra que no pudiera moverse."

430

El nombre Sanqing es derivado de sus tres picos: el Yujing, el Yuxu y el Yuhua. "Los tres picos altos son como los Sanqing (los tres puros) del taoísmo sentados a las cumbre". Los más de 200 edificios antiguos taoístas distribuidos por el monte demuestran su relación intrincada con el taoísmo, y consisten en el paisaje cultural más espectacular del Monte Sanqing.

La difusión de la cultura taoísta en el Monte Sanqing comenzó en la dinastía Jin (265-420). En el año Shengping de la Dinastía Jin del Este (357-361), Ge Hong (284-364) fundó aquí hornillos para practicar alquimia y predicaba la doctrina taoísta, de tal modo fue considerado por los sucesores como el "padre fundador" del Monte Sanqing. Desde la Dinastía Tang (618-907) hasta la Dinastía Yuan (1206-1308), con el aumento de la atención que ponía al taoísmo por parte de la Corte, esta religión iba floreciendo en el Monte Sanqing, donde comenzaba a aparecer una gran cantidad de edificios taoístas. Por ejemplo, el templo de Laozi, el primer edificio taoísta construido en el Monte Sanqing en la Dinastía Tang, así como los templos de Gexian, Fu Qing y Ling Ji construidos en la dinastía Song del Norte (960-1127).

Ahora en el acantilado del pico Tianmen del Monte Sanqing todavía se alza un edificio de la dinastía Song del Norte. Dicen que se llama la Torre de Fenglei (viento y trueno) dado que se construyó para evitar el viento que veía de la boca del Monte. La torre está tallada en una sola pieza de granito natural, y dispone de cinco lados y un total de seis pisos. Mirando hacia arriba desde abajo, parece un edificio destacado y magnífico.

También destaca, por supuesto, el Palacio Sanqing situado a una altitud de 1.460 metros, que se construyó en la dinastía Yuan. Según lo que escribía Lu Qiyuan de la Dinastía Ming en su "Apuntes del viaje al Monte Sanqing", "en un terreno de ocho o nueve hectáreas, un monje viejo construyó un hornillo de alquimia y fundó el templo taoísta Sanqing." Durante la época del reinado del emperador Jingtai de la Dinastía Ming (1450-1457), el templo se expandió y fue rebautizado como "el Palacio de Sanqing." Hoy en día, el palacio permanece generalmente la estructura arquitectónica de la Dinastía Ming (1368-1644). Está orientado al sur y dispone de dos templos, uno delantero y otro trasero, con dos capas y una superficie total de 300 metros cuadrados. En cuanto a la estructura general del palacio, los elementos principales, tales como las vigas, las columnas, las paredes, las puertas, etc., están pavimentados con granito pulido y piedras que se encajan de forma apretada, lo cual refleja las antiguas habilidades arquitectónicas magníficas.

Durante miles de años, el taoísmo le ha dotado al Monte Sanqing una atmósfera elegante y tranquila. Sin embargo, la tranquilidad del monte se debe también a la rica vegetación de aquí.

Situado en la zona subtropical húmeda de monzón, el Monte Sanqing es una de las regiones con especies de plantas más ricas en la China subtropical, y además, también tiene conservado un gran número de especies raras, entre las cuales 19 de ellas pertenecen al "catálogo nacional de plantas silvestres protegidas", y 19 especies pertenecen al "Libro Rojo de las plantas de China". En el Parque Natural del Monte Sanqing se encuentran selvas vírgenes densas y la mayoría de la vegetación consiste en bosques naturales mixtos de árboles de hojas perennes, de hojas anchas y árboles coníferos, además de muchos árboles viejos de más de cientos o incluso miles de años de antigüedad. A lo largo de todo el año el monte tiene un ambiente aromático y perfumado. Se dan sucesivamente flores de azaleas, begonias, magnolias yulan, cerezos, lirios, melocotones montañeros, peonías salvajes, ciruelos, etc., lo cual ofrece un paisaje espectacular.

El clima húmedo, el aire puro y el sol le han dotado al Monte Sanqing otras dos maravillas – el Mar de nubes y la gloria de Buda.

Durante un año, en el Monte Sanqing hay alrededor de más de 200 día de niebla. Las nubes y la niebla le dan dado sombras e iluminaciones imprevisibles y variables a las montañas, especialmente a la hora de la salida del sol, cuando se ofrece una escena espectacular. Hay varios tipos de mar de nubes en el Monte Sanqing: hay estratocúmulos calmantes y masivas, nubes finos y brumosos que aparecen y se esconden de vez en cuando, nubes vastos e inmensos de amplia extensión, y nubes en forma de cascadas entre los altos picos como las olas del mar... entre los picos imponentes y escarpados se encuentran oleadas de mar nubes y nieblas, presentándose una escena inmensa y apasionada, pero a la vez llena de ternuras y tranquilidad.

A veces, cuando llueve, entre las montañas se ofrece una escena especialmente brumosa. Después de la lluvia, el cielo despejado presenta otro paisaje. Si se sitúa en la cima de un acantilado, con el sol detrás y la niebla adelante, se ve que la sombra humana está rodeada dentro del aura colorida formada por el sol iluminando a través de las nubes, como si fuera una estatua de Buda. Esta aura tiene color brillante como un arco iris, mostrando siete colores: rojo, naranja, amarillo, verde, azul, añil y violeta, y es lo que denominamos la gloria de Buda. Esto es un fenómeno físico natural muy especial, cuya esencial trata de la proyección de la sombra desde atrás del apreciador en las nubes del delante. Para la aparición de la gloria de Buda ha de disponer de una combinación de muchos factores naturales, tales como el sol, la topografía y las nubes, así que sólo en muy pocos lugares que tengan las condiciones anteriores se la puede apreciar.

El año 2008, el Monte Sanqing de Jiangxi fue declarado como Patrimonio Natural de la Humanidad.

430 El cuerpo total del Monte Sanqing está formado por granito. Los picos del Monte tienen formas variadas, ofreciendo un paisaje similar al del Monte Huangshan. Además, como también está situado al lado de este monte famoso, ha recibido el nombre de "hermana del Monte Huangshan".

431 El pico Yujing, Yuxu y Yuhua son los tres picos principales del Monte Sanqing. El Monte Sanqing recibe el nombre porque los tres picos altos se parecen a los tres dioses del taoísmo (Yuqing, Sangqing y Taiqing) sentados a las cumbres.

431

432 En un valle de unos 1200 metros de altura se alza un pilar de roca desde la nada, como si fuera una boa grande saliendo del monte y lazándose al cielo.

433 Los picos de granito de formas singulares son el paisaje más atractivo del Monte Sanqing. Los geólogos chinos y estadounidenses han reconocido unánimemente que el granito del Monte Sanqing es "el granito más hermoso de la costa del Oeste del Océano Pacífico".

432

433

434 Este grupo de picos de granito tiene una altura de unos 200 metros. Toda la fila de picos se divide entre seis trozos, como si fuera cortada por un cuchillo. A su lado se alza un pilar independiente hacia el cielo, como los antiguos funcionarios que adoran al emperador con tablillas en la mano, por lo cual recibe el nombre de "diez mil de tablillas hacia el cielo".

435 En la primavera, el Monte Sanqing está lleno de pinos verdes, rocas hermosas y flores. Tales elementos se combinan entre sí, formando una escena atractiva y llena de vida.

434

435

436

437

438

436 La roca moldeada conocida como "la Diosa Oriental" se parece a una chica joven de cabello largo y cuerpo regordete sentada con mirada tenue y pacífica, llena de suavidad y hermosura.

437 El Monte Sanqing dispone de ricos recursos biológicos. Cuenta con 2.373 especies de plantas superiores y 1.728 tipos de animales salvajes. Tiene conservadas especies raras y en peligro de extinción, tales como pseudotsuga gaussenii, tsuga chinensis, liriodendron chinense, tragopan gaboti, sirmaticus ellioti, etc. La imagen muestra el rhododendron, la planta más común del monte.

438 Con los 1400 millones de años de movimiento geológico se ha formado el paisaje único de picos de granito del Monte Sanqing. "Los picos y rocas singulares, los árboles antiguos y flores famosas, las fuentes y cascadas, el mar de nubes y nieblas" son reconocidos como los cuatro maravillas de la naturaleza del Monte Sanqing.

439 El Monte Sanqing dispone de precipitación abundante y agua suficiente. Es un monte rico en manantiales. Las fuentes y cascadas embellecen el monte, ofreciendo una escena variada y hermosa.

440 Desde que Ge Hong empezó aquí a predicar la doctrina del taoísmo en la Dinastía Jin, el Monte Sanqing se convertía poco a poco en el paraíso del taoísmo. Los edificios taoístas cubrían todo el monte Saning, por lo cual este también recibe el nombre del "museo al aire libre del taoísmo".

439

440

Monte Wutai

Partiendo de la ciudad Taiyuan, capital de la provincia de Shanxi, se llega al Monte Wutai conduciendo al noreste, que queda a 240 km de la ciudad.

El Monte Wutai tiene un radio de unos 320 kilómetros, y está compuesto por cinco picos que se conectan y se rodean entre sí. Los cinco picos se alzan sobre la tierra, mientras que las cumbres tienen formas aplanadas, de lo cual se deriva el nombre de "Wutai" (cinco terrazas). Contemplando desde lo alto, los cinco picos están situados separadamente en el este, el oeste, el sur, el norte y el centro, con forma de cinco dedos medio cerrados. Entre ellos, la cumbre norte, llamada Yedou Feng, es la más alta de las cinco. Con una altitud de 3061 metros, esta cumbre está conocida como el "el techo del norte de China". Entre los cinco picos se encuentran pendientes suaves y zanjas amplias, y la elevación más baja es de sólo 624 metros. Debido al clima frío, no se siente calor incluso en el verano, por lo cual el Monte Wutai también ha recibido el nombre de "Monte Fresco".

El Monte Wutai goza de mucha fama. Junto con el Monte Putuo de Zhejiang, El Monte Emei de Sichuan y el Monte Jiuhua de Anhui, se reconocen como los cuatro montes budistas más famosos de China. El paisaje del Monte Wutai no se considera tan original y especial en comparación con los otros tres montes del sur de China, sin embargo, este monte ocupa sin duda el primer lugar de los cuatro montes famosos, e incluso hay gente que lo compara como el trasunto de la larga historia del desarrollo del Budismo chino.

Para los que no han estado en el Monte Wutai es difícil imaginar cómo podría disfrutar de tanta fama. Sólo al acercarte a este lugar y entrar en los numerosos templos y palacios podrás entender que el monte se la merece de verdad.

Poca gente sabe que al principio este Monte había sido terreno de los taoístas. La difusión del budismo en el Monte Wutai se inició en la Dinastía Han del Este (25-220). Según los registros históricos, fue en el año 11 de Yong Ping de la Dinastía Han (68 años) cuando los monjes sabios Jiaye Moteng y Zhu Falan de Tianzhu (ahora India) llegaron a la zona del Monte Wutai, y al ver que la topografía y geomorfología del terreno coincidía con el sitio registrado en las obras clásicas budistas donde el Manjusri dictaba la predicación budista, decidieron construir aquí templos dedicados a Manjusri (El Manjusri era el séquito izquierdo del Buda Sakyamuni, y era conocido por su sabiduría y elocuencia en el budismo). No obstante, debido al desacuerdo de los sacerdotes taoístas de aquí, finalmente los dos monjes tuvieron que asistir a una competición con ellos presidida por el emperador Ming de la Dinastía Han (reinó 58-75), en la cual acabaron ganando los dos y de tal manera lograron el derecho a construir templos budistas en el Monte Wutai. Después de la terminación del templo, este recibió el nombre de Templo Lingjiu dado que el monte donde se encontraba era parecido al Monte Lingjiu (lugar donde Sakyamuni hacía la práctica espiritual). A este nombre el emperador Ming le añadió los dos caracteres "Da Fu" (que significaban "gran bondad"), de allí se obtuvo el nombre completo del Templo Dafu Lingjiu. Más tarde, el templo sufrió una serie de reconstrucción y cambio de nombres, hasta convertirse en el Templo Xiantong de hoy día. Se conoce junto con el Templo del Caballo Blanco de Luoyang como los primeros templos budistas de China.

Desde la terminación del Templo Dafu Lingjiu, el auge y la caída del Monte Wutai ya estaba estrechamente vinculada con el desarrollo del Budismo en China.

Durante la dinastía del Sur y Norte (420-589), la mayor

441

parte de los gobernantes eran creyentes del Budismo, lo cual dio lugar al primer auge desarrollo del Monte Wutai. El emperador Xiaowen de la Dinastía Wei del Norte (reinó 471-499) hizo una expansión a gran escala del Templo Dafu Lingjiu y construyeron a su alrededor doce templos más. Hasta la época de la dinastía Qi del Norte (550-577), el número de templos del Monte habían de forma brusca hasta llegar a unos 200.

El segundo auge en la historia del desarrollo del Monte Wutai vino de forma enseguida casi sin ninguna pausa. En las Dinastías Sui (581-618) y Tang (618-907), este Monte se ha convertido en un verdadero santuario del budismo.

Los dos emperadores de la Dinastía Sui creían en el Budismo. De acuerdo con la orden del emperador Wen (reinó 581-604), se construyeron respectivamente en la parte superior de cada uno de los cinco pico un templo en que se daba culto a Manjusri. Desde entonces, los que venían a peregrinación al Monte Wutai deberían ir a dar culto a los cinco templos de las cumbres, hecho llamado "peregrinación a los picos".

La Dinastía Tang es famosa por ser una época de paz y prosperidad. Debido al buen ambiente social y al ambiente relajado cultural, y al hecho de que casi todos los reyes creían en el Budismo, esta región entró en una época dorada. Siendo considerado como el lugar de agüero por el Emperador Li de la Dinastía Tang, el Monte consiguió naturalmente apoyo y asistencia particular. Durante un tiempo, el Monte Wutai estaban lleno de templos y numerosos monjes se reunían aquí. En el momento más próspero, el número total de los templos del monte llegó a ser 360, y con un total de hasta unos diez miles de monjes. Los monjes eminentes de varias sectas del budismo, tales como Lvzong, Huayan zong, la Tierra Pura, Tantra, Tendai, Chan zong, acudieron sucesivamente al Monte Wutai para peregrinar, aprender y difundir el budismo. Incluso los de países lejanos, tales como Sri Lanka, India, Nepal, Vietnam, Myanmar, Corea del Norte, Japón y otros países, venían también a la peregrinación atraídos por su fama.

Hoy en día, en el Monte Wutai todavía se puede sentir la atmósfera brillante de las épocas anteriores. La basílica del Templo Nanchan y la basílica este del Templo Foguang, situados fuera de las terrazas del Monte Wutai (a la zona dentro de los cinco picos la llaman "dentro de las terrazas", mientras que a la zona fuera de los cinco picos la llaman "fuera de las terrazas"), consistían en reliquias de la dinastía Tang. El Templo Nanchan fue construido en el tercer año del reinado del emperador Jianzhong de la Dinastía Tang (el año 782), y el Templo de Foguang se construyó originalmente en la Dinastía Wei del Norte (año 386-534), pero más tarde fue destruido y su reconstrucción se realizó el año once del reinado del emperador Dazhong de la Dinastía Tang (año 857). Los salones de los dos templos son manifestaciones del estilo arquitectónico de la Dinastía Tang, y son los edificios de estructura de madera más antiguos que existen ahora en China. Las estatuas de Buda y las pinturas murales de los salones son vivos y coloridos, y todavía mantiene el estilo de hace unos mil años.

Durante unos trescientos años después de la Dinastía Tang, el Budismo mantuvo un crecimiento constante y estable. En la dinastía Yuan (año 1206-1368) tuvo lugar un cambio importante. Bajo el empuje por los emperadores de la Dinastía Yuan, el Budismo tibetano comenzó a extenderse en el Monte Wutai y lograron día a día mayor prosperidad, lo cual convirtió el Monte Wutai en el único santuario de China donde se coexistían el Budismo chino y el tibetano.

En las dinastías Ming (año 1368-1644) y Qing (año

1616-1911), el desarrollo del budismo recibió otro auge en el Monte. Durante la Dinastía Ming, muchos emperadores convocaron a los monjes eminentes del Monte Wutai y dieron órdenes de construir pagodas y monasterios y de la celebración de ritos a gran escala. Cuando llegamos al monte, lo primero que vemos, la Torre Blanco del Templo Tayuan, es obra construida en la Dinastía Ming.

Después de la fundación de la Dinastía Qing, en el país se creía sobre todo en el budismo tibetano. Debido a que entre los principales santuarios budistas, el Monte Wutai era el único lugar en que coexistían el Budismo chino y el tibetano, los emperadores de la Dinastía Qing le habían dado apoyos especiales: asignaron varias veces fondos enormes para la construcción de templos budistas tibetanos, y también dieron la orden de convertir varios templos budistas chinos en templos budistas tibetanos. El Emperador Kangxi (reinó 1662-1722) y el Emperador Qianlong (reinó 1736-1795) habían ido a peregrinar varias veces al Monte Wutai. Hasta el final del siglo XVIII y al principio del siglo XIX, el Monte Wutai contaba ya de unos treinta templos budistas tibetanos a gran escala con miles de monjes de esta religión, entre los cuales el solo Templo Pusa Ding contaba con más de 500 monjes. Durante el abril y el octubre de cada año, los creyentes budistas mongoles y tibetanos veían incesantemente a la peregrinación.

En los registros de los templos importantes del Monte Wutai siempre se observa en la primera página "construcción por decreto imperial", por lo que se nota la atención especial que le prestaban los emperadores de distintas dinastías. Sin embargo, el Monte Wutai no ha sido siempre el "Amado" del destino. Desde la introducción del budismo en China en la dinastía Han del Este, en la historia había habido cuatro grandes incidentes de "supresión del budismo". Cada vez que hubo la "supresión del budismo", el Monte Wutai sufrió el mayor golpe: se destruyeron los templos y se dispersaron los monjes. Y cada vez después de tal incidente, el Monte obtuvo la oportunidad de renacimiento debido al surgimiento del budismo de nuevo. En tal proceso de repetida destrucción y reconstrucción, el Monte ha sido testigo del desarrollo del budismo chino.

Hoy en día, en el Monte Wutai todavía podemos ver 95 templos construidos en diferentes dinastías, los cuales constituyen un gran bloque de monumentos budistas. Estos palacios, templos y torres de historia larga poseen formas variadas y estilos distintos y representan la esencia del arte budista chino y de la arquitectura.

En el año 2009, el Monte Wutai fue declarado como Patrimonio de la Humanidad.

442

441 La Torre de Reliquia del Buda del Templo Tayuan, cuya construcción inició en el año noveno del Emperador Wanli de la dinastía Ming (1581), es el edificio representante del Monte Wutai. La base de la torre es de forma cuadrada, y el cuerpo, como una botella de algas. Tiene una altura total de 75,3 metros, y está doctorada con 252 campanas de viento, que suenan de forma armoniosa con el soplo del viento.

442 El Monte Wutai tiene una superficie de unos 300 kilómetros cuadrados y una altura media de más de1.000 metros. El punto más alto, El Pico Yemen de la terraza del norte, tiene una elevación de 3.058 metros, y se conoce como "el techo del norte de China."

443

443 Entre los monasterios del MonteWutai, este templo es más grande y el más antiguo. Se conoce junto con el Templo Baima de Luoyang como los primeros monasterios budistas de China.

444

444 El Salón de bronce del Templo Xiantong, que mide 8.3 metros. Se construyó en el trigésimo cuarto año del Emperador Wanli de la Dinastía Ming (1606) con cien mil de kilos de cobre. Las paredes del interior del Palacio están cubiertas de estatuas de Buda, las cuales se conocen como diez mil de budas. En la parte central del Palacio se da ofrenda a una estatua de bronce de un metro de alto.

445 El Salón de Buda del Templo Nanchan fue construido en el tercer año de Jianzhong de la Dinastía Tang (782). Con una historia de más de 1.200 años, es el edificio de madera más antiguo que se conserva hoy día en China. Las estatuas y relieves de ladrillo también son obras de la dinastía Tang.

446 El Templo Foguang fue fundado en la Dinastía Wei del Norte, y durante las dinastías de Sui y Tang ya era un templo famoso del Monte Wutai. El Gran Salón del Este, salón principal del templo, fue construido en el décimo primer año del Emperador Dazhong de la Dinastía Tang (857). Entre los edificios de estructura de madera existentes de China, es el segundo en cuanto a la antigüedad, mientras que el primero es el Salón de Buda del Templo Nanchan.

445

446

447

448

449

447 La Pagoda Zushi del Templo Foguang es la tumba del fundador de este templo. Construida en el reinado del emperador Xiaowendi de la dinastía Wei del Norte (471-499), es una de las únicas dos pagodas de piedra de esta dinastía que se conservan hoy día en China.

448 El tablero del Templo Foguang de la Dinastía Tang. La arquitectura, la escultura, los murales y la inscripción de la Dinastía Tang son conocidos como "las cuatro maravillas" del Templo del Buda.

449 El dougong (sistema de soportes) del Gran Salón del Este del Templo Foguang. La estructura de caja y espiga que no lleva ningún clavo es la característica única de los edificios de madera de China.

450 El Salón Wuliang del Templo Xiantong fue construido durante el reinado de Wanli de la dinastía Ming(1573-1619). Tiene una forma singular y decoración delicada, y trata de una obra maestra del arte arquitectónico chino de albañilería. Como el edificio no dispone de ninguna viga, también ha recibido el nombre de "palacio sin vigas".

451 El Templo Longquan fue construido en la dinastía Song y restaurado a principios del siglo XX. El pórtico de piedra delante del templo es lo más llamativo, en el cual están tallados personajes, animales, flores, nubes y paisajes hermosos y delicados. Se dice que los artesanos tardaron seis años en completarlo.

450

451

452

453

452 La estatua budista de la dinastía Tang en el Templo Nanchan de la Monte Wutai. Con el cuerpo fresco, altitud calmada, vestido sencillo, pañería fluida, es el primor en las estatuas antiguas en China.

453 Desde el siglo I DC, casi nunca se ha interrumpido la construcción de estatuas y templos del Monte Wutai. Teniendo en cuenta los 108 templos existentes, en el monte hay un total de más de dos cientos mil de estatuas de Buda, budhisattva y Arhat construidas en 11 dinastías.

Los monumentos históricos "Centro del Cielo y la Tierra" de Dengfeng

El Monte Songshan, situado en el noroeste de Dengfeng de Henan, es uno de los primeros terrenos de la Tierra que emerge encima del agua. Tiene 3,6 millones de años de historia y es uno de los lugares más antiguos donde habitaba el ancestro del pueblo chino. Es conocido por los chinos de cada época de la historia como "Zhongyue." En Dengfeng, sitio situado al sur del Monte Songshan, los monumentos históricos que conviven con este monte consisten en una identificación famosa de este lugar.

De dónde viene el dicho "Centro del cielo y la Tierra"? ¿Qué contexto histórico tendrán estos edificios históricos situados en Dengfeng?

Debemos comenzar con la antigua cosmología china. Los antiguos chinos creían que China era el país situado del centro del universo, y el centro del cielo y de la tierra se encontraba en la las Planicies centrales del país, cuyo núcleo era Dengfeng. Por lo tanto, con el fin de simbolizar el poder imperial otorgado por Dios, todas las primeras dinastías chinas eligieron aquí como la capital, y Songshan había sido frecuntado por varios emperadores. Según las estadísticas, desde la dinastía Zhou (1046ª.C.-256ª.C) hasta la dinastía Qing (1616-1911), 72 emperadores habían venido a Songshan para cazar, ofrecer sacrificio a los antepasados o dar culto al Cielo y a la Tierra.

Además de ser el lugar favorecido por los emperadores, Dengfeng también Se ha convertido en un centro de riqueza cultural, atrayendo el confucianismo, el budismo, el taoísmo y otras civilizaciones importantes de la China central. Aquí tales culturas se difundían, se mezclaban y se intercambiaban, y dejaron conservada una gran cantidad de monumentos culturales, conocida hoy como los monumentos históricos del "Centro del Cielo y de la Tierra". Estos edificios cubren una variedad de casi todos tipos arquitectónicos dedicados a actividades de carácter ritual, religiosa, científica, tecnológica y educativa. Estos diversos monumentos arquitectónicos de distintas dinastías representan tanto el antiguo arte arquitectónico chino como el único concepto del universo y la estética cultural del pueblo chino.

Los monumentos históricos "Centro del Cielo y de la Tierra" de Dengfeng incluye 8 sitios y 11 edificios: el Observatorio, la Pagoda del Templo Songyue, Taishi Que, el Templ Zhongyue, Shaoshi Que, Qimu Que, la Academia Songyang, el Templo Huishan y el Templo Shaolin. En alrededor de unos 2000 años el tiempo, estos edificios se conservaban uno tras otro en la misma zona, constituyendo el conjunto de monumentos históricos de tiempos más largo, de tipos arquitectónico más numeroso y de connotación cultural más rica de China.

En este conjunto de monumentos históricos, cada edificio es único. Taishi Que, Shaoshi Que y Qimu Que son conocidas colectivamente como las tres puertas Que Han, y son los edificios más antiguos existentes de China dedicados a las actividades rituales a nivel nacional. El observatorio es el observatorio astronómico más antiguo que se conserva en toda China; la Academia Songyang es la academia más antigua de difusión del Neo confucianismo, de ritos a los santos del Confucianismo y de realización, de los exámenes nacionales de China; la pagoda del Templo SongYue, el conjunto de monumentos del Templo Shaolin y el Templo Huishan son monumentos del desarrollo del Budismo en diferentes periodos en China.

Que se refiere a los dos edificios simétricos construidos en frente de las puertas de la muralla, la tumba, el palacio o el templo, y es un edificio ritual simbólico de la China antigua. Según los registros históricos, el edificio ya había aparecido a principios de la dinastía Zhou. Las tres puertas Que Han de los monumentos históricos "Centro del Cielo y de la Tierra" fueron construidas en la dinastía Han del Este (25-220). El tipo, la tecnología y el proceso de construcción son muy raros, mientras que las imágenes e inscripciones talladas en ellas son muy hermosas. Es un documento valioso para el estudio de la historia de la arquitectura, del arte y de la sociedad del Han del Este de la China antigua.

El Observatorio fue construido entre los trece años y los 16 años de la Dinastía Yuan (1276-1279), cuya función era "medir la sombra del sol al día, observar la estrella polar por la noche". Es decir, se dedicaba a las mediciones de la longitud de la sombra del sol y a las observaciones de la astrología. Este edificio parece tener una forma muy común: tiene una estructura de ladrillo y piedra y está compuesto por el cuerpo en forma de cono y Shigui, la regla que mide el cielo. Sin embargo, teniendo como base este Observatorio y usando unos simples instrumentos astronómicos, el antiguos astrónomo chino Guo Shoujing (1231-1316) elaboró el calendario más avanzado del mundo de ese momento –"El calendario Shoushi" a través de la observación y las calculaciones. Tiene sólo una diferencia de 26 segundos en comparación con el calendario solar de la actualidad, pero se creó con 300 años de adelantación.

La Academia Songyang recibe el nombre debido a que se construyó en el sur del Monte Songshan. Es conocido junto con la Academia Yingtian de Henan, la Academia Yuelu de Hunan y la Academia Bailudong de Jiangxi como las cuatro grandes academias de China, y ocupa un papel importante en la historia del desarrollo de la educación de China.

Detrás de la academia se encuentran los picos altos del Monte Songshan, y delante de ella pasa un río. Situado a la puerta de la academia, se ven los picos del Monte Songshan mirando arriba, y mirando abajo se ve el paisaje de la ciudad de Dengfeng. Entrando en la academia se ven pinos altos y casas primitivas y sencillas. Este sitio tranquilo y elegante es realmente un buen lugar para el estudio.

El periodo más próspero de la Academia Songyang es la dinastía Song del Norte (960-1127). Los dos maestros del Neo confucianismo, Cheng Hao y Cheng Yi, daba conferencia aquí por más de diez años. La academia adquirió mucha fama hasta convertirse en un lugar importante para la difusión del Neo confucianismo de la Dinastía Song del Norte, y aquí acudían unas centenas

454

de estudiantes de todas partes de China. Además de los hermanos Cheng, otros grandes maestros de la dinastía, tales como Sima Guang, Fan Zhongyan y Zhu Xi, también habían dictado aquí. Sima Guang realizó aquí la redacción de unos volúmenes de su maestra obra histórica "Zizhi Tongjian".

Construida a los cuatro años del emperador Zhengguang de la Dinastía Wei del Norte(523), la pagoda del Templo SongYue es la pagoda de ladrillo más antigua existente de china. Después de casi 1.500 años de erosión del viento y la lluvia y los terremotos, sigue siendo recta y elevada. El cuerpo de la pagoda es de forma de dodecágono, y es la única pagoda dodecágona entre las centenas de pagodas de ladrillo existentes de China.

El Templo Zhongyue fue originalmente lugar de culto al dios de la montaña Taishi. Fue construido en la Dinastía Qin (221ª.c-206ª.c) y fue varias veces expandido y decorado durante las dinastías Han, Tang, Ming hasta convertirse en un famoso santuario taoísta. El Templo Zhongyue que se ve hoy en día tiene un formato similar a la Ciudad Prohibida de Beijing. Los edificios principales del templo se distribuyen de sur a norte y de nivel más bajo a nivel más alto en una línea central. Tiene un total de 11 capas y unos 400 templos, pabellones y pasillos. Es el conjunto de edificios más colosales entre los edificios históricos del "Centro del Cielo y la Tierra".

Sin embargo, ninguno de estos edificios goza de más fama que el Templo Shaolin. Hoy en día el Templo Shaolin es conocido por sus orígenes de artes marciales de China. De hecho, siendo el lugar de origen de la escuela Zen del Budismo, el templo tiene una historia mucho más larga. Este templo ubicado al sur de la montaña Taishi fue fundado a los diecinueve años de la Dinastía Wei del Norte (495). A los tres años del reinado Xiaochang de la

Dinastía Wei del Norte (527), el monje indio Bodhidharma llegó al Templo Shaolin y reunía creyentes para la difusión de Zen. Más tarde fue conocido como el "ancestro de Zen," Y el Templo Shaolin también recibió el nombre de "el sitio de origen de Zen."

Históricamente, con el cambio de la actitud hacia el Budismo de los gobernantes y la influencia de la guerra, el templo tuvo mala suerte en varias ocasiones y muchos edificios fueron destruidos. Sin embargo, después de cada catástrofe se empezó una nueva reconstrucción. Las destrucciones y las reconstrucciones casi nunca han parado durante la historia.

El edificio principal del templo de Shaolin es el patio Changzhu. A lo largo del eje se distribuyen de sur a norte siete partes: la puerta del Monte, el templo Tianwang, el campanario, la biblioteca de canones budistas, el patio del abad, el pabellón de Dharma y el templo de mil Budas. Tiene una superficie total de 30.000 metros cuadrados. El conjunto de pagodas situado en el oeste del templo es el cementerio de los antiguos monjes, donde se conservan unas 240 pagodas de ladrillos de la Dinastía Tang a la Dinastía Qing. Aquí se esparcen varios tipos de pagodas antiguas y de formas variadas. Estas ocupan una superficie total de más de 20.000 metros cuadrados, y son el bloque de mayor superficie y con más pagodas existente en China. Un poco lejos del templo se encuentra el monasterio Chuzu, edificio construido en honor de Bodhidharma por la gente de la Dinastía Song.

En el año 2010, los edificios históricos "Centro del Cielo y la Tierra" de Dengfeng fueron declarado como Patrimonio de la Humanidad. Los expertos creen que estos antiguos edificios representan el intento y el modelo formal del antiguo sistema de la arquitectura china. Muchas de las obras se han convertido en el modelo a seguir para las construcciones de épocas posteriores debido a sus exquisitos estilos artístico y sus excelentes técnicas de construcción.

456 El Qimu Que es el Que con inscripción delante del Templo Qimu. Construido en el segundo año del Reinado Yanguang de la dinastía Han del Este (123), se conoce junto con el Taishu Que y el Shaoshi Que como "los tres Que de la dinastía Han del Este" del Monte Songshan. La parte conservada del Que occidental de Qimu Que mide 3,17 metros de altura, y la del Que oriental, 3,18 metros de altura. La distancia entre las dos puertas Que es de 6,80 m.

457 El Observatorio astronómico, cuya construcción fue presidido por Guo Shoujing, astrónomo de la Dinastía Yuan, está compuesto por el cuerpo del observatorio, el Shigui y la ranura superficial, y trata del observatorio más antiguo existente de China.

454 El Paso pavimentado del Templo Shaolin, a los dos lados del cual están las lápidas resaltadas por los pinos y cipreses. Aquí se encuentra un total de más de 20 lápidas de piedra, en que se documentan los acontecimientos importantes en la historia del desarrollo del templo.

455 El conjunto de pagodas del Templo Shaolin está compuesto por unas 240 pagodas donde se entierran los monjes famosos de cada época del templo. Con un área de más de 20.000 metros cuadrados y edificios construidos entre la dinastía Tang y la dinastía Qing, este es el conjunto de pagodas más grande que se conserva hoy día en China.

455

456

457

458

459

460

458 El templo Huishan era originalmente el palacio de verano del emperador Xiaowendi de la Dinastía Wei del Norte, y posteriormente fue donado y usado como un templo budista. Es uno de los templos budistas construidos más tempranos después de la introducción del budismo en China. Durante miles de años ha adquirido mucha fama debido a los monjes famosos de aquí. La imagen muestra la lápida de estatuas del templo de la Dinastía Wei del Este (534-550).

459 Buda de jade de la Dinastía Ming del Templo Huishan

460 En la Academia Songyang había tres cipreses, que recibieron respectivamente el título de "el Gran General", "El Segundo General" y "el Tercer General" concedido por el Emperador Hanwudi (Liu Che) durante su viaje al Monte Songshan. La imagen muestra el Gran General, que tiene 12 metros de altura, 5,4 metros de perímetro, 16 metros de dimensión de la copa y 4.500 años de antigüedad. Es el ciprés más antiguo de China.

461 Construida en el cuarto año del Reinado Zhengguang de la Dinastía Wei del Norte (523), la Pagoda del Templo Songyue se alza tras unos 1400 años de erosión de viento y lluvia. Es la pagoda de ladrillo más antigua que se conserva hoy en China, y también la única pagoda dodecágona existente del país.

461

462

463

462 La Academia Songyang es una de las cuatro antiguas academias de China. En la historia ha sido conocida por el estudio del Neo Confucianismo. Es el lugar de nacimiento de tal doctrina en la dinastía Song, y también la "muestra" del estudio de los antiguos edificios de las academias, el sistema educativo y la cultura confuciana de la China antigua.

463 El Templo Zhongyue es el santuario del taoísmo Quanzhen, rama principal del Taoísmo. Fue construido en la Dinastía Qin, y expandido varias veces a lo largo de la historia. El templo existente de hoy día es el resultado de la restauración de la Dinastía Qing. Los edificios principales del templo se sitúan a lo largo de una línea central y están distribuidos del Sur al Norte y de nivel más bajo a nivel más alto. Es el conjunto de edificios más colosal entre los edificios históricos del "Centro del Cielo y la Tierra".

464

465

466

464 El Templo Shaolin fue fundado en el décimo noveno año del Reinado Taihe de la dinastía Wei del Norte (495), y es considerado unánimemente como "el sitio de origen de Zen" por los creyentes del Budismo. El Patio Changzhu dispone de un conjunto de edificios de gran escala. Cuenta con siete patios desde la puerta del Monte hasta el Salón de mil budas, y una superficie total de 30.000 metros cuadrados.

465 La puerta del monte del Templo Shaolin fue construido a los trece años del Reinado Yingzheng de la Dinastía Qung (1735). En el tablero se ven tres caracteres grandes ("el templo Shaolin"), inscripción del propio emperador Kangxi. Además, los dos leones de piedra frente a la puerta del monte también son obras de la dinastía Qing.

466 El templo Chuzu, situado a un kilómetro al noroeste del Templo Shaolin, fue construido en el séptimo año del Reinado Xuanhe de la dinastía Song del Norte (1125) en honor de Bodhidharma. Dado que el templo se fundó para conmemorar la práctica del Hesicasmo frente a la pared de este monje, también se conoce como "Templo Mianbi (frente a la pared)."

Danxia de China

Después de la salida del sol, los miles de valles y barrancos parecen cubiertos de abrigos rojos y marrones rojizos, mostrando una apariencia brillante. Entre los picos y crestas, las piedras areniscas rojas que han formado picos aislados y rocas escarpadas debido al largo periodo de meteorización y erosión del agua presentan un paisaje singular. Estas heredan la gloria del sol y ofrece un paisaje terrestre fascinante de magníficos colores, como las nubes de color rosa, y como el arrebol carmesí.

Este extraño paisaje terrestre fue nombrado como "Danxia" por los geólogos chinos, ya que "tiene el color de dan (rojo), y es tan brillante como xia (el arrebol)". Los geólogos creen que el relieve Danxia es un tipo de formación terrestre de capa roja, que desarrolló por primera vez en los depósitos continentales rojos, y más tarde, por el levantamiento tectónico y el conjunto de otros factores como el clima, la erosión, la meteorización, etc., llegó a formar un paisaje único de montes y barrancos rojos y valles y picos numerosos.

En China se han encontrado hasta ahora casi 800 relieves de Danxia, distribuidos en más de 20 provincias. En realidad, además de China, los relieves de Danxia también tienen presencia en algunos otros países del mundo, tales como el oeste de los Estados Unidos, Europa Central y Australia. Sin embargo, China es el país que cuenta con la distribución más amplia de Danxia entre los países del mundo.

En agosto de 2010, en la 34ª Conferencia de Patrimonio Mundial celebrada en Brasilia, el "Danxia de China " fue incluido oficialmente en la "Lista de Patrimonio Mundial". El patrimonio natural de "Danxia de China" contiene seis lugares de declaración: Taining de Fujian, el Monte Langshan de Hunan, el Monte Danxia de Guangdong, el Monte Longhu de Jiangxi, el Monte Jianglang de Zhejiang y Chishui de Guizhou. Tienen una misma característica: se encuentran en las zonas húmedas del sur de China. Los expertos creen que estos tratan de las formas de relieves más representativos, dado que demuestran la evolución completa de este tipo de relieve, como la evolución de una persona de la "juventud" a la "madurez" y luego a la "vejez".

Entre los relieves de Danxia de China el de mayor superficie es el Danxia de Chishui de Guizhou. Este se encuentra en el punto de unión de la cuenca de Sichuan y el altiplano de Yunnan-Guizhou, y consiste en un área de más de 1.200 kilómetros cuadrados. La elevación dramática del altiplano y el fuerte corte de agua causaron aquí un enorme contraste terrestre, dando lugar a la formación del valle escalonado más típico y las cascadas más espectaculares, y le ha convertido en el representante de los relieves de Danxia de tipo altiplano-barranco del periodo temprano de la juventud. Miles de cascadas de diferentes tamaños y formas corren entre las montañas, y van acompañadas por más de 2.300 tipos de plantas y animales. La cobertura forestal de toda la zona es más de 90%, por lo tanto el Danxia de Chishui también se conoce como el Danxia verde. Los barrancos de color rojo brillante, los picos y crestas estrechas alzadas en el suelo, los miles de montes y rocas extraños, las enormes galerías de cuevas rocosas, los bosques verdes, las cascadas y los arroyos coexisten y forman un contraste agradable, mostrando una escena más singular de Danxia de Chishui.

El Danxia de Taining de Fujian es el principal representante de los Danxia de cañones de baja altitud del

467

periodo de la juventud. En esta zona, se cruzan cientos de cañones, se hallan arroyos profundos y unas cien cuevas de Danxia de tamaños variados. El "Danxia Acuático", el "Gran Cañón" y el "Museo de la Cueva" son conocidos como las tres maravillas del Danxia de Taining.

Ubicado en la zona de transición entre las escaleras topográficas de nivel dos y tres, el Monte Langshan de Hunan es el representante de Danxia de picos y crestas del periodo temprano de la madurez. De hecho, el relieve Danxia de Langshan contiene el paisaje más completo de la evolución de Danxia: cuenta con vestigios de tanto la juventud como de la madurez y de la vejez. Como está ubicado en las zonas de clima subtropical húmedo, las lluvias abundantes, la erosión del agua y la gravedad han dado lugar a paisajes con valor estético formados por las rocas. Aquí se aprecian lo largo y alto del primer callejón del mundo, lo peligroso del Campamento octogonal, lo ancho del primer puente de Asia, lo escarpado del Pico de velas, lo brillante del Barranco Rojo, lo precioso de la Roca del General, ofreciendo en conjunto un espectáculo colorido, peligroso y precioso.

El profesor Chen Guoda, el primer geólogo que propuso el concepto de "Danxia" visitó a Langshan a la edad avanzada y escribió este poema: "En mi vida siempre he alabado la belleza de Danxia, y ahora puedo apreciar lo precioso de Langshan, el destino me ha llevado a este lugar de maravilla, y los dos sitio son tesoros del sur y del norte". En este poema la palabra "Danxia" hace referencia al Monte Danxia de Guangdong, el primer descubrimiento de esta formación terrestre.

Los estratos de roca que han formado el relieve del Monte Danxia es una cuenca sedimentaria compuesta por los escombros de roca roja, y tras el levantamiento de la corteza terrestre, las rocas expuestas sufren constantes erosiones del agua, y los estratos conservados se ha convertido en bloques de roca roja, los cuales han formado montes precipitados de cumbres y pies planos, murallas, picos, pilares, etc. El Monte Danxia es el representante de los Danxian de picos y crestas agrupados del periodo mediano-tardío de la madurez.

Viendo desde lejos, El acantilado del Monte Danxia parece estar cubierto de arrebol, y de cerca se observa un paisaje colorido. Muchos acantilados y barrancos parecen cortados por machetes y hachas. Se alza hacia el cielo azul y tienen escondidas en sí numerosas rocas singulares y cuevas preciosas. Unos 680 picos, murallas, pilares y puentes de piedra esparcidos ordenadamente ofrecen una imagen variada. Entre ellos, lo más increíble son las rocas Yinyang. La Roca Yuanyang tiene 28 metros de alto y un diámetro de 7 metros. Se alza hacia el cielo y se parece a los genitales masculinos enormes erectos. La Roca Yinyuan se oculta en lo más profundo de los barrancos. Tiene más de 10 metros de altura y 4 metros de ancho, y se asemeja a los genitales femeninos. Una roca representa la fuerza y otra, la suavidad. Son una maravilla de la naturaleza formada durante cientos miles de años de separación, levantamiento y erosión.

Tras ver los relieves de Danxia del periodo de la juventud y madurez, ¿cómo será el paisaje de Danxia del periodo de vejez? Al venir al Monte Longhu de Jiangxi encontrará usted las respuestas. La combinación destacada de los restos de picos, crestas y barrancos erosionados, agrupados y sueltos, ha convertido el Monte Longhu en el representante de los Danxia de picos esparcidos y barrancos anchos del periodo tardío de la madurez y de la vejez. Aquí se conserva un raro bosque subtropical de árboles de hojas anchas y perennes de baja altitud, y es el hábitat de muchas especies raras en peligro de extinción.

El Monte Jianglang de Zhejiang nos presenta el paisaje típico de Danxia de pico único erosionado de base elevada del periodo de la vejez. Se dice que en la antigüedad, tres hermanos de apellido Jiang subieron a la cima de la montaña y se convirtieron en tres rocas gigantes, y de ahí vino el nombre el Monte de Jianglang. Estas tres rocas se erigen al cielo y tienen una altura de más de 360 metros. Son pilares rocosos de forma de estalagmita y se distribuyen de norte a sur en forma del carácter chino "chuan", por lo tanto reciben el nombre de "roca de tres rajas". Entre las vastas montañas, estas magníficas rocas se hacen más peculiares. Cuando las montañas están cubiertas de niebla, la combinación de los rayos del sol, los árboles verdes y la niebla ofrece un atractivo paisaje integrado del cielo, el monte y la niebla.

Los Danxia de China, con sus paisajes extraños y colores magníficos, nos da un gran choque estético e impacto visual. Los montes y rocas vigorosas, los acantilados de Danxia majestuosos, el paisaje en que se combinan los elementos naturales como el agua, el monte, el bosque y la roca, todo esto hace que los Danxia de China tenga un efecto estético único y singular del mundo, presentando una fascinante belleza natural.

468

469

467 El Danxia de Chishui es el representante de Danxia de la etapa inicial de la juventud. Con una superficie de unos 1200 kilómetros cuadrados, es el área de Danxia de mayor superficie y desarrollo más típico y espectacular de China.

468 En la zona de Danxia de Chishui, varios arroyos corren desde la cima de la montaña hacia abajo. El agua claro, resaltado por el valle rojo, tambien adquiere un color rojizo.

469 En el Danxia de Chishui se combina una serie de paisajes naturales hermosos, tales como las cascadas, los humedales, los bosques verdes, etc. Con una cobertura forestal de más de 90%, se conoce también como el "Danxia verde".

470 La combinación de cañones profundos, precipicios rojos, arroyos y cascadas corrientes y bosques densos ha formado el paisaje único y singular del relieve de Danxia de Chishui.

470

471

472

471 El Danxia de Taining es el único representante de los Danxia de montes y cañones de baja altitud del periodo de la juventud de la zona climática subtropical húmeda de China. La combinación perfecta de los relieves de Danxia, los lagos, los arroyos, las charcas profundas y las cascadas hua formado una escena única de "Danxia acuática". El imagen trata del precipicio rojo del Lago Jin de Taining.

472 El Danxia del Monte Langshan de la Provincia de Hunan, donde se encuentran relieves de Danxia desarrollados del periodo de la juventud, la madurez y la vejez, es la zona escenática más representativa de la riqueza del desarrollo de los relieves de Danxia de China.

473 El Pico Guifeng está situado a 40 km del Monte Longhu, y recibe el nombre porque todo el cuerpo del monte se parece a una enorme tortuga que alza la cabeza. Es el típico representante de los Danxia de picos de erosión de lluvia del periodo de la vejez. La imagen muestra el pico Laoren, el resto de un pico suelto venido abajo que tiene la forma de un anciano tranquilo y sereno.

474 La mayoría de los relieves de Danxia son famosos por sus formas escarpadas y sus aspectos majestuosos debido a su altura relativamente elevada. Sin embargo, el Monte Longhu dispone de una elevación relativamente baja(la elevación máxima sólo es de unos 240 metros), por lo cual presenta un paisaje elegante y hermoso.

475 El Monte Longhu de Jiangxi es el representante típico de los Danxia de picos del periodo tardío de la madurez y la etapa temprana de la vejez en la historia de evolución topográfica. Aquí se centran unos veinte tipos de paisajes de Danxia en una área de 40 kilómetros cuadrados. En el área escenática serpentea el Río Luxi entre los precipicios de Danxia, combinando los paisajes de las dos orillas. El agua azul y los barrancos rojos se resaltan entre sí, formando un paisaje de maravilla.

473

474

475

476

477

476 El campamento octogonal del Monte Langshan. Mirando desde el Pico del Campamento octogonal hacia abajo, se ve el panorama del Danxia del Monte Langshan. Las cadenas ondulantes se parecen a un mar de picos de Danxia, presentando una escena espectacular.

477 La Roca Yuanyang del Monte Danxia. Las rocas de este monte tiene formas de personas, objetos, animales y aves, como si fueran unas obras artísticas de los maestros de escultura, pero en realidad todos son resultados de los movimientos de la naturaleza.

478 El Monte Jianglang de Zhejiang es el representante típico de Danxia de pico único del periodo de la vejez. Tres picos de unos 300 metros distribuidos en forma del carácter chino "Chuan" se alzan en lo alto de las montañas, recibiendo el nombre de "el pico más singular de los Danxia de China".

479 El Monte Danxia de Guangdong tiene la fama de ser "el parque de rocas rojas de China", dado que está compuesto por unas 600 rocas esparcidas y variadas de piedra arenisca roja. La gente lo nombró así porque "tiene el color de dan (rojo) y es tan brillante como xia (el arrebol)".

478

479

El Lago del Oeste de Hangzhou

Pocas ciudades chinas pueden ser tan afortunados como Hangzhou, ya que esta cuenta con el Lago del Oeste. Hay un dicho famoso: las ciudades de Suzhou y Hangzhou son el paraíso de la Tierra. La gran fama de Hang zhou se debe gran parte al Lago del Oeste, una escena acuática espectacular con unos mil años de distoria historia.

Pero el Lago del Oeste de la antiguedad no tenía el aspecto tierno y suave de hoy día. En la época de la Dinastía Qin (221ac-206ac) y la dinastía Han (206ac-220ac), el Lago del Oeste todavía era una parte del río Qiantang. La deposición continua de sedimentos de este río formó un banco de arena en el pie de la mantaña de la costa norte, y las aguas que entraban en el lado oeste del banco se convirtieron en el Lago del Oeste de la antiguedad. En la Dinastía Sui (581-618), la excavación del Gran Canal y la navegación de vía fluvial favoreció al desarrollo de Hangzhou, y la zona del Lago del Oeste se convertía poco a poco en un sitio animado. Sin embargo, fue tras unos cientos años de remedición cuando el lago llegó a ser un paisaje realmente espectacular.

El caudaloso Lago del Oeste ha sido en la historia una importante fuente de agua de la población local de Hangzhou. Debido a que las aguas subterráneas de la ubicación inicial de la ciudad de Hangzhou eran saladas, amargas e importables, la gente local solía ir al lejano Lago del Oeste para sacar agua. En la Dinastía Tang, cuando Limi (722-789) fue asignado como el alcalde de Hangzhou, se le ocurrió una solución. Dio la orden de excavar 6 estanques de agua en la ciudad de Hangzhou y 6 entradas de agua al lado del Lago del Oeste. Se introdujo el agua del lago a la ciudad través de los pasos subterráneos y las compuertas, y de tal manera la gente pudo tener más fácil acceso al agua dulce.

Este proyecto creativo urbana de abastecimiento de agua de hace más de 1200 años ya queda olvidado con el paso del tiempo, pero quedan conservados el Pozo Xiangguo y el pabellón dedicado a Limi, los cuales se han convertido en un importante testigo del desarrollo del Lago del Oeste.

Baijuyi, otro alcalde de la ciudad de Hangzhou tras Limi (772-846), trajo más cambios al Lago del Oeste. Al dragar los originales subterráneos de agua, Baijuyi arregló el Lago Xihu, limpió los sedimentos y contruyó diques para dividir el lago en dos partes, y de tal modo le dotó la función de embalse de agua y riego. Para conmemorar a Baijuyi, la gente local nombró uno de los diques del Lago del Oeste "el Dique Bai". Este dique se ha conservado desde la Dinastía Tang hasta hoy día. Se han platado numeros melocotoneros y sauces a lo largo de las dos orillas del dique. A principios de la primavera, los flores rojos y las hojas verdes ofrecen un paisaje excepcionalmente encantador, y es el mejor punto de vista para contemplar el panorama del Lago del Oeste y de las montañas que lo rodean.

Además de famoso Dique Bai, hay otro Dique famoso del Lago del Oeste llamado el Dique Su. Estos dos diques y Gushan, la isla natural más grande del lago, dividen la superficie del lago en cinco partes conectadas por los ojos de puente. Como las aguas de cada parte del lago no se mezclan completamente, las calidades y los colores de las aguas son diferentes. Cada parte del lago también cuenta con paisajes distintos: algunas partes están cubiertas de niebla, y otras están llenas de lotos aromáticos, ofreciendo una escena bella y elegante.

El nombre del Dique Su está relacionado con Su Shi, poeta de la Dinastía Song del Norte (1037-1101). Cuando Su Shi era alcalde de Hangzhou, se daba cuenta de que el Lago del Oeste llevaba muchos años abandonado y que

480

estaba cubierto de zizania acuática. Por tanto escribió al emperador y pidió el permiso de dragar el lago. En el famoso "Informe de petición de dragar el Lago del Oeste", Su Shi escribía: "La importancia del Lago del Oeste para Hangzhou es como la de los ojos y cejas para la gente, por lo tanto el lago no puede quedar abadonado."

En el abril del año cinco del Emperador Yuanyou (1090), Su Shi movilizó a 200.000 trabajadores para comenzar a dragar el Lago del Oeste. Se construyó un dique largo que atravesaba de norte a sur con la zizania acuática y el barro excavado del lago, sobre el cual se erigieron seis puentes de arco de piedra. Este dique de 2,8 kilometros de largo fue conocido más tarde como el Dique Su.

En la historia el Lago del Oeste tiene diez escenas famosas, entre las cuales destaca el amanecer del Dique Su en la primavera. Otras nueve escenas son Lotos bailando con la brisa en el patio de vino, Luna del otoño sobre el lago tranquilo, Nieve persistente en el puente roto, Peces en el jardín Huagang, Ruiseñores cantando en los sauces, Tres pagodas bajo la Luna, Dos picos en las nubes, Sol poniente en la Pagoda Leifeng y Campana de Nanping al atardecer. En tales escenas se concentran paisajes hermosos del Lago del Oeste de diferentes estaciones como la primavera, el verano, el otoño, el invierno, de diferentes periodo del día como el amanecer, la mañana, el atardecer y la noche y bajo diferente tiempo como bajo el sol, la niebla, el viento y la nieve.

La gente de hoy día le ha dotado al Lago del Oeste 10 escenas nuevas, tales como sendero de bambú de Yunqi, Fuente del Tigre en el valle Hupao y Té en el pozo del dragón. Sin embargo, estas no son tan famosas como las diez antigua escenas. Entres las antiguas diez, el Puente Roto es el que goza de mayor fama por medio de las obras literarias y artísticas.

El Puente Roto está situado en la parte oriental del Dique Bai. En *la Serpiente Blanca*, famoso cuento popular de China, aquí es donde se encontraron los dos protagonistas Xuxian y Baisuzhen. La tradición artística le ha convertido en el más famoso de los numerosos puentes del Lago del Oeste.

Los días del verano, en las aguas cerca del Puente Roto se ven las hojas verdes de loto moviendo suavemente con la brisa y las flores hermosas bailando ligeramente, ofreciendo formas frescas y atractivas. Por la noche, las aguas del lago acarician la orilla y se oyen los ecos de las olas. Las hojas de loto se entrelazan con las luces parpadeantes, como si el puente Roto del Lago del Oeste estuviera situado en un cuadro.

En la temporada de lluvia y niebla, la belleza del Lago del Oeste parece cada vez más brumosa. Los senderos cubiertos de sauces a la orilla del lago están rodeados por nieblas mojadas, resaltando un ambiento más fresco y bonito. Y a la hora de la salida o puesta del sol, las nieblas brumosas y las olas ondulantes hace que el lago sea aún más hermosa. Viendo desde lo lejos o de cerca, el lago están envuelto por las montañas y las dos partes se combinan y se integran en una escena armónica. No es de extrañar que el poeta Su Shi elogiaba que: "el Lago del Oeste es como la bella Xi shi, que es siempre tan hermosa con o sin maquillaje".

Los versos de los literatos y poetas le ha dotado al Lago del Oeste un sentido significativo, y los cambios sociales e históricos ha dejado que más gente empiece a conozcer el lago. En el año 1127, la Dinastía Song del Sur (1127-1279) estableció el capital en Lin'an (ahora Hangzhou). Desde entonces, además de los peregrinos habituales, los comerciantes, estudiantes y diplomáticos de diferentes países acudían a Hangzhou, por tanto el paisaje del Lago del Oeste empezaba a ser más conocido. Según los registros históricos, era muy popular visitar el lago en barco, y en los momentos de apogeo, en el lago había más de cientos barcos de distintos tamaños suntuosamente ornamentados.

Con la caída de la dinastía Song del Sur, el animado Lago del Oeste se volvió silencioso y una parte de las aguas estaba llena de zizania acuática. Al final de la dinastía Yuan (1206-1368), los aristócratas ricos empezaban a rellenar parte del lago para tener campos de cultivo, dejando sólo una parte de lago abandonado lleno de lotos y zizanias acuáticas.

En la década de 1940, el Lago del Oeste estaba bloqueo por lodos y la profundidad media era sólo de menos de 0.6 metros. La superficie y el fondo del lago estaba lleno de hierbas, y los barcos de crucero de tamaños relativamente grandes casi no podían navegar normalmente. En el año 1951, la ciudad de Hangzhou comenzó el proyecto del dragado del Lago Oeste, y en el año 1976 se realizó por segunda vez el dragado. Después de 1980, la profundidad del lago llegó a ser 1,5 metros. Al mismo tiempo también se realizó una renovación integral del dique, que es la renovación más grande en la historia del Lago del Oeste. Todo ello le dotó al lago un aspecto nuevo.

Después de entonces, iban finalizándose el proyecto de desviación de agua y el de reducción de aguas residuas del Lago del Oeste. El abundante agua del lago comenzó a ser más clara y atractiva.

Hoy en día, el Lago del Oeste tiene una circunferencia de unos 15 km, y dentro de la zona se distribuyen unos cientos lugares de interés paisajístico. Observando desde diferentes puntos de vista y tiempo, se perciben dintinas bellezas del Lago. Como un lago histórico, aquí se conservan muchos monumentos. Se nota aquí una fusión perfecta del hombre, la naturaleza, el paisaje y la cultura.

En 2001, el Lago del Oeste de Hangzhou fue declarado como paisaje cultural del mundo.

481

482

480 El lago del Oeste es uno de los más famosos lagos ornamentales de agua dulce de China. Los tres lados están rodeados de montañas. Dispone de un área de unos 6,39 kilómetros cuadrados, y tiene un perímetro de unos 15 km.

481 Xiaoyingzhou es una isla que está en el medio del Lago del Oeste, donde se encuentran puentes tortuosos, pabellones, flores y árboles esparcidos y reflexión borrosa en el agua. Trata de una obra clásica de los jardines chinos del sur del Río Yangtzi.

482 El Dique Su, que se extiende del norte al sur del Lago del Oeste, tiene en total casi 3 kilómetros de largo. En la Dinastía Song del Sur, el amanecer del Dique Su en la primavera ya ocupaba el primer lugar de las diez escenas famosas del lago.

483

484

485

486

483 La escena de Ruiseñores cantando en los sauces está situada en la costa sureste del Lago del Oeste, y era una de las diez escenas del lago. A lo largo del dique, los sauces bailan con el viento, y los ruiseñores cantan entre los árboles, por lo tanto recibe el nombre de "Ruiseñores cantando en los sauces".

484 El Lago del Oeste después de la nieve. Se comentaba en la antigüedad que: "Entre los escenarios bellos del lago, el lago bajo la lluvia es más bello que el bajo el sol, pero el lago bajo la luna es más hermoso que el bajo la lluvia, y el más bello es el lago bajo la nieve."

485 El poeta Su Shi de la Dinastía Song elogiaba que: "el Lago del Oeste es como la bella Xi Shi, que es siempre tan hermosa con o sin maquillaje." Sea en las cuatro estaciones, en diferentes periodos del día como el amanecer, la mañana, el atardecer y la noche, o bajo diferente tiempo como bajo el sol, la niebla, el viento y la nieve, el lago del Oeste presentan una escena cambiante y variada, pero siempre hermosa y atractiva.

486 La escena de Lotos bailando con la brisa en el patio de vino se encuentra en el lado oeste del lago. Es el sitio famoso de vista de lotos, y también una de las diez escenas del Lago del Oeste. Aquí crecen más de cientos tipos de Lotos. A principios del verano, se percibe la aroma dulce y deliciosa cuando sopla la brisa refrescante.

487 El Lago del Oeste no es un paisaje puramente natural, sino una escena acuática construida al lado de las montañas aprovechándose del paisaje al alrededor y el resultado de los miles de años de dragado y remedición. Tiene una belleza natural, pero más bien artificial.

488 La escena de Nueve arroyos serpenteantes es una de las nuevas diez escenas del Lago del Oeste. Ubicada en el suroeste de las montañas que rodean el lago, a lo largo del camino se encuentran bosques densos y numerosos arroyos. En los días cuando hace sol se ve un paisaje verde, y en los días de lluvia se ofrece un paisaje brumoso y maravilloso lleno de nubes y niebla.

487

488

489

490

491

489 El sendero de bambú de Yunqi está ubicado en el suroeste del Lago del Oeste. Debido al ambiente geográfico especial, se ve niebla permanente en el sitio. La montaña está llena de bosques de bambú, y recibe la fama por lo "verde, limpio, fresco, tranquilo" del paisaje de bambú.

490 Situado en la vertiente sur del Monte Gushan, la Asociación de Arte de inscripción Xiling fue construida en el trigésimo año de Guangxu de la Dinastía Qing (1904) con el fin de realizar "la conservación de la epigrafía, investigación en ciencias de los sellos y estudios de la pintura y caligrafía". El sitio de la asociación, dentro de la cual se encuentran pabellones esparcidos construidos según la altura del monte, se puede considerar como la obra maestra de los jardines del sur del Río Yangtzi.

492

493

494

491 En el tercer año de Kaibao de la Dinastía Song del Norte (970), Hangzhou era la capital del Reinado Wu y Yue. Para sofocar la marea del río Qiantang, el rey mandó a los monjes a construir la Pagoda Liuhe en el sur del Lago del Oeste. En otoño se puede subir a la pagoda para ver la marea y escuchar las olas de Río Qiantang, que es un paisaje vigoroso y magnífico.

492 Situado al oeste del Lago del Oeste, el Pico Feilai mide 168 metros de altura, en cuyas rocas se encuentran unas 340 estatuas de piedra de entre el periodo de las Cinco Dinastías y la dinastía Yuan. La imagen muestra las estatuas de Buda y de los dieciocho Arhats de la Dinastía Song del Sur.

493 La Fuente Hupao se encuentra dentro del Templo Zen Dinghui del Monte Daci, situado en el sur del Lago del Oeste. El agua de aquí es limpia y dulce, y se conoce junto con el té de Longjing coo las dos maravillas del lago.

494 El tiempo Lingyin se encuentra en el oeste del Lago del Oeste, con el Pico Beigao detrás y el Pico Feilai delante. Fue construido en el primer año de Xianhe de la Dinastía Jin del Este (326), y tenía hasta 3000 monjes en el momento de apogeo.

Sitio de Xanadú

Al final del siglo XII y a principios del siglo XIII, uno de las tribus nómadas del norte de China comenzó a levantarse. Estos se llaman los mongoles. En 1206, Gengis Kan (1162-1227) unificó las tribus mongolas y estableció el Imperio Mongol. Durante el próximo medio siglo, la caballería mongola seguía conquistando al sur y al oeste, y se convirtió en un ejército invencible en el mundo. En el año 1271, Kublai Kan (1215-1294) del Imperio mongol publicó un edicto para convertir el nombre de la dinastía en "Yuan". Más tarde derrotó a la Dinastía Song del Sur y unificó toda China en 1279, construyendo un vasto imperio que transversaba Europa y Asia.

En el año 1368, este vasto imperio cayó rápidaente después de un breve periodo de gloria y esplendor. Además del vasto territorio sin precedentes y los recuerdos de los emperadores legendarios, Gengis Kan y Kublai Kan, el imperio dejó también su magnífica capital –Yuan Dadu, el predecesor de la ciudad de Beijing de hoy.

De hecho, la Dinastía Yuan tenía dos capitales. Una era Dadu, Y la otra era Xanadu, que se encontraba en el borde sureste de la Meseta de Mongolia. Hoy en día, el viejo Dadu se ha convertido en un metrópolis de fama mundial. Sin embargo, el Xanadu, que queda a unos 300 kilometros a su norte, ha sufrido desgastes y erosiones de viento y lluvia, dejando ahora sólo ruinas. Sólo se pueden ver las huellas de la Dinastía Yuan en las ruinas de las ciudades exteriores y los cimientos.

Esta capital fue construida bajo la orden de Kublai cuando era gobernador militar. En 1259 se terminó la construcción de la nueva ciudad. Esta ciudad tenía las montañas detrás y al sur se conecta con el río Luan. Estaba situada en una vasta pradera y recibió el nombre "Kaiping". La ciudad de Kaiping estaba conectada al norte con Shuomo, y al sur con la China Central, por lo tanto se encontraba en una ubicación muy importante. En el año 1260, Kublai Kan heredó el trono del emperador de Mongolia y eligió aquí como la capital, y más tarde dio la orden de convertirlo en Xanadu. En el año 1272, la Dinastía Yuan trasladó la capital a Dadu, pero Kublai todavía tenía preferencia profunda de la capital ubicado en lo profundo de la pradera. Por tanto estableció el sistema de inspección en las dos capitales, y Xanadu se convirtió en el centro nacional político, militar, económico y cultural paralelo a Dadu. En la dinastía Yuan, los emperadores pasaban casi seis meses en Xanadu para tratar los asuntos del Estado y recibir a los enviados diplomáticos y a los reyes de Mongolia. Aparte de Kublai Kan, también hubo cinco emperadores de la dinastía Yuan que ascendieron al trono en Xanadu.

Después de años de construcción, Xanadu llegó a ser la metrópoli más grande de las zonas de las praderas del norte de China. La población habitual era de 110, 000 de personas. Existe una gran cantidad de registros de datos históricos sobre la prosperidad de Xanadu. Entre los más legendarios destaca el viaje de Marco Polo. El italiano Marco Polo (1254 a 1324) llegó a Xanadu con su padre y su tío en 1275, y fueron recibidos por el emperador Kublai Kan de la Dinastía Yuan. Marco Polo lo describió en sus viajes desde su punto de vista: "En el interior hay palacios de mármol muy hermosos. Todos los edificios están pintados de oro y decorados con dibujos de aves, animales, flores y plantas variadas. La artesanía delicada, la tecnología avanzada y la abundancia de elementos ofrecen un espectáculo deleitado."

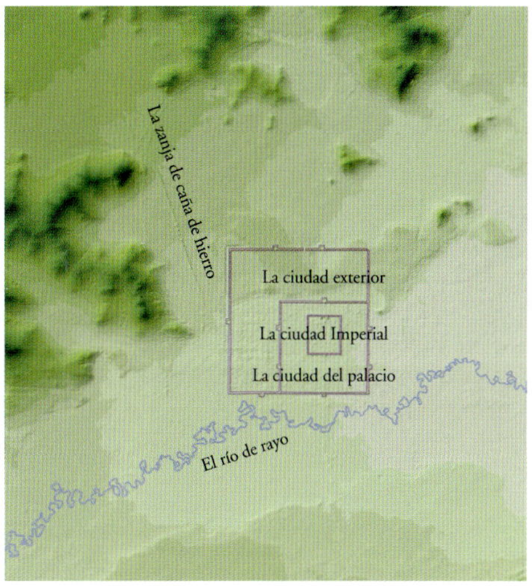

495

Por desgracia, esta ciudad fue destruida en las guerras. En diciembre del año 18 de Yuanzheng del reinado de Yuanhuizong(1358), esta ciudad construida durante unos cien años quemada por el ejército rebelde campesino. El palacio fue destruido y luego abandonado gradualmente. Xanadu se ha convertido en "una ruina enorme de una gran civilización".

Después de la investigación arqueológica continua, los expertos han confirmado que el sitio de Xanadu era de forma cuadrada y tenía un área de 251 kilómetros cuadrados, incluyendo el sitio de la ciudad, las inmediaciones de la puerta de la ciudad, los canales y los bloques de tumbas. El plano del sitio es cuadrado y la longitud lateral es de 2.200 metros, dividido en tres capas: la ciudad del palacio, la ciudad Imperial y la ciudad exterior. Dentro de la ciudad hay palacios, Delegaciones del Gobierno, templos, pabellones, jardines, estanques, etc. En las inmediaciones fuera de las ciudades están distribuidas las casas residenciales, y más lejos se encuentran el granero, los campamentos, los puntos de defensa y otras instalaciones importantes.

A diferencia del Yuan Dadu de Beijing, el diseño y la construcción de Xanadu había tenido en cuenta tanto el concepto tradicional de la planificación urbana de la región centro de China como el estilo de vida nómada, y es el producto de la combinación de la civilización agrícola y la civilización nómada.

La ciudad de palacio es la parte más importante de la capital, y es la zona del palacio residencial de los emperadores. Fuera de la Puerta Yutian del sur de la ciudad es donde se celebraban las ceremonia importantes y se leía el edicto real. Ahora todavía se conservan las ruinas. El palacio más alto y magnífico es el Palacio Da´an, sitio en que tenían lugar las principales ceremonias nacionales. En la ciudad Imperial se distribuían siete calles principales, cuatro horizontales y tres verticales. Los organismos de la Administración del Estado, el Templo de Confucio y la universidad Imperial estaban ubicados en la Ciudad Imperial. El norte de la ciudad exterior era la zona del jardín real donde los emperadores de la dinastía Yuan solía entretenerse y cazar; el sur era la zona de yurtas reales donde se montaban yurtas de tamaños variados, lo que indicaba que era una capital de la pradera con tradición de la cultura nómada.

Además del Templo de Confucio, en la ciudad también estaban construidos templos taoístas, templos budistas, mezquitas e iglesias cristianas, mostrando una convivencia armónica de diferentes religiones. La Ruta de la Seda, que tuvo un gran desalloro en la Dinastía Yuan, también había producido una interacción estrecha con Xanadu. La ganadería, la piel, las medicinas, etc. de la pradera se exportaban de forma interrumpida al oeste, y una variedad de productos del occidente y de los pueblos vecinos también había sido transportada en camelos a Xanadu.

En el noroeste de la capital también se encuentraba el canal de barras de hierro diseñado y presidido por el famoso científico Guo ShouJing de la Dinastía Yuan (1231-1316). Tenía una longitud de casi 6 km y una anchura de 50 metros, con el fin de proteger la seguridad de la capital en caso de inundaciones fluviales. Se trataba de el único proyecto acuático de conservación completa en las praderas del norte de China.

Frente al Xanadu de hace 600 años uno debe estar impresionado por lo perfecta de esta "eco-ciudad". Estaba conectada al sur al río y al norte a la montaña y rodeada por extensos pradera. En la ciudad se encontraban palacios, templos y yurtas, callejeras ordenadas y una amplia zona de césped y agua. Se apreciaba una integración simple y pura de la ciudad, la naturaleza y el hombre.

Hoy en día, la antigua capital animada se ha convertido en ruinas abandonadas en lo profundo de la pradera. Para aquellos que vienen de lejos, esos muros y paredes, aunque se ha convertido en laderas cubiertas de hierba, aún tienen claras huellas de un imperio desaparecido. Quedada sola en las vastas praderas, la ciudad ha sido testigo de la historia de una nación y una dinástica, y también ha mantenido las antiguas tradiciones culturales.

En el año 2012, el sitio de Xanadu fue declarado como Patrimonio de la Humanidad.

496

497

495 El sitio de Xanadu era de forma cuadrada y tenía un área de 251 kilómetros cuadrados, incluyendo el sitio de la ciudad, las inmediaciones de la puerta de la ciudad, los canales y los bloques de tumbas. El plano del sitio es cuadrado y la longitud lateral es de 2.200 metros, dividido en tres capas: la ciudad del palacio, la ciudad Imperial y la ciudad exterior.

496 El Palacio Da'an del Sitio de Xanadú. La ciudad del palacio consiste en el núcleo del sitio, mientras que el Palacio Da´an trata del edificio principal de aquí, y también el símbolo de la ciudad de Xanadú.

497 Vista desde una altura de 2900 metros por encima del Sitio de Xanadú. La construcción de Xanadú se inició en el año 1256 y se completó en el año 1259. En 1260 Kublai subió al trono en este sitio y lo nombró la ciudad de Kaiping. En 1264 recibió el nombre de Xanadú. Desde entonces la dinastía Yuan empezó a tener el sistema de dos capitales, con el Dadu (ahora Beijing) como su capital y el Xanadú como la capital de verano. Cada año desde febrero o marzo hasta agosto o septiembre del calendario lunar, el emperador y los funcionarios acompañantes pasaban aquí seis meses para veranear y tratar los asuntos del Estado.

498 La muralla este de la ciudad imperial de Xanadú. Las murallas de Xanadú fueron construidas con tierra apisonada, y las de la ciudad del Palacio y de la ciudad Imperial también llevaban ladrillos y piedras en la parte exterior.

498

499

500

501

499 Ruinas de la puerta de la barbacana al sur de la ciudad imperial. Fuera de las puertas del norte y del sur de la ciudad imperial se construyeron barbacanas rectangulares, mientras que fuera de las puertas del este y del oeste se hallaban barbacanas de herradura.

500 Columna de dragón desenterrada en las ruinas del Palacio Da´an.

501 El resto de un pozo antiguo que se ha secado.

502

502 La pradera de las inmediaciones a la puerta este de Xanadú. En la parte este, sur y oeste se encuentran barrios de gran superficie y con muchos monumentos arquitectónicos. En estas zonas se concentran las casas civiles, las tiendas, los talleres de artesanía y los almacenes.

503 Las ruinas de la Puerta Mingde, puerta sur de la ciudad imperial. La ciudad imperial se encuentra en el rincón sureste de Xanadú, y tiene una superficie de aproximadamente 164 hectáreas. Dentro de la ciudad se hallan calles simétricas y ordenadas, numerosas oficinas de gobierno y templos. En las murallas de la ciudad se abren seis puertas, dos ubicadas respectivamente en el medio de la muralla del norte y del sur, y cuatro respectivamente en la muralla del este y del oeste.

503

Sitio fosilífero de Chengjiang

En la historia de la Tierra, el Cámbrico, que se remonta a desde hace 542 millones de años hasta hace 488 millones de años, es una etapa de notable importancia. Antes de este periodo, la vida existía en el océano en una forma simple de algas y hongos. No obstante, hace 530 millones de años, estas vidas cambiaron de repente y evolucionaron de algas y hongos unicelulares hongos a metazoos multicelulares. En un periodo muy corto de millones de años, de repente aparecieron al mismo tiempo numerosas tipos de invertebrados. Con el paso del tiempo y los cambios en el mundo, innumerables vidas crecieron, murieron, y fueron enterrados en lo profundo del mar. Después de los cambios de decenas de miles de años o incluso de un tiempo más largo, estos se convirtieron en fósiles.

Chengjiang de Yunnan de China es el lugar donde se han descubierto masivamente estos fósiles antiguos. ¿Por qué las evidencias de vidas de hace cientos de millones de años se centran en este lugar?

Todo ello empezó hace 530 millones de años. Estas vidas tuvieron un crecimiento explosivo durante el proceso de evolución. Los geólogos creen que esto es debido a que en ese periodo la Tierra acababa de experimentar un "incidente de bola de nieve" del fenómeno del calentamiento glacial, y el clima relativamente cálido habían creado condiciones para la gran explosión de la vida en la Tierra. Geográficamente, los fósiles del Cámbrico actualmente encontrados se distribuyen en su mayoría cerca de la línea ecuatorial de ese momento.

En ese tiempo, los océanos se distribuían por todas partes. El territorio terrestre de China aún no se habían formado, y la meseta de Yunnan-Guizhou era un mar poco profundo y silencioso. El Monte Maotianshan de Chengjian, localizado en esta área, tenía depositadas grandes extensiones de estrato que contenían fósforo, sustancia precisamente crucial para la explosión de la vida. Por lo tanto, muchos organismos marinos lograron aquí la evolución de la vida. Más tarde, aquí tuvo lugar el hundimiento y los depósitos se seguían acumulando. Innumerables organismos antiguos se extinguían y se enterraban profundamente en el fondo del mar. Después de al menos decenas de miles de años o incluso cientos de millones de años, la parte blanda de estos se descompusieron, mientras que la materia orgánica de las partes duras, como los huesos y aletas, fue poco a poco reemplazada por minerales, y finalmente se convirtió en fósiles, formando en conjunto un gran tesoro de fósiles raros en el mundo. Luego en la era cenozoica, la orogenia Himalaya que se produjo en la parte continental de China aceleró la elevación de la altiplanicie tibetana y de Yunnan-Guizhou. Con el paso del tiempo, las partes originalmente depositados encima de los estratos cámbricos fueron erosionadas gradualmente de forma parcial, y con la revelación del subyacente de los estratos, estos también comenzaron a mostrarse poco a poco al mundo.

Antes del descubrimiento de los fósiles de Chengjiang, en otros países del mundo se habían descubierto ya los fósiles del Cámbrico. Por ejemplo, el esquisto de Burguess de fósiles de animales del periodo Cámbrico medio descubierto en 1909 en Canadá, y los fósiles de la biota ediacárica de al final del periodo precámbrico descubiertos en 1947 en Australia. Entre los dos sitios fosilíferos hay un intervalo de tiempo de hasta 110 millones de años, y el sitio fosilífero de Chengjiang de Yunnan se situaba justo en el medio de este intervalo de tiempo. Esta etapa es el eslabón más importante de la explosión de vida del Cámbrico.

Como muchos descubrimientos científicos, el proceso de descubrimiento de fósiles de animales de Chengjiang

504

ha sido también accidental. En 1984, Hou Xianguang, investigador del Instituto de Investigación Paleontológica de Nanjing de la Academia China de Ciencias, llegó al Monte Maotianshan de Chengjiang en búsqueda de los fósiles de la bradoricopida del Cámbrico. Salía temprano y volvía tarde cada día, pero a cabo de una semana no encontró nada. Un día, accidentalmente con el tacón dejó caer una pieza de roca suelta, y se reveló un trozo de fósil de forma extraña pero bien conservada. Según el juicio preliminar de Hou Xianguang, este era un fósil de animal invertebrado de la etapa inicial del Cámbrico. Más tarde, se determinó que era un fósil de Naraoia.

Con este descubrimiento accidental se abrió la puerta de los tesoros paleontológicos del Monte Maotianshan de Chengjiang. Después de eso, más científicos acudieron a este monte y encontraron aquí muchos organismos paleontológicos extraños que nunca se habían visto. La escena espectacular de explosión colectiva de la vida en la Tierra en el Cámbrico de hace 530 millones de años comenzó a llamar la atención del mundo.

Actualmente se ha encontrado un total de más de 120 especies de fósiles de animales en Chengjiang, incluyendo más de 10 categorías, tales como Spongiatia, Coelenterata, Lobopodia, Brachiopoda, Mollusca, Arthrópoda, Echinodermada, etc. Esto significa que, casi todos los tipos de animales existentes, desde el tipo inferior como la Spongiata hasta el tipo superior como la Chordada, y muchos tipos de fauna extinta en la actualidad, habían tenido sus propios representantes al comienzo del Cámbrico.

La particularidad del sitio foslífero de Chengjiang consiste en que aquí conservan no sólo fósiles de las partes duras de más de 40 categorías de organismos del Cámbrico temprano, sino también los fósiles preciosos de las huellas de las partes blandas de los organismos. Es considerado como "uno de los más sorprendentes descubrimientos científicos del Siglo XX", y es conocido junto con el sitio fosilífero Ediacara de Australia y el esquisto de Burguess de Canadá como "las tres maravillas de los casos de la evolución biológica en la historia temprana de la Tierra."

Hoy en día, en el Museo de fósiles de animales de Chengjiang es fácil ver una amplia variedad de fósiles de organismos antiguos, tales como Leptomitella, Moronía frondosa, Dinomischus, Xianguangia sinica, Leanchoilia, Microdictyon, Batofasciculus, Anomalocaris y Fuxianhuia, etc.

Los expertos también han restaurado en el museo la escena del océano del Cámbrico según las categorías biológicas encontradas. Los organismos muertos y el panorama marino que desapareció hace 530 millones años se ofrece vívidamente de nuevo: en el fondo del océano cubierto de arena se habitan las algas y los Batofasciculus, y encima se encontraban Anomalocaris y Fuxianhuia... los diferentes organismos ofrece una escena variada, extraña, colorida y sorprendente.

Entre las muchas categorías de organismos, los yunnanozoon pueden considerarse como uno de los descubrimientos más importantes de la Biota de Chengjiang de Yunnan. Es increíble que este organismo de una longitud máxima de 6 cm que vivía en aguas poco profundas en el periodo inicial del precámbrico fuera considerado como el ancestro humano. Esto es porque los investigadores encontraron que estos animales tenían siete pares de arco branquial. Esto significa que no sólo puede respirar, sino también puede dejar la comida en la boca, lo cual consiste en las características importantes de los cordados. Los investigadores creen que la notocorda original de los yunnanozoon es el predecesor de la columna vertebral. Las células nerviosas del cuerpo se centraban en la notocorda, y las sensaciones físicas pueden pasar al cuerpo a través de la notocorda para mejorar la capacidad del control del cuerpo y de la adaptación al medio ambiente.

Visto desde esta perspectiva, el yunnanozoon es de hecho un gran avance en la evolución de la historia de vida. Para ello, *New York Times* ha publicado un artículo titulado "el Camino del yunnanozoon a ti". En el artículo decía: "Si los yunnanozoon hubieran muerto, el sistema nervioso central de los animales nunca habría podido desarrollarse, y la Tierra sería tan desierta y sola como la luna lejana para siempre".

Sea preciso o no este argumento, estos fósiles descubiertos en Chengjiang de Yunnan sí que son un milagro de la vida. Para los organismos antiguos de hace 530 millones de años, solo una pequeña parte habían podido convertirse en fósiles después de la muerte, y aún menos habían podido conservarse de forma completa y exponerse de los estratos rocosos profundos con el movimiento geológico. Chengjiang ha tenido la suerte de ser uno de los lugares de conservación de fósiles, y encima, de los fósiles de los animales de la "explosión de la vida en el Cámbrico".

504 El Monte Maotianshan está situado a 6 kilómetros al este del Condado Chengjiang de la Ciudad Yuanxi de la Provincia Yunnan. Con el descubrimiento del sitio fosilífeas deChengjiang, este monte originalmente desconocido hizo un efecto espectacular al mundo científico y recibió el nombre de "la cuna de las vidas de la Tierra".

505

505 El escenario de simulación de la fauna de Chengjiang del Cámbrico. El sitio fosilífero de Chengjiang reproduce el aspecto verdadero de la vida marina del período Cámbrico, y proporciona una evidencia muy valiosa para revelar los misterios de la evolución de la vida primitiva en la Tierra.

506

506 Descubierto en el año 1984, el Sitio fosilífero de Chengjiang fue conocido como "uno de los descubrimientos paleontológicos más sorprendentes del Siglo XX", dado que muestra de forma completa las comunidades marinas y el sistema ecológico de la etapa inicial del Cámbrico. La imagen muestra el Museo de fósiles de animales de Chengjiang.

507

507 El área de exposición del Museo de fósiles de animales del Monte Maotianshan de Chengjiang. Los paleontólogos han encontrado en Chengjiang unos 180 tipos de animales, de los cuales 80% son nuevas especies anteriormente desconocidas. Casi todas las categorías de los animales existentes pueden encontrar los representantes de sus antepasados en el sitio fosilífero de Chengjiang.

508

509

510

511

508 Los fósiles de Yunnanozoon. El descubrimiento de Yunnanozoon demostró que en la Biota de Chengjiang se encerraba el origen de los vertebrados, lo cual supone un gran avance en la evolución de la historia de la vida.

509 Los fósiles de Fuxianhuia. Los Fuxianhuia vivían en el océano de la etapa inicial del Cámbrico. El Fuxiahuia maduro tiene una longitud corporal de unos 10 cm, y es uno de los representantes de la Biota de Chengjiang.

510 Fósiles de trilobites. El Cámbrico es a menudo llamado "la era de los Trilobites", ya que estos son las vidas marinas principales de este período.

511 Los fósiles de Microdictyon. Los Microdictyon sólo se pueden encontrar en la Biota de Chenjiang. Su tronco tiene nueve pares de piezas de hueso esponjoso, sobre cuyas funciones existen varias inferencias de los paleontólogos. Actualmente, en la Tierra no se ha encontrado todavía ningún tipo de seres vivos parecidos a Microdictyon.

512

513

514

512 Los fósiles de Anomalocaris. El Anomalocaris es el animal más grande conocido hoy día del Cámbrico, que puede medir hasta más de dos metros individualmente, mientras que en aquel momento la mayoría de los animales sólo tenían un promedio de unos pocos milímetros a unos pocos centímetros.

513 El fósil de eoredlichia intermedia, este invertebrado es una especie anterior aparecida en trilobite.

514 Los fósiles de Yunnanocephalus. El Yunnanocephalus es un género de trilobites. Tiene 2-4 cm de largo y vive en la etapa inicial del Cámbrico. Sus fósiles se han encontrado en China, Australia, la Antártida y otros los lugares, sobre todo en Chengjiang de Yunnan.

Las Montañas Tianshan

Tianshan es un enorme sistema de montañas. Se extiende a lo largo de una dirección paralela a las líneas de latitud de la Tierra y atraviesa por cuatro países: China, Kazajstán, Kirguistán y Uzbekistán. Mide 2500 km de largo del este al oeste y tiene una anchura media de más de 300 km.

El extremo oriental de Tianshan comienza a partir de Gobi del Condado Xingxingxia de Hami de Xinjiang de China. A partir de aquí, las montañas Tianshan tiene una longitud de aproximadamente 1.760 kilometros en Xinjiang, y abarca una superficie de más de 570.000 kilómetros cuadrados. Estas dos cifras significan que las dos terceras partes de la longitud total de las montañas Tianshan están situadas en Xinjiang de China, mientras que un tercio de esta provincia está cubierta por este sistema montañoso.

El sistema montañoso Tianshan, compuesto por un conjunto de montañas paralelas en el norte, el centro y el sur, parece un límite geográfico natural que divide en Xinjiang del sur y Xinjiang del norte: el primero se refiere a la región de al sur de las montañas, y el segundo, la de al norte. Los miles de kilómetros de colinas y barrancos le han dotado a las dos partes diferentes climas y medio ambientes: el sur de Xinjiang es seco y áspero, y presenta un paisaje magnífico de desiertos, cañones, mesetas y picos cubierto de hielo, mientras que el norte es cálido y húmedo, ofreciendo un mundo verde con ríos y agua.

Aunque Tianshan está ubicado en las zonas áridas más grandes del mundo, el corazón de Asia y Europa, y se sitúa muy lejos de la mar, pero es como un regulador inteligente de la naturaleza, y les traen diferentes cambios a la Tianshan del sur y del norte durante las cuatro estaciones. Una gran cantidad de humedad desde el Atlántico y el Océano Ártico es interceptada por las altas montañas de Tianshan, formando una gran caudal de precipitaciones. El sistema es como un arca de agua construida en las zonas áridas, ya que no sólo puede regular el grado de humedad del desierto seco, sino también trata del fuente esencial de un gran número de ríos interiores.

La dirección de extensión de Tianshan, además de estar paralela a las líneas de latitud de la Tierra, coincide también con la dirección de las zonas climáticas que extiende del este al oeste. La característica más significativa de tal terreno es que las estribaciones de Tianshan están ubicadas en la zona templada, la vertiente sur está en la zona templada cálida, ya que recibe más sol, y la vertiente norte está en la zona templada porque es húmedo y lluvioso. Las características del clima, además de traer a la vertiente norte de Tianshan un paisaje natural de miles de kilómetros de piceas schrenkianas, también le ha dotado un paisaje de pradera en capas.

En este lugar con accidentes geográficos ricos se reúnen casi todos tipos de paisaje. De norte a sur se encuentran montañas cubiertas de piceas schrenkianas verdes, mesetas y prados de amarillo claro, zona blanca de nieve, desiertos y rocas marrones. Viendo desde lo alto, se ve bajo las alas del avión una escena donde se entremezclan rocas marrones y nieve blanca. La parte marrón es de veta gruesa y está cubierta de ramas y zarcillos, mientras que la parte blanca trata de un campo extenso de nieve y hielo brillante. A lo largo de la cresta se distribuye una zona blanca de nieva, y la parte del vertiente norte es más ancha de la del sur. Eso es porque la vertiente norte tiene menos horas expuesta bajo el sol, y la altura del límite de las nieves perpetuas es mucho menos que el de la vertiente sur, donde se derriten más cantidad de nieve e hielo. La altura del límite de la ladera norte de Tianshan es de 3.500-3900 m, mientras que la de la ladera sur es de

515

unos 3.900 ~ 4.200 m.

La altura media de las montañas Tianshan sobrepasa el límite de las nieves perpetuas. Entre los tres ramales de Tianshan, el del sur tiene una altitud media de unos 4.000. En esta área hay más de 15 picos que tienen una altitud de más de 6.000 metros, lo cual le ha convertido aquí en un gran centro de convergencia de montañas de nieve de la Tierra. La zona de picos de mayor altitud de esta área – el nudo de montaña Tomur-Khan Tengri, que también es la zona de picos más altos de Tianshan, cuenta con el pico más alto – el Pico Tomur, que mide 7.443 metros sobre el nivel del mar. Entre los tres ramales, el Tianshan Central es una zona relativamente plana, con una altitud media de sólo 3.000 metros. En cuanto al Tianshan del Norte, este trata de una cadena de montañas relativamente grandes y escarpadas. Aquí se encuentran más de 20 picos de más de 5.000 metros sobre el nivel del mar. Su pico más alto, el Pico Bogda, tiene una elevación de 5.445 metros. Por lo tanto, durante todo el año toda la cresta se presenta como un mundo de nieve y hielo. La nieve y el hielo se combinan con las piceas schrenkianas de verde oscuro, las praderas verdes, los desiertos bronceados y las rocas marrones, ofreciendo una serie de paisajes majestuosos, magníficos, espléndidos y grandiosos con una belleza cautivadora.

Las montañas nevadas de barrancos escarpados y picos alzados han compuesto un grupo continuo de montañas cubiertas de nieve. Debido a los efectos de bloques tectónicos, estas han formado un gran contraste con los campos y las estribaciones. Viendo desde la parte inferior de la montaña, se ve una serie de sierras nevadas alzadas sobre el Tianshan del norte que se extiende de este a oeste, esbozando un mosaico del hermoso horizonte. Y cada uno de los picos independientes parece también un bloque de construcción independiente, que muestra una escena variada y majestuosa.

Lo más mágico de Tianshan también consiste en que ella es una manifestación de los mejores ejemplos de las leyes de zonas verticales. Casi todos los paisajes hermosos de Tianshan se encuentran en las zonas de Bogda, Bayinbuluke, Tomur y Kalajun-Kuerdening. Casi cada sitio de estas áreas es el representante de algún tipo de paisaje.

En la zona de Bogda de la ladera norte de Tianshan se ve un desnivel vertical de unos 4.000 metros dentro de una distancia horizontal de menos de 30 kilómetros. Las estribaciones y las praderas de cerca, los bosques de las laderas y las montañas cubiertas de nieve de lejos coexisten con una gran variedad de formaciones terrestres, ofreciendo un paisaje gradual y ordenado.

En la pradera Bayinbuluke, situada en la parte inferior de la cuenca Youledusi del Tianshan Central, se observa otro paisaje. El agua de deshielo que fluye desde el pico más alto del Tianshan Central hacia abajo ha formado el río kaidu, y este ha generado muchos brazos de río en la pradera. En verano por la mañana, el río pasa sinuosamente por la pradera. El río suele estar cubierto de niebla húmeda y el agua parece borrosa y clara bajo el sol, como un cuadro de óleo.

La zona de Kalajun-Kuerdening cuenta con el paisaje forestal más abundante. Por lo general, la picea schrenkiana cubre desde la parte inferior del valle hasta las zonas de pradera y arbustos. Sin embargo, ella no se detiene ahí, sino que continúa a lo profundo del valle, formando uno y otro bosque en forma de pétalos.

En el Gran Cañón Wensu del sur del pico Tuomur de las Montañas Tianshan se centra toda la parte más esencial de la topografía de capa roja de los lados norte y sur de

Tianshan. Este sitio está compuesto de dos cañones gigantes y más de 300 cañones pequeños de diferentes tamaños, que se profundizan desde el valle plano de la entrada, y el cauce del río aumenta gradualmente a lo largo del cañón hasta el pie de las montañas cubiertas de nieve. A los dos lados del valle se encuentran picos altos, elevados y grandiosos formados de piedra arenisca roja y esquistos. Después de millones de años de erosión del agua y del viento, en el cañón se han formado varios relieves especiales, tales como karst, danxia, yadan, etc. Estas maravillas geológicas rojas que ocupan unos kilómetros continuos se combinan con las montañas cubiertas de nieve, los bosques, las praderas y las colinas marrones de lejos, esbozando un mundo de fantasía de gran belleza.

Estos distintos tipos de paisaje en estas áreas le han dado a Tianshan una decoración colorida, dejando ver los ríos serpenteantes, lagos y picos azules alrededor de las sierras nevadas y los glaciares. Aquí se puede sentir la coexistencia perfecta de las praderas, los terrenos herbosos, los bosques y los desiertos, como si todas las bellezas se han reunido en esta cordillera vasta e inmensa.

En el año 2013, Tianshan de Xinjiang fue declarado como patrimonio natural de la humanidad.

518 En las Montañas Tianshan podrás ver las sierras nevadas cubiertas de nieve, glaciares extendidos, ríos serpenteantes, lagos distribuidos como estrellas, praderas verdes, prados llenos de flores, bosques largos como bandas, desiertos vastos, etc. Todos estos se resaltan entre sí, ofreciendo una belleza impresionante y agradable.

516

515 Viendo desde arriba, las Montañas Tianshan se extienden de forma ininterrumpida. Los picos altos que se dirigen hacia el cielo están cubiertos todo el año de nieve y parecen majestuosos, magníficos y misteriosos.

516 Un lago de hielo bajo el Pico Bogda. El Pico Bogda tiene una elevación de 5.445 metros, y trata de un pico famoso de la parte este de las montañas de Tianshan.

517 El Pico Tomur de las Montañas Tianshan tiene una altitud de 7443 m y está cubierto de nieve y envuelto de niebla durante todo el año. En torno al pico también están distribuidas 14 sierras nevadas más de 6.000 metros sobre el nivel del mar y los glaciares de montaña más concentrados en el mundo.

517

519

520

521

522

519 Lo más mágico de las Montañas consiste en lo completo y lo rico de las zonas naturales verticales de la región templada y árida. Se presenta un paisaje natural rico y variado desde el pie de la montaña hasta la cumbre dependiendo de diferentes altitudes.

520 La Pradera de Bayinbuluke se encuentra en medio de la cuenca de la parte central de las montañas de Tianshan. Con una altura de unos 2.500 metros y una superficie de unos 23.000 kilómetros cuadrados, es el pasto más fértil de la parte sur de las Montañas Tianshan en verano.

521 Los lotos de nieve crecen en los acantilados abruptos y grietas de roca y hielo de una altitud de 4. 000 metros de las montañas de Tianshan. Allí está cubierto de nieve durante todo el año, y mientras que las plantas normales no pueden sobrevivir bajo esta condición, los lotos de nieve pueden crecer en ese sitio frío de unas decenas de grados bajo cero.

522 El cisne chico recién nacido.

523 El Lago de los Cisnes ubicado en la Pradera cuenta con más de 300 kilómetros cuadrados, y es una zona de Lagos y pantanos compuesta por muchos pequeños lagos conectados entre sí. En la primavera, el verano y el otoño de cada año, miles de cisnes, cisne mudo y cisne chico y otras más de 70 especies de aves raras se posan y se multiplican aquí.

523

524

525

524 Situado en la cordillera norte d las Montañas Tianshan, el Lago Sayram tiene una altitud de 2.073 metros sobre el nivel del mar y cuenta con un área de 455 kilómetros cuadrados. Es el lago de agua fría de montañas de elevación más alta y superficie mas grande en Xinjiang, y está rodeado de pastos excelentes de agua y vegetación exuberantes.

525 Las Montañas Tianshan son el sistema montañoso independiente latitudinal más grande del mundo, y también el más lejano a los océanos. Se extiende por cuatro países: China, Kazajstán, Kirguistán y Uzbekistán. Tiene una longitud de 2.500 kilometros y la parte que se encuentra en el territorio de China mide 1.760 kilometros.

526 Se dice que las Montañas Tianshan es un pasto vertical. Los ganaderos que viven en las praderas y montañas de Tianshan han formado durante generaciones la manera nómada de aprovecharse de los pastizales de alturas diferentes según el cambio de estaciones, lo cual recibe el nombre "cambio de pastizales". En la foto se muestra el escenario de tal cambio de pastizales.

527 El área de Tianshan se encuentra en el interior del continente, y tiene un típico clima continental. Cuenta con muchos excelentes pastos y dispone de una ganadería desarrollada desde la antigüedad.

526

527

528

528 Situado al oeste de las Montañas Tianshan, el Valle del Río Ilí es la región más húmeda de Xinjiang. Las tierras fértiles, el agua abundante, las vastas praderas, y la variedad de productos le ha dotado la fama del "las tierras fértiles del tipo sureño de al norte de la Gran Muralla". En la foto se muestran los caballos de Ilí galopando en la Pradera de Ilí.

529 Las Montañas deTianshan son el lugar de nacimiento de muchos ríos. Los tres grandes ríos de Xinjiang – el Río Sir Daria, el Río Chu y el Río Ilí se originan aquí. En la foto se muestra el Río Kaidu, que se originó en medio de la parte sur de las montañas Tianshan, sepenteando en la Pradera de Bayinbuluke.

530 El Gran Cañón de las Montañas Tianshan se encuentra en Kuqa, y trata de un cañón de la Montaña Keziliya, una rama de las montañas Tianshan. Es un paisaje maravilloso de rocas de color marrón rojizo después de millones de años de erosión de viento y lluvia. Dentro del cañón se encuentran giros y vueltas. La variedad de picos y rocas de forma singular ha formado un paisaje maravilloso e increíble.

531 En la etapa de denudación y nivelación de la antigua Tianshan, en la cuenca deprimida frente del sur de estas montañas se acumulaba cuenca de facies gruesos de lago y río de Paleógeno y Neógeno, que han formado la topografía impresionante de capa roja bajo las fuerzas exteriores durante etapas posteriores.

529

530

531

532

532 Situado en el este de las Montañas Tianshan, el Monte Mingsha de Barkol tiene unos 100 metros de alto y las dunas son escarpadas. Bajo el monte se encuentran fuentes, y por el lado izquierdo y derecho pasan los ríos. El monte está rodeado por todas partes de exuberantes pastos, y aquí el desierto y los humedales coexisten de forma armónica.

Las terrazas de Hani

China ha sido un gran país agrícola desde tiempos remotos. En los miles de años de tradición, el pueblo chino ha acumulado una rica experiencia en la producción agrícola. Entre ellas, las habilidades de la transformación y el uso de la tierra han conseguido su mayor manifestación en la región del Río Rojo de Yunnan.

Con el fin de cultivar el arroz con que se mantiene la vida durante las generaciones, el pueblo Hani que vive en la región del Río Rojo ha realizado una transformación continua de las zonas montañosas en el entorno geográfico único, dando lugar a las terrazas magníficas de riego conveniente y de semilleros de plantones de arroz. Se unen a los bosques y las montañas, ofreciendo un paisaje de la tierra en perfecta armonía.

Estas terrazas están localizadas en la mayoría en Yuanyang, Honghe, Luchun, Jinping, etc., condados situados en la parte sur del Monte Ailao a la orilla sur del Río Rojo. En solo el condado de Yuanyang ya se encuentran casi 19 hectáreas. Los grandes son de unas cuantas hectáreas, que van desde el pie hasta las capas superiores de la montaña y cuenta con más de 3.000 niveles; y las pequeñas son como barreños donde se puede sembrar o cosecha sin entrar en el campo, pareciendo una maravilla.

Cuando sale o se pone el sol, las terrazas continuadas que van desde las crestas de la montaña hasta las estribaciones y valles profundos, esbozando un dibujo de líneas suaves. En los bloques brillantes de tamaños diferentes que están entre las líneas se encuentran las casas adosadas preciosas de los Hani. Ellas se construyen según las formas de las montañas y contiene aguas claras, ofreciendo una sensación luminosa, colorida y hermosa. Además, las nubes que rodean las montañas, los montes brumosos y las sombras giratorio han hecho que esas terrazas situadas en las laderas aún más magníficas.

Situados en una zona montañosa remota, ¿Cómo han podido los Hani roturado estas terrazas maravillosas utilizando sus herramientas de producción retrasadas? Los investigadores creen que el pueblo Hani de Yunnan es descendiente del antiguo pueblo nómada norteño Diqiang. Históricamente, tras trasladarse al sur y asentarse en las montañas de la meseta Yunnan-Guizhou, ha aprendido poco a poco el arado y la siembra. Ellos han excavado zanjas de agua y roturado campos de siembra, y después de decenas de generaciones de esfuerzo, finalmente ha podido convertir las montañas en terrazas de cultivo. En el largo periodo de la práctica de producción y vida, el pueblo de Hani no sólo ha mantenido muy bien las terrazas, sino también han construido hogares naturales y armoniosos al lado de la montaña y el agua.

En las zonas donde vive los Hani, por lo general el pueblo está situado a la mitad de la cuesta, y debajo se encuentran las terrazas. Para facilitar la roturación, la parte debajo del pueblo debe ser relativamente plana, y con el fin de asegurar el riego, hay que haber fuente de agua en la montaña. Por tanto, las zonas de distribución concentrada de terrazas de Hani siempre están relacionadas con el agua, y en la parte superior de cada pueblo se suelen encontrar bosques densos. El pueblo compuesto por casas residenciales forma de hongo se combina con las terrazas en serie escalonada por debajo, formando una hermosa perspectiva de vista.

Especialmente cuando el sol brilla desde otro lado a través de las terrazas, las casas adosadas del pueblo

533

Hani situadas en la parte superior de estas parecen más tranquilas y encantadoras. La niebla persistente, el brillo dorado sobre las terrazas y los campos de arroz relucientes presentan juntos una escena pintoresca. Las terrazas en frente se parecen a un conjunto de montañas dobladas, o a un mar vasto e inmenso, que dan un brillo colorido y van bajando a lo largo de la ladera, formando unas olas curvilíneas y de ritmo y niveles distintos. Cada año, de noviembre a abril del año siguiente, los arrozales ofrecen un efecto magnífico de iluminación. Junto con las flores rojas y blancas de melocotón y de peral, o las nubes de otoño, se presentan una belleza sorprendente.

Viendo más de cerca, se da cuenta de que las terrazas creadas por los Hani siempre varía según los cambios de la montaña: en los pendientes lentos se encuentra mayor superficie, mientras que en los pendientes escarpados se construye menor superficie. Las terrazas se parecen a barreño, a recogedor, a rodillo... Aquí se puede ver cualquier forma de terrazas. Se conectan poco a poco entre sí, formando una escena artística magnífica de gran escala.

Una pendiente de terrazas a gran escala a menudo ocupa miles de acres. En algunos lugares de altitud alta, las terrazas se extienden hacia arriba desde el valle hasta llegar a una altitud de más de 2.000 metros, formando una escalera de más de 3.000 de niveles en una ladera. Estas terrazas no sólo han logrado la producción más alta de arroz, sino también han dado a luz a una maravilla de la Tierra.

En Yuanyang, sitio de mayor distribución de terrazas, ahora se encuentran unos siete paisajes de terrazas famosas, tales como Duoyishu, Bada, Mengpin, Jinzhuzhai, Longshuba, etc. Duoyishu se ubica a 55 kilometros al este del condado, con tres lados del sitio rodeados por las montañas donde están salpicadas numerosos pueblos, y el otro lado es una pendiente que va hacia la parte inferior de la valle. Viendo desde lo alto del pueblo, en frente se parece una gran bahía, y viendo desde lo profundo de la valle, los miles de hectáreas de terrazas son como una cascada corriendo hacia abajo, ofreciendo una escena espectacular.

En la vista de muchos fotógrafos, el paisaje rural más espectacular se encuentra en la zona Mengpin, situada a 50 km al sur del condado. Viendo de aquí abajo, las terrazas se parecen a unas flores gigantes entre la infinita extensión de aguas verdes, y los incontables chozas del campo son como flotas entre olas que mueven con el viento, ofreciendo una escena impresionante.

La gran belleza de las terrazas de Hani de Yuanyang también se debe a sus condiciones geográficas y climáticas únicas. La montaña Ailao, situada en el territorio de Yuanyang, es una montaña ubicada en la parte central de Yunnan de China que va del noroeste al sureste. Es la línea divisoria de la Meseta Yunnan-Guizhou y las Montañas Hengduan, y tiene la elevación más alta de 3.166 metros. Durante la Orogenia Himalaya del Cuaternario, la elevación del suelo y la incisión del río aumentaron la altitud y formaron un paisaje de montaña de corte profunda. Por lo tanto, aquí se encuentran altas montañas y profundos valles, barrancos escarpados, colinas continuas y onduladas cortadas por ríos y picos elevadas en sucesión, ofreciendo un terreno muy hermoso. La niebla formada por la evaporación del agua de los ríos bajo la temperatura alta y la precipitación local muy rica también le ha dotado a las terrazas de Yuanyang una magnífica belleza de nubes.

Yuanyang también cuenta con unas 70.000 hectáreas de bosque. Aquí se conserva un ahorro de agua enorme, el cual ha formado numerosos ríos y arroyos en la cima de la montaña, por lo que hay un dicho local: "el agua llega a cualquier nivel de la montaña y puede regar todas las terrazas."

Con el fin de utilizar eficazmente el agua, los Hani también han inventado una serie de sistemas de agua estricta alrededor de las terrazas construidas para asegurar el suministro adecuado de agua de cada terraza sin derrochar. Durante generaciones, los Hani han excavado en las colinas miles de zanjas y canales para recoger todas las corrientes de agua de lluvia en ellos. Son como unos cinturones de plata que rodean los arrozales y las montañas, que tanto protege el cultivo del arroz como da lugar a un arte majestuoso como una sinfonía.

Los "campos en montaña" continuos e ininterrumpidos son como una sofisticada imagen tridimensional, demostrando una larga historia de utilización y transformación de la naturaleza por el pueblo Hani. Su antigüedad y grandiosidad es la interpretación extremadamente valiosa de la producción, la ecología y la vida del pueblo rica en valor cultural y estética.

2013, las terrazas de Hani fue declaradas como Patrimonio de la Humanidad.

533 Extendidas en el territorio de Yuanyang, Lvchun, Jinping y otros condados a la orilla sur del Río Rojo, las terrazas de Hani son una obra maestra que han dejado varias generaciones del pueblo Hani durante los 1200 años de historia.

534 Hay 19 mil acres de terrazas de cultivo en el condado de Yuanyang. Subiendo al cumbre de cualquier montaña de aquí se puede tener una vista de infinitas terrazas de capas numerosas en las pendientes en todas las direcciones y de cerca o lejos.

535 A la madrugada, cuando el sol disipa poco a poco la niebla de la mañana, las terrazas están bañadas en la luz dorada, ofreciendo una escena bucólica, pintoresca y de ensueño.

534

535

536

536 A la hora de la puesta de sol, los colores hermosos del resplandor del atardecer y las líneas de borde de las terrazas están entrelazados entre sí, presentando un paisaje impresionante de flujo de la luz y la sombra.

537 La mejor temporada de visitar las terrazas de Haini es el invierno. Cuando los cultivos han sido cosechados, las terrazas de varios niveles llenas de agua brillan y parpadean bajo el sol, como si fueran miles de espejos incrustados en la tierra.

537

538 Cada año en febrero y marzo, las terrazas de Hani, resaltadas por las montañas llenan de flores de cerezo silvestre, algodonero rojo silvestre, melocotonero silvestre y árbol Tangli, parecen más encantadoras.

538

539

540

539 En la costa sur del río Rojo, desde el valle hasta las cumbres de más de 2.000 metros de altitud, y desde las pendientes lentas de 15 grados hasta los acantilados de 75 grados, en todas partes se puede ver las terrazas de Haini. En una ladera se puede construir como máximo más de 3000 niveles de terrazas.

540 Las terrazas de Hani varían según la topografía de la montaña y se han construido de acuerdo con las condiciones locales. En los pendientes lentos con campos amplios se construyen terrazas grandes, mientras que en los pendientes escarpados con campos reducidos se encuentran terrazas pequeñas. Incluso se han construido terrazas al lado de las zanjas, debajos de los lomos de tierra o entre las grietas. Por lo tanto las terrazas grandes pueden tener varias hectáreas y las equeñas, sólo el tamaño de un recogedor .

541 Una niña del pueblo Hani, detrás de la cual se ven las residencias singulares de este pueblo – las casas en forma de hongo. Tales casas que se parecen a los hongos, en que se siente templado en interno y fresco en verano, se distribuyen por todo el pueblo Hani y forman junto con los picos elevados y las terrazas coloridas el paisaje único del Monte Ailao.

541

"Ruta de la Seda: Red de carreteras del corredor Chang'an-Tianshan"

Este es el camino comercial más antiguo del mundo que conecta varias civilizaciones. Durante unas decenas de siglos después del siglo II AC, tanto el comercio entre el continente asiático y europeo como el intercambio entre las civilizaciones nómadas y sedentarios están dependiendo de él. Las funciones económicas, culturales y sociales que ha empeñado son algo incomparable que ningún tipo de transporte marítimo, terrestre o aéreo de hoy pueda cumplir.

Este se refiere la Ruta de la seda.

Generalmente la Ruta de la seda se refiere al camino terrestre abierto por Zhangqian (164AC-114AC) en la dinastía Han del Oeste de China (206AC-25DC). Con una longitud total de más de 10.000 kilómetros, el camino tiene como punto de partida las ciudades de Luoyang y Chang'an (actualmente Xi'an), pasa por las provincias de Gansu y Xinjiang, traviesa Asia Central, llega a Asia del Oeste a través de la Meseta Pamir y conecta los países del Mediterráneo.

Tan sólo en el territorio chino, la Ruta de la Seda ya cuenta con más de 4000 kilómetros. Al salir de China, la ruta vincula Kazajstán y Kirguistán, formando una red de carreteras de 5000 kilómetros de largo en el territorio de los tres países. Tal red se conoce como el corredor Chang'an-Tianshan, que es precisamente la parte más esencial de la antigua Ruta de la Seda.

El corredor Chang'an-Tianshan es la parte donde se encuentran más ruinas y edificios antiguos de la Ruta de la Seda, incluyendo antiguas capitales de varias dinastías chinas y de Khan, conjuntos de palacios, asentamientos comerciales, cuevas y templos budistas, carreteras antiguas, postas, pasos estratégicos, torres almenara, la Gran Muralla china, fortificaciones, tumbas, etc.

En el año 2014, la "Ruta de la Seda: red de carreteras del corredor Chang'an-Tianshan" propuesta conjuntamente por China, Kazajstán y Kirguistán fue declarada como Patrimonio de la Humanidad.

De hecho, ya en el año 2006, China, Kazajstán, Kirguistán, Tayikistán, Uzbekistán, Turkmenistán y otros países había lanzado conjuntamente la propuesta de la Ruta de la Seda como candidatura del patrimonio de la humanidad. A finales de 2011, debido a la gran escala de la Ruta de la Seda, los expertos de las organizaciones internacionales propusieron el concepto de "corredor", e hicieron una gran modificación estratégica de las solicitudes para la declaración de la ruta como patrimonio de la humanidad.

Después de varias negociaciones, al final se determinó la candidatura de la "Ruta de la Seda: red de carreteras del corredor Chang'an-Tianshan" propuesta conjuntamente por China, Kazajstán y Kirguistán.

Entre los 33 sitios de la "Ruta de la Seda: red de carreteras del corredor de Chang'an-Tianshan", 22 están situados en el territorio chino y se reparten en cuatro provincias: 4 de ellos en Henan, que son las ruinas de la ciudad de Luoyang de la dinastía Wei y Han, las ruinas de la Puerta Dingding de la ciudad de Luoyang de la dinastía Sui y Tang, las ruinas del Paso Xin'an de la dinastía Han y las ruinas del segmento Shihao de la carretera antigua del Monte Yao; 7 de ellos en Shaanxi, incluyendo las ruinas del Palacio Weiyang de la ciudad Chang'an de la dinastía Han, la tumba de Zhang Qian, las ruinas del Palacio Daming de la ciudad Chang'an de la dinastía Ming, la Pagoda Dayan, la Pagoda Xiaoyan, la torre del Templo Xingjiao y las Cuevas de Buda del condado Bin; 5 de ellos en Gansu, incluyendo las ruinas del Paso Yumen, las ruinas de Xuanquanzhi, las Grutas del Monte Maiji, las grutas del Templo Bingling y las ruinas de la ciudad SuoYang; 6

en Xinjiang, que son respectivamente la antigua ciudad de Gaochang, la antigua ciudad de Jiaohe, la Torre almenara de Kizil Gaha, las grutas Kizil, las ruinas del templo budista Subashi y las ruinas de la ciudad vieja de Beiting.

Las ruinas del Palacio Weiyang de la ciudad Chang'an de la dinastía Han son ruinas del palacio imperial de la capital del Imperio Han del Oeste. Situado en la ciudad de Xi'an de la provincia Shanxi, el sitio es considerado como el punto de partida más antiguo de la Ruta de la Seda oriental. Este palacio construido en el año 200 AC tiene una forma rectangular. Está rodeado por paredes de más de 2000 metros de largo y cuenta con más de 40 edificios principales. Representa las características culturales y el nivel de desarrollo de la civilización de la ciudad capital del Imperio Han del Oeste en la etapa temprana de la Ruta de la Seda. Las ruinas del Palacio Daming de la ciudad de Chang'an, fundado en el año octavo de emperador Zhen Guan (año 634) de la Dinastía Tang, se considera como el punto de partida oriental de la Ruta de la Seda del siglo VII- siglo X DC, y también como un sitio típico y representativo de la capital del Imperio Tang en el apogeo de esta ruta.

La antigua ciudad de Gaochang, situado cerca de la Montaña Tianshan, es otro testigo importante del desarrollo social de las civilizaciones a lo largo de la Ruta de la Seda. La ciudad fue construida por las fuerzas de la dinastía Han del Oeste, y está ubicada en el terreno difícil del Reino Cheshiqian (nombre de un antiguo país occidental) entre la Ruta de la Seda del sur y del norte. Las murallas exteriores de la antigua ciudad de Gaochang se conservan relativamente en buena condición, ofreciendo una vista magnífica. Cerca de los monasterios de la ciudad aún se conservan algunas ruinas de talleres y mercadillos, que podrían ser pequeños talleres artesanos y mercados comerciales.

Con la apertura de la Ruta de la Seda se estableció un vínculo sólido entre la antigua China y otras regiones de Asia Central. Los mensajeros, comerciantes, misioneros, etc. de todos los países comenzaban a intercambiarse por esta ruta iniciada por Zhangqian. La seda de China empezaba a ser exportada a Asia Central, y luego ser transportada a Europa, mientras que también se habían introducido a China los productos procedentes de Asia Central y Europa. Al mismo tiempo, el budismo, el maniqueísmo, el zoroastrismo y otras religiones comenzaban a extenderse con estos intercambios, dando lugar a la fusión y el choque cultural entre el Oriente y el Occidente. En la "Ruta de la Seda: red de carreteras del corredor Chang'an-Tianshan", la presencia de un gran número de templos budistas y ruinas de grutas nos cuenta esta historia.

542

Al oeste de Chang'an, las Grutas del Monte Maiji, situadas en el territorio de Tianshui de la provincia de Gansu, son un símbolo importante de la difusión del budismo al este por la Ruta de la Seda hasta llegar al territorio chino. Las cuevas están cavadas y construidas en diferentes capas en la piedra arenisca roja de los acantilados y picos del Monte Maiji. Tiene una extensión transversal de unos 200 metros, y verticalmente cuenta con cerca de 20 pisos de cuevas conectadas por pasarelas de madera dispersas. Ahora se conservan 198 cuevas y nichos budistas, 7.000 estatuas de arcilla y más de 1.000 metros cuadrados de mural construido entre el siglo V y el siglo XIII DC. Debido a que las grutas están situadas en el centro de comunicación de la Ruta de la Seda, no sólo ha recibido influencia de las grutas de la corriente principal del norte de las planicies centrales (tales como las grutas de Yungang y las grutas de Longmen), sino también ha sido influido de manera significativa por la cultura occidental. De tal manera se ha convertido en una reliquia importante de la etapa de transición del arte budista de la Ruta de la Seda.

A lo largo de esta ruta, las carreteras, pasos, postas, numerosas cuevas y templos budistas, así como aquellas capitales antiguas, palacios, mercados que han desaparecido en lo profundo de la historia, nos cuentan en su propia forma la historia de la Ruta de la Seda.

Sea como sea, el intercambio comercial ha estimulado la rápida integración entre los diferentes países y regiones. Con esta "Ruta Internacional", la antigua China y los países a lo largo de la Ruta de la Seda tuvieron un gran cambio en la económica, el comercio y el desarrollo social. Este camino llegó a su etapa de esplendor en la dinastía Tang, momento en que se convirtió en un empuje importante del desarrollo de la civilización humana. Los innumerables comerciantes y camellos que iban y venían por esta ruta comercial de larga distancia impulsaban el desarrollo de las grandes ciudades y aldeas. El mundo occidental y el oriental, dos mundos originalmente heterogéneos, empezaban a intercambiarse y fundirse con el comercio cada vez más próspero, estableciendo una relación internacional en que convivían armoniosamente múltiples culturas. La Ruta de la Seda no sólo es un camino de intercambio de personas y mercancías, sino más importante, una ruta a través de la cual se difunden el conocimiento y la creencia y se promueve la innovación tecnológica. Había impulsado la comunicación entre varias civilizaciones, y había facilitado el intercambio profundo de las mercancías, la religión, el conocimiento científico, la innovación tecnológica, las prácticas culturales, el arte y la literatura. Ha sido testigo de las etapas importantes del progreso de la civilización humana de Eurasia entre el siglo II AC y el siglo XVI DC, y también de los rasgos distintivos de la coexistencia multicultural durante ese tiempo.

545 El Templo de Buda del condado Bin está ubicado en la ciudad de Xianyang de la provincia Shanxi y fue construido en el siglo VI. Ahora se conservan 116 grutas y más de 1.980 estatuas. Las grutas son reliquias importantes del arte de grutas budistas chinas de Chang'an (la capital de la dinastía Tang) y las zona alrededores de la época de esplendor de esta dinastía. Muestran la aculturación del budismo en China que había difundida hacia el este hasta las planicies centrales a través de Ruta de la Seda.

543

544

542 La Pagoda Dayan fue construida en el tercer año de Yonghui (652) de la Dinastía Tang para guardar las escrituras sagradas, las estatuas de Buda y las reliquias traídas por el monje Xuanzang de esta dinastía desde el Tianzhu (ahora India) a través de la Ruta de la Seda.

543 Los murales de las Grutas Mogao de Dunhuang de Gansu, en que se representa la escena de que Zhangqian se despidió del emperador Hanwudi y se fue a los países del occidente.

544 La tumba de Zhang Qian, que se encuentra en el condado Chenggu de la ciudad Hanzhong de la provincia Shaanxi. En el 139 AC y 119 AC, Zhang Qian hizo dos viajes al Occidente bajo la orden del Emperador Hanwudi de la dinastía Han e hizo contribuciones sobresalientes a la apertura de la Ruta de la Seda entre la Dinastía Han y las regiones occidentales.

545

546

547

548

546 El sitio del segmento Shihao de la carretera antigua del Monte Yao está situado en la ciudad de Sanmenxia de Henan. En esta carretera antigua se conservan todavía ruinas como surcos de carros antiguos, huellas de caballos, embalses, etc., y es el único sitio de "camino" entre el conjunto de los 33 sitios de la "Ruta de la Seda: red de carreteras de Chang'an-Tianshan".

547 Las ruinas del Paso Yumen, ubicado en la ciudad de Dunhuang de la provincia de Gansu, se encuentra en el desierto de Gobi y era un paso importante de la ruta norte de la antigua Ruta de la Seda.

548 La Pagoda Xiaoyan fue construida a principios del siglo octavo para almacenar escrituras budistas traidas desde Tianzhu por el monje Yijing de la dinastía Tang. El Templo Jianfu, en que se sitúa esta pagoda, era uno de los tres sitios de traducción de escrituras budistas de Chang'an de la Dinastía Tang, y también el testigo de la difusión del Budismo al oriente desde la India hasta China por la Ruta de la Seda.

549

550

551

549 Cavadas entre el siglo III y IX, las grutas Kizil es uno de los sitios budistas más importantes de la Ruta de la Seda. Con su forma de grutas y estilo de mural único, revela la ruta de la difusión del budismo del oeste al este desde las regiones occidentales, así como las características y estilos locales que se habían formado en el proceso de difusión.

550 Las Grutas del Monte Maji se encuentra en la ciudad de Tianshui de la provincia de Gansu. Ahora aquí se conservan 198 cuevas y nichos budistas existentes, 7.000 estatuas de arcilla y más de 1.000 metros cuadrados de murales. Es un sitio importante de la etapa de transición del arte budista de la Ruta de la Seda.

551 Las ruinas de la ciudad Suoyang. Construida en el cuarto año de Yuanding de la Dinastía Han, (113AC), la ciudad estaba situada en el extremo occidental del Corredor Hexi y era el portal de entrada a las regiones del Oeste de la planicie central. Esta famosa ciudad antigua ha sido testigo del importante proceso de los cambios económicos y culturales entre el Oriente y el Occidente de la Ruta de la Seda durante diferentes etapas.

552

553

552 La antigua ciudad de Gaochang se encuentra en Turpan de Xinjiang. Construida en el siglo primero antes de Cristo y destruido por la guerra en el siglo XIII, era el eje occidental de la antigua Ruta de la Seda. Era la capital del Reino Gaochang y tenía un área total de dos millones de metros cuadrados. Es la ciudad más grande que se conserva hasta hoy día entre las ciudades antiguas de las regiones del oeste.

553 Construida en el Reinado del emperador Hanxuandi (73AC-49AC), la Torre almenara de Kizil Gaha de Kuqa de Xinjiang es la ruina de la torre almenara más antigua y mejor conservada que se encuentra actualmente en la antigua Ruta de la Seda.

554 La antigua ciudad de Jiaohe era un lugar importante de tráfico entre el siglo II y el siglo XIV, y también la ciudad de edificios de adobe más grande, más antigua y mejor conservada del mundo.

554

555 La Ruta de la Seda conecta una variedad de civilizaciones. A través de este camino terrestre, la técnica de fabricación de papel, la imprenta y la pólvora de China se introdujo al Occidente, y las culturas de otros países asiáticos y la cultura europea también habían entrado en China. Esta estatuilla tricolo de musicales montando en un camello de la dinastía Tang desenterrada cerca de Xi'an muestra la influencia significativa de la música y la danza de Asia Central para la vida cultural del pueblo chino en ese momento.

556 Después de la apertura de la Ruta de la Seda, el comercio entre China y los país es de Asia Central y de Asia Occidental se hace cada vez más frecuente, y se han introducido monedas de varios países en China. En la foto se muestran las monedas de oro del Imperio Romano del oriente y las monedas de plata de Persia desenterradas en Turpan de Xinjiang.

557 Desde el segundo siglo antes de Cristo, durante los miles de años, una gran cantidad de seda, porcelana, papel y té de China fueron enviados a todas las partes del mundo a lo largo de la Ruta de la Seda, mientras que una variedad de mercancías procedentes de Asia Central, Asia Occidental, Asia del Sur y Europa también entraron en China por esta ruta. En la foto se muestra el brocado de aves, flores y animales de la dinastía Tang desenterrado en Turpan.

555

556

557

El gran Canal

En China, no hay ningún río como el Gran Canal que mantenga el aspecto grandesco de la antiguedad y que se encargue del transporte de mercancías entre el lejano norte y el sur.

El Gran Canal se comúnmente conocido como el Gran Canal de Beijing-Hangzhou. Es uno de los canales más largos, más grandes y más antiguos del mundo. El extremo norte empieza de Beijing y el extremo sur llega hasta Hangzhou. Recorre en total seis provincias y ciudades: Beijing, Tianjin, Hebei, Shandong, Jiangsu y Zhejiang y conectan cincos grandes ríos: el Río Haihe, el Río Amarillo, el Río Huaihe, el Río Yangtze y el Río Qiantang. Mide en total unos 1794 kilometros.

Debido a la topografía de China, la mayoría de los sistemas fluviales de este país van del oeste a este. Además, los diferentes sistemas están separados por divisorias de aguas, lo cual en realidad ha obstaculizado el espacio de producción y de vida diaria y ha dado lugar a dificultades de transporte. La mejor manera de conectar cada sistema de agua es cavar canales artificiales para aliviar las tareas del transporte terrestre.

El Gran Canal cuenta con más de 2.500 años de historia desde su primera excavación. Es comúnmente conocido que el Emperador Suiyangdi de la dinastía Sui (581-618) ordenó la excavación del canal. No obstante, mucho antes de entonces, los gobernantes se habían dado cuenta de la importancia del transporte fluvial. Aproximadamente en el año nueve del rey Luaigong (486ac) del Período de Primavera y Otoño (770a.c-476a.c), el rey Fuchai del Reino Wu ya dio la orden de excavar canales sobre la base de una serie de lagos y pantanos de Yangzhou para conectar el río Yangtze y el río Huaihe. Luego empezaron sucesivamente la excavación de los canales de Honggou y Heshui, y de tal manera se conectaron el río Amarillo y el río Huaihe. Otro canal llamado Lingqu que atravesaba el sur de las Cinco sierras de Montañas conectaba el río Yangtze y el río Zhujiang. La construcción de estas instalaciones hidráulicas se debía sobre todo a la necesidad de la guerra feudal de hegemonía con el fin de facilitar el transporte de materiales y tropas.

En los periodos de la dinastía Wei (220-265), la dinastía Jin (265-420) y la dinasía del Norte y del Sur (420-589), se excavaron Baigou y otros varios canales, y de tal modo el río Amarillo pudo conectarse con el río Haihe y el río Luanhe. Al final, ellos canales formaron un gran canal que conectaba de norte a sur el río Luanhe, el río Haihe, el río Amarillo, el río Huaihe, el río Yangtze, el río Qiantang y el río Zhujiang.

Estas redes de transporte fluvial formadas en diferentes dinastías jugaban diferentes papeles en tiempos y espacios diferentes, y también sufrían un destino diferente. Algunas de ellas quedaron desviadas o abandonadas con la evolución de la naturaleza, mientras que otros han sido reusados y protegidos, e incluso han logrado extenderse.

La llamada excavación del Gran Canal por el emperador Suiyangdi se refiere de hecho a la renovación y la expansión a gran escala del canal existente con el fin de asegurar la navegación y la realización del transporte fluvial entre el norte y el sur. También se realizó una renovación y ampliación a la misma escala en la dinastía Yuan (1206-1368).

La capital de la Dinastía Sui se situaba en el oeste(la capital de esta dinastía era Daxing, conocida hoy endía como la ciudad de Xi'an), mientras que la dinastía Yuan tenía la capital en el norte (la capital de la dinastía Yuan era Dadu, que es la ciudad de Beijing de hoy en día). Debido a la diferencia de las ubicaciones de las capitales, las direcciones del canal varriaban en las distintas etapas

558

de renovación y ampliación. Sin embargo, la dirección fundamental del Gran Canal no ha cambiado durante el tiempo.

El transporte fluvial del Gran Canal dio lugar a la prosperidad de varias ciudades, puertos y muelles, entre los cuales los más conocidos son los puertos de Yangzhou, Suzhou, Hueiji, Guangling, etc. Generalmente en tales sitios pasaban numerosos barcos. Varios barcos de madera mercante cargados con madera, sal, cobre, seda damasco, porcelana y té viajaban día y noche por el canal. A veces estos iban uno tras otro y formaban un grupo de barcos ininterrumpidos de varios kilómetros.

El famoso viajero italiano Marco Polo (1254-1324) han viajado en barco por el Gran Canal. En su libro *Los viajes de Marco Polo* él describía de forma detallada y exacta la escena del canal y las ciudades distribuídas a lo largo de él, ofreciendo detalles de los productos famosos y las costumbres de cada sitio.

Si sólo cosideramos desde el punto de vista de ingeniería hidráulica, el Gran Canal también es un modelo de los proyectos hidráulicos del mundo. La época de excavación es más antigua que las de otros canales conocidos como el canal de Kiel, el Canal de Panamá, el Canal de Suez, etc., y tiene una mayor longitud que la suma de las de todos los canales mecionados.

El Gran Canal de Beijing Hangzhou atraviesa el norte y el sur de China. Sin embargo, las distintas condiciones topográficas y geológicas de estas dos parte del país ha generado diferentes condiciones hidráulicas, y por lo tanto la construcción y el mantenimiento del canal se enfrentan a muchas situaciones complejas.

El más importante matenimiento y expansión del Canal de Beijing-Hangzhou fue realizado en la dinastía Yuan. Hoy en día, una parte del canal sigue todavía la ruta de esta dinastía. L planificación y distribución científica y duradera se debe a la contribución del científico GuoShouJing de la dinastía Yuan (1231-1316), el cual comenzó a supervisar los proyectos hidráulicos del norte de China bajo las órdenes de Kublai Khan desde el año 1262.

En ese momento, todas las mercancías enviadas a Jingdu debían pasar por el río Yunlianghe y Jinkouhe, pero estaban afectados por las condiciones hidráulicas del río Yongding. La sedimentación del río Yongding causado por la grande cantidad de sedimentos solía obstaculizar e interrumpir el tranporte fluvial de estos dos ríos. Al comienzo, GuoShouJing presidió la expansión del río Bahe utilizando el agua de manantial del Monte Yuquan, pero el matenimiento del canal resultaba muy difícil debido a la cantidad limitada de agua. Según los registros históricos, el mantenimiento requería como máximo más de 8.000 obreros. Aun así, todavía no se podía satisfacer las necesidades de transporte de agua. La mayoría de las mercancías enviadas desde Hangzhou tuvieron que llegar a Tongzhou, ciudad situada al este de Beijing, y luego ser transportada por carretera.

GuoShouJing siempre estaba buscando soluciones, y 30 años después de empezar a presidir la construcción de conservación de agua encontró el manantial Baifuquan, situado hoy cerca de Changping de Beijing. Entonces comenzó a excavar canales y se aprovechaba de la topografía del terreno para introducir el agua manantial al Lago Jishuitan a través del Lago Kunming y de tal manera logró conectar los cursos de agua entre Tongzhou y la zona de Houhai y Shishahai de Jingdu. Por lo tanto, los barcos de mercancías ya podían llegar directamente desde Hangzhou a Jingdu.

Además de GuoShouJing, otros ingenieros hidráulicos de diferentes dinastías también hicieron excelentes y distintas planificaciones de proyectos de matenimiento de acuerdo con las condiciones específicas de cada segmento del canal. Dieron una solución integral de una serie de problemas difíciles, tales como el gasto de giro, la canalización de agua, el ahorro de agua, la navegación, el control de inundaciones y otros problemas, y de tal modo contribuyeron a la completa navegación del Gran Canal Beijing-Hangzhou. Algunos proyectos de agua, como la canalización de agua de Baifu, la conducción del río Wenhe al canal, la compierta de bifurcación de Nanwang, la obra hidráulica clave de Qingkou, han sido altamente elogiados por los expertos nacionales y extranjeros hasta hoy día.

Entre ellos el más destacado y memorable es la compuerta de Nanwang. El canal tiene unos 1.794 kilometros y no está en un plano horizontal, y el punto más alto es el canal Huitong, situado en la Aldea de la Provincia de Shandong. En el año 1289, al excavar el canal Huitong, GuoShouJing dirigió el agua del río Wenhe a Jining y estableció allí compuerta de bifurcación con el fin de hacer posible la navegación. Pero él había olvidado el hecho de que la elevación de Jining es más baja que Nanwang, por eso la canalización hacia Nanwang era de hecho un "flujo hacia agua arriba". Debido a ello, los barcos de mercancía solían encallar en el río Huitong, causando obstrucciones frecuentes. Más tarde, se construyeron tres secciones de diques de diferentes altura en el canal princial del río Wenhe (ahora conocido como el dique Daicunba) para regular el flujo de este río. Como la elevación del dique Daicunba era más alta que Nanwang, ya se podía detener el flujo de río Wenhe que iban abajo y dejar que el agua corriera por distintos cursos de agua según el tamaño. Adecuado hasta desembocar en el canal. Entonces la vía fluvial principal del río Wenhe tenía un enorme flujo de agua de miles de metros cúbicos por minuto. En este caso la construcción del Dique Daicunba de una altura de cuatro metros sobre el lecho del río y de una longitud total de 437.5 metros era bastante difícil. Hasta el año 1504, la compuerta de bifurcación de NanWang reemplazó completamente la de Tianjingzha de Jining, y más tarde seguía funcionando correctamente durante casi 500 años.

Incluso hoy en día, el Gran Canal sigue siendo una importante línea de transporte de agua y mantiene una distancia navegable de 1.442 kilometros. Siendo el río artificial más largo del mundo, el Gran Canal presenció el intercambio económico y cultural entre el norte y el sur de China durante miles de años, y también contribuyó a la prosperidad de las ciudades a lo largo del río.

En el año 2014, el Gran Canal fue declarado como Patrimonio de la Humanidad.

558 La flota del Emperador Qianlong de la dinastía Qing estaba navegando en el próspero Gran Canal. A lo largo de los siglos, la mejor manera de experimentar el encanto de este canal antiguo en visitarlo en barco.

559 La sección Beijing-Tongzhou del Gran Canal. Tongzhou es el punto de partida norte del Gran Canal Beijing-Hangzhou. Desde la época antigua ha sido un sitio importante para el transporte acuático y depósito de mercancías, y también ha sido un muelle muy próspero y popular de la familia real.

560 El Puente Wanning del Lago Shichahai de Beijing, cuya construcción inició en la dinastía Yuan, era el punto de partida del transporte acuático del Gran Canal de la dinastía Yuan. El puente está equipado con compuertas. Con la apertura y cierre de tales compuertas se deja pasar los barcos, asegurando que los buques de cereales puedan llegar directamente a la ciudad de Dadu.

559

560

561

562

563

561 El gran canal de los años 70 del siglo XX, donde pasaban los barcos que iban a todos los sitios de forma interrumpida.

562 La sección de Xianghe de Hebei del Gran Canal. La parte norte del gran canal empieza desde Beijing y la parte sur llega hasta Hangzhou. Pasa por seis provincias y ciudades: Beijing, Tianjin, Hebei, Shandong, Jiangsu y Zhejiang, y mide en total1.794 kilometros.

563 La sección del Lago Weishan de Shandong del gran canal. El Lago Weishan es el mayor lago de agua dulce en el norte de China, en el cual pasa la ruta navegante del gran canal. Aquí, el Gran Canal ya no es un canal artificial rodeado por diques, sino que se ha integrado con el Lago cubierto de niebla. El lago y el río ya es un conjunto que no se puede separar.

564 La sección del Gran Canal que se encuentra en Yangzhou de Jiangsu es la parte más antigua de este canal. En el año 486 AC, Fuchai, el rey del reino Wu Hangou empezó a excavar la zanja han en Yangzhou. En el periodo del Emperador Suiyangdi, cuando se excavaban a gran escala el gran canal, se tenía la ciudad Suzhou como el centro, y se hacía expansión y conexión al norte y al sur sobre la base de la zanja Han.

565 La sección del Gran Canal en la ciudad de Suzhou de la provincia de Jiangsu. Esta parte del canal es de unos 80 km y la construcción se inició en el Periodo de la Primavera y el Otoño mientras que la forma básica estaba terminada en las dinastías Sui y Tang. Debido al Gran Canal, Suzhou ha podido convertirse en un paraíso de miles de comerciantes en la historia. Incluso hoy en día, casi la mitad de la carga de mercancía de Suzhou es transportada por el canal.

564

565

566

566 El canal de la parte oriental de Zhejiang del Gran Canal es una sección del canal. La foto muestra el puente Bazi de esta sección que se encuentra en Shaoxing. El puente fue construido a principios del siglo XIII. En la parte terrestre se confluyen tres carreteras, y en la parte acuática se conectan el norte y el sur: al sur esta conectado con el Lago Jian, y al norte llega al canal antiguo de Hangzhou.

567 El antiguo camino de sirga del Gran Canal. Durante miles de años, los barcos navegaban con la vela cuando iban a favor del viento, y en caso de que navegaban contra el viento y la corriente necesitaban remolque a mano. El camino de sirga no dejó de usarse hasta los años sesenta y setenta del siglo XX, cuando los barcos de manejo manual fueron sustituidos por los de motores.

568 Un pescador a la orilla del Gran Canal de los años noventa. Hoy en día, la vida de los habitantes de la orilla del canal ha cambiado mucho, y cada vez se ven menos barcos de pesca en el canal.

569 El almacén Fuyi de Hangzhou está situado en el lugar donde se confluyen el canal principal del Gran Canal Beijing-Hangzhou y el Río Shengli. Construido en el año seis de Guangxu de la Dinastía Qing (1800), fue conocido junto con el almacén Nanxin de Beijing como "el almacén de cereales del país", y es un testigo importante del transporte acuático del canal.

567

568

569

570

571

570 El nuevo escenario a las orillas del Puente Gongchen. Incluso hoy en día, el Gran Canal sigue siendo un importante línea de transporte de agua, y mantiene una sección navegable de1.442 kilometros.

571 El Puente Viejo de tres agujeros del lado sur del Gran Canal Beijing-Hangzhou- el Puente Gongchen. El puente fue construido en el cuarto año de Chongzhen de la dinastía Ming (1631), y atraviesa de este a oeste el canal principal de la sección en Hangzhou del Gran Canal. Ahora se conserva en buen estado y está todavía en uso.

Los Sitios Tusi de China

En la aldea Tangya del condado Xianfeng de la provincia Hubei fluye tranquilamente el agua clara del río Tangya. Situando junto al río y mirando los sitios Tusi de Tangya construidos al lado de la montaña, como si se pudiera ver todavía su escena de esplendor de los tiempos remotos. Después de 600 años de viento y lluvia, ahora esta ciudad ya parece hecha ruinas. Sin embargo, ella tiene las huellas de la historia profundamente grabadas en esta tierra.

La prosperidad y la decadencia de Tangya estaban estrechamente vinculadas con un sistema político especial de la dinastía feudal de China – "Tusi". Durante la larga historia del siglo XIII al siglo XX, en la frontera noroeste y suroeste de China, los Tusis eran los gobernantes reales de las minorías étnicas. Teniendo títulos conferidos por la Corte, ellos estaban comprometidos a ciertas obligaciones al gobierno central, tal como pagar tributo, poseía como propiedad hereditaria de la tierra y la gente dentro del territorio, y también tenían el poder de mantener sus propias tropas. Tales hechos les convirtieron en "tiranos locales" de estado semi-independiente. En el reinado del Emperador Yongzheng (1723-1735) de la dinastía Qing, con la realización de la política "Gaituguiliu", es decir, la sustitución del título Tusi hereditario por funcionarios designados y destituidos por la Corte, el sistema Tusi empezaba a entrar gradualmente al colapso hasta ser completamente abolido en el siglo XX.

La ciudad Tusi de Tangya fue fundada a finales de la dinastía Yuan (1346). Como propietarios de la ciudad, las dieciocho generaciones de Tusi de la familia Tan pasaban 460 años en este sitio. La ciudad Tusi tenía una superficie total de unos 740.000 metros cuadrados y se construyó según el modelo de los edificios de la corte, con la simetría axial y las funciones completas. La ciudad disponía en total de tres calles, 18 callejones y 36 recintos, dentro de los cuales se establecían sedes oficiales del gobierno, academias, monederos, cuarteles, hipódromo, campo de tiro, sala principal, recinto interior, jardín, etc., y fuera de la ciudad también se habían construido varios templos. Entre la población local la magnífica ciudad Tusi de Tangya incluso recibió el nombre de "la Ciudad Imperial Tusi".

En el año 1735, el Tusi de Tangya fue abolido en el movimiento Gaituguiliu, y la ciudad Tusi, símbolo de su poder, también iba abandonada poco a poco. Ahora, los edificios espléndidos habían desaparecido desde hace mucho, y sólo se observan las calles y muros. También se encuentran un arco de piedra, dos figuras y caballos de piedra y tumbas de Tusi todavía alzados a la orilla del río Tanya. Los caminos de piedra pulcra ordenados y las enormes bases de las columnas están contando en silencio la gloria del pasado.

El pórtico de honor de piedra es el edificio más emblemático de los sitios de Tusi, y también el testigo de los períodos de apogeo del Tusi de Tangya. En ese momento, bajo la orden del Emperador Xizong de la dinastía Ming (reinó durante 1621-1627), Tan Ding, el Tusi de Tangya, dirigía varias veces los soldados de Tusi a la zona de Chongqiong de hoy día para aniquilar los rebeldes. Debido a su valor y ferocidad, el emperador Mingxizong ordenó construir un pórtico en honor de sus hazañas en que el mismo emperador escribió ocho caracteres: "Jingnanxiongzhen, Chushupinghan" (magnífica aldea de Jingnan y punto de defensa de Chu y Shu) para premiar su mérito. Los ocho caracteres todavía están bien conservados hasta hoy en el pórtico de piedra.

Si comparamos los sitios Tusi de Tangya como una joven delgada y hermosa situada a la orilla del río Tangya, el Hailongtun, que se encuentra al norte de la ciudad Zunyi

572

de Guizhou, es como un hombre grande y fuerte alzado en el centro de las altas montañas. Hailongtun se sitúa a lo alto de las montañas, cuyos tres lados están rodeados de agua, y el otro lado, conectado a la montaña. El terreno es tan difícil que "la historia de la Dinastía Ming" lo llama "terreno que no pueden pasar no pájaros volando ni monos saltando."

Hailongtun es una de las ruinas de los antiguos castillos militares mejor conservada de China, e incluso de Asia, cuya historia se remonta hasta hace 700 años. El área de Zunyi era denominada como "Bozhou" en la antigüedad. Durante los 700 años del siglo IX al siglo XVI este lugar estuvo bajo el poder hereditario de Tusi de la familia Yang. En la dinastía Song del Sur (1127-1279), para resistir el ataque de los ejércitos mongoles, Yang construyó en 1257 un fuerte militar en la montaña Longyan. Desde entonces Hailongtun se convirtió en tanto la fortaleza militar del Tusi Yang como su palacio de residencia. Durante el reinado de Wanli de la Dinastía Ming (1573-1619), YangYinglong, la vigésima novena generación de Tusi hereditario de Bozhou se levantó contra la corte. En el año 1600, bajo el asedio del ejército Ming de 240.000 soldados, Hailongtun fue destruido en la guerra, con lo cual se terminó los 700 años de dominio de la familia Yang en este lugar.

Subiendo unos quinientos metros a lo largo del camino de Hailongtun se encuentra el colosal Paso Feihu elevado que atraviesa las montañas de una altitud de casi 1.000 metros. Frente al paso se sitúa una "escalera de cielo" de longitud total de la rampa de 51,5 m, de pendiente general de 30 grados y con un total de 36 escaleras, la cual es el representante de lo peligroso y lo único del Paso Feihu. Cada "escalera" tiene una altura de unos 0,5 metros y una anchura de unos 1,5 metros, y está construida totalmente de piedras cuadradas de unos cientos e incluso miles kilos de peso.

Pasando el Paso Feihu se encuentran los pasos Feilong, Chaotian y Feifeng construidos al lado de la montaña. Estos pasos antiguos hecho de la mezcla de jugo de arroz glutinoso, cal y rocas gigantes tienen la fama de "Detener el paso de miles de hombres". En aquel entonces, basándose de la barrera natural de la montaña Longyan y teniendo como frontera la cima de la montaña, Yang estableció seis pasos en frente de la montaña y tres detrás de ella, construyendo un sistema de defensa fácil de defender y difícil de conquistar.

Después de un difícil ascenso se llega a la cumbre plana y ancha. Después de que el ejército Ming conquistara Hailongtun, los edificios de suelo de estructura de madera fueron quemados. En el palacio antiguo construido por el Tusi Yangwen de la dinastía Song del Sur y el palacio en la cumbre de la montaña nuevo construido por el Tusi YangYinglong de la dinastía Ming, ahora sólo se puede ver el resto de las bases de las columnas de piedra y de las escaleras de piedra. Los palacios originales de gran escala sólo se pueden restaurar según la narración y la imaginación. Además, en la cumbre también se encuentran ruinas de cuarteles, campo de entrenamiento militar, almacenes, prisiones, fortalezas y otras ruinas.

En comparación con la ciudad Tusi de Tangya y Hailongtun, la ciudad Laosi, ubicada a la orilla del río Lingxi del condado Yongshun de la provincia Hunan, cuenta con una historia más larga. Esta ciudad era la sede del gobierno Tusi de la familia Peng de la antigua Xizhou, cuyo régimen se inició a los cuatro años del emperador Kaiping de la dinastía Houliang (910). En su época de apogeo gobernaba Hunan, Hubei, Sichuan, Guizhou, Chongqing, Yunnan y otras provincias y ciudades de la región fronteriza. El poder cayó en el año seis del emperador Yongzheng de la dinastía Qing (1728), cuando con la política "Gaituguiliu" se terminó el Tusi hereditario de 28 generaciones que duró 818 años. Entre los unos cien sitios Tusi existentes del país, la antigua ciudad Laosi no sólo es la ciudad más antigua, sino también la más grande y mejor conservada.

Aquí no hay murallas construidas a lo largo de la cresta como las de las ciudades montañeras generales, pero se dispone de una fortaleza de defensa natural teniendo como barrera las montañas y el agua como estanque. En la cresta que rodea los sitios se encuentra una serie de instalaciones militares y de defensa. Quedan muchas murallas de roca de forma ovalada y partes de carreteras de guijarro de muchos antiguos puestos de control de ese entonces, y también se aprecia el rasgo de un pozo excavado manualmente del puesto de control Paso Feixia.

Según los registros históricos, en la época de apogeo la antigua ciudad Tusi tenía "tres mil hogares dentro de la ciudad y ochocientos fuera de ella". Contaba con ocho calles horizontales y diez callejones verticales que cruzaban entre sí, y disponía de numerosos hogares y tiendas prósperas. Hoy en día las ruinas de la ciudad se dividen en zona del palacio, zona de la sede de funcionarios, zona de calles y callejones, zona de entierro, zona religiosa, zona de villas y jardines y otras áreas funcionales. La zona del palacio está rodeada de las murallas de este, oeste y norte que miden sólo 1-2 metros de altura, mientras que la parte noroeste tiene una altura parcial de 6 metros, a través de la cual se ve todavía lo magnífico del las murallas de aquel entonces.

Según las estadísticas de los investigadores, desde el noroeste y el suroeste hacia el sur, durante la historia de China han aparecido hasta más de 2.500 de Tusi. A través del "Sistema Tusi", el gobierno central de China logró la gestión eficaz y a largo plazo de las zonas de minorías remotas, de allí promovió la comprensión y el reconocimiento de la reunificación de los diversos grupos étnicos del país, y también logró mantener la diversidad cultural de la herencia étnica. La ciudad Laosi, la ciudad Tangya y Hailongtun, ciudades amuralladas del sistema Tusi conservadas hasta hoy día, tratan de restos de los centros administrativos y de vida de este régimen de diferentes regiones en diferentes momentos, y son testigos preciosos de tal sistema y de la sabiduría única antigua de la gestión de las zonas habitadas multiétnicas y la protección multicultural de la China antigua.

2015, los sitios Tusi de China, con los sitios de la ciudad Laosi de Yongshun de Hunan, los sitios de la ciudad Tangya de Hubei y los sitios de Hailongtun de Bozhou como representantes, fueron declarados como Patrimonio de la Humanidad.

573

572 El pórtico de "magnifica aldea de Jingnan"-monumento simbólico de la ciudad Tusi de Tangya, fue fundado en el cuarto año de Tianqi de la dinastía Ming (1624). Tiene en total 7,15 metros de altura, 8,4 metros de ancho y se fundó por ZhuYouxiao, el emperador Xizong de esta dinastía, en reconocimiento a las hazañas de TanDing, el duodécimo Tusi de Tangya.

573 La tumba real de Tusi de la Ciudad Tusi de Tangya, que es la tumba de TanZhishi, el segundo Tusi de Tangya, tiene una superficie de 400 metros cuadrados. Es la tumba más grande, de nivel más alto y de forma más singular entre este tipo de tumbas actualmente conocidas de China.

574 El Templo Zhang fue construido durante los años Wanli de la dinastía Ming, etapa más próspera del Tusi de Tangya (1573-1619). Es un edificio ceremonial importante de la ciudad, dentro del cual se conservan bien todavía un par de figuras humanas de piedra y otro de figuras de caballo de piedra.

575

576

575 Hailongtun es uno de los antiguos castillos militares mejor conservados de la China actual. Está rodeado de agua por tres lados y de la montaña por un lado, y trata de unos terrenos difíciles. En la foto se muestra el Paso Chaotian de Hailongtun.

576 Tanto en frente como detrás de hailongtun se ha establecido en total nueve pasos conectados entre sí que se extienden más de diez kilómetros a lo largo de la montaña. Con las murallas y pasos altos construidos de piedra se ha formado un sistema de defensa sólida. En la foto se muestra el paso Feihu.

577 Ruinas del Paso Feilong de Hailongtun

578 Ruinas del Palacio nuevo de Hailongtun. El Palacio Viejo y el Palacio Nuevo son los dos mayores grupos de construcción dentro de la aldea y cada uno tiene un área de unos 20.000 metros cuadrados. Sin embargo, las estructuras básicas de madera fueron quemadas en la dinastía Ming, dejando sólo las bases de pilares y escaleras de piedra.

577

578

579

580

581

582

583

579 Ruinas del Templo Zushi de la ciudad Laosi, construida en los posteriores de la dinastía Jin (937 años) y reconstruida en la dinastía Ming.

580 Mapa aéreo del sitio de la ciudad Laosi. Siendo el terreno reinado por el Tusi de la familia Peng, cuyo poder duró 818 años, el sitio es la ruina más grande, mejor conservado y con más historia de las antiguas ciudades Tusi de la China actual.

581 El sistema de drenaje desenterrado en las excavaciones arqueológicas del sitio de la ciudad Laosi. Este sistema de drenaje completo de la ciudad no sólo asegura que el espacio de vida de Tusi quede libre de las amenazas de erosión de la lluvia de la montaña, sino también facilita la descarga de agua de uso doméstico.

582 Base de viviendas del sitio de la ciudad Laosi, que lleva muchos dibujos de brocado hechos de guijarros finos.

583 Rerieve en ladrillo en los edificios de las ruinas de la ciudad Laosi.

图片摄影

于　宁：085　092　109
于云天：082
王　敏：270　271　274　277
王习年：097
王天育：544　545　548
王文波：003　064　068
王庆伦：259　267
王达军：083　089　090　107　112　113　175　269
王建军：008　209
王保平：037　038　039　040　041　043　047　048　049　050
王德全：027　028　035
王德英：316
车文龙：218　220　221
邓根宝：076　081
冯　丽：551
包承立：275
台　威：025
叶用才：001　314
田捷砚：141　170　171　179
任　鲸：558　570　571
刘　臣：125
刘力群：071　304
刘文敏：138
刘启俊：072　315　317
刘建华：212
刘姝平：559　562
刘宪忱：011
华仲明：002　010　433　435
孙永学：026　034　181
孙伟忠：194　565
孙志江：053
孙树明：172　174　260　261　302　303　306　310
朱英培：534
朱恩光：330　331　332　334　335　338　339　340
江明义：272
闫新生：550
齐风臣：007　187　238　295　319
严钟义：096　098　233　284　289　290　291　318　320　321　322　326
何世尧：088
宋　君：515
宋士敬：518　520　521　522　523　526　527　529　531　532　549　552　554
宋举浦：442　479
张云磊：029
张仁东：033
张永富：075　078　079
张国田：182　186　190
张振光：195　207
张海雁、员新华：323　324　327
张海雁：280　288
张晨声：566　569
张肇基：014　016　022　065　066　067　226　231　232　235　236　239
李　元：176
李　江：222　305
李子青：430　431　437　438　439　440　473　519　536
李少白：017　021　294　308　309
李少兵：495　496　497　502　503
杜泽泉：018　145
杜殿文：498　499
杨　茵：148　160
杨秀云：210
杨学飞：336
杨学光：333
杨秉政：564
杨绍全：108
杨新民：408　411
汪传树、陈守清：151　152　154　155　157
谷维恒：087　094
郜永东：105
陈　宇：013　114
陈　锦：177　273
陈克寅：115　121
陈进义：382-396